あなたの会社が理不尽な理由

経営学者の読み方

慶應義塾大学大学院経営管理研究科教授
清水勝彦

日経BP社

経営学者の読み方

あなたの会社が理不尽な理由

まえがき

「MBAは役に立ちますか?」。時々聞かれる質問です。実は、これは日本だけではなく、最近のBusinessweek誌でも「ハイテク業界で、本当にMBAが必要なの?」という記事がありました。マーク・ザッカーバーグもジェフ・ベゾスもMBAなんて持ってないじゃないかという話です[注1]。

こうした話は、きりがありません。「大学は役に立つのか?」「英語は役に立つのか?」「社外取締役は役に立つのか?」等々。例えば、「英語は役に立つのか?」と聞かれて、正面から否定する人はいないと思いますが、日本に暮らしていても英語ができなくても全く問題ありません。海外旅行に行っても、添乗員さんに全部やってもらったりすれば同じことです。

そう考えてみると、こうした一連の質問に共通するのは「どういう時に」「誰にとって」という「目的」や「課題」をきちんと認識する前に、「答え」を求める発想です。

あとで本文でも少し触れますが、ハーバード・ビジネス・スクールのクリステンセン教

【注1】
March 21-March 27, 2016号。その記事の結論は「くだらない与太話に惑わされるな。多くのハイテク企業がMBAを採用しており、今やコンサルティング、金融に続く第3の就職先になっている」でした。アメリカの場合トップ校では近年学費だけで年間800万円近く、2年間で生活費も入れれば独身で(うべかりし給与などを除いても)

授は、次のようなたとえを挙げます[注2]。

調子が悪くて医者に行ったとしよう。医者は症状を見もせず、「この薬を2錠ずつ毎日3回飲みなさい。来週もう一度連絡して」と言った。
あなた：「ちょっと待ってください、何も診察してないじゃないですが。なぜこの薬が効くとわかるんですか？」
医者：「効くにきまってるじゃないか。君の前にあった患者には2人ともよく効いたんだから」

クリステンセン教授は「こんな医者はいないだろう」と言いながら、学者やコンサルタントは同じようなことをしており、また経営者も喜んでそうした「治療」を受けているのではないかと指摘します。部下には「考えろ」なんて言っておいて、「先生、どこかに成功事例ありませんか」なんて聞くのはそれです。

経験や知識はあるはずなのに、本当の課題や目的が分かっていないことが多いのではな

2500万円くらいかかりますので、ちょっとレベルが違います。それだけ投資が必要でも多くの人材が世界中から集まるという事実があります。
http://www.hbs.edu/mba/financial-aid/Pages/cost-summary.aspx

[注2]
Chiristensen, C.M., & Raynor, M.E. 2003. Why hard-nosed executives should care about management theory. *Harvard Business Review*, 81(9): 66-74. 邦訳「よい経営理論、悪い経営理論」（ダイヤモンド・ハーバード・ビジネス・レビュー、2004年5月号）

いかと思うのです。「どのように今後成長するか」「次の新規事業をどうして育てればいいのか」なんて口では言って「分かったつもり」になっているわけですが、例えば今の本業は本当に成長の余地が全くないのかとか、本業の顧客は本当に満足しているのかとか、顧客はいったい何に対してお金を払っているのかなんて真剣に考えたことがなかったりします［注3］。「新規事業を育てる」と言いながら、実際は若手から出てくるアイデアを次々とつぶしていたりすることも少なくありません。

クリステンセン教授も指摘する通り、「現状の観察と理解」こそが最も大切な出発点であるにもかかわらず、それがあいまいなまま「何しろ良さそうな答え」を求めるとすれば、会社が良くなるわけはありません［注4］。

ただし、漠然と「目的は何か」「課題は何か」と考えていても分かりません。そもそも課題やチャンスがあっても気づかないかもしれませんし、「できるわけない」「自分とは関係ない」と思ってしまうからです。「目的や課題をとらえる視点」が必要なのです。同じ「カエル」を見ても、子供が見るのと、生物学者が見るのと、フレンチのシェフが見るのとでは異なるように、「経営の視点」がなければ、会社の出来事、数字、あるいはニュースを見聞きしても本当の理解、そして対策にはつながらないと思うのです。

本書は、そうした問題意識をベースに16の論文と12冊の本を選んで、そうした「視点」

［注3］例えば、銀行の顧客は「借りたお金」に対して利子を払っていても、「銀行員のサービス」に対しては何ら対価を支払っている意識がないのでは？ なんてことです。

［注4］シャープが2期連続赤字になることになってから、短期間に5社ものコンサルティング会社を入れたというのはなにか示唆的です（『シャープ崩壊』日本経済新聞出版社２０１６年）。

について考えました。もっと言えば「セオリー」です。論文篇では主に「経営学を中心としたセオリー」について、書籍篇では様々な分野の第一人者が指摘する「人間のセオリー」について。

繰り返しになりますが、「視点」も「セオリー」も「答え」ではありません。現実をよく見るため、気づくためのガイド、「くつ」です。はだしでは、岩山やジャングルには向かっていけません。一方で、どんなにいい「くつ」を持っていても、持っているだけでは何も起きません。自分の力で進まなければならないのです。時々「とてもいいくつだから」といって使わないでしまっておくような方もいらっしゃるようですが、使わなければ何足あっても全く意味がありません。冒頭の質問に対する答えも同じです。

科学で耳にする最も胸躍る言葉は、「私は発見した」ではなく、「へんだぞ」なのだそうです[注5]。多くの企業において、優秀な人材がたくさんいるのに、なぜか先に進んでいないとすれば、「へんだぞ」に気づいていないか、あるいは気づいていても「答え」を求められるためにわきに追いやられているのか、どちらかだと思います。「へんだぞ」に気づく「視点」は難しいものでも何でもなく、むしろより「基本」に近いと思うのですが、だからこそ意外に忘れられがちなのではないでしょうか？

本書で選んだ論文および書籍は、すべて私の独断と偏見によるもので、網羅しているわ

[注5]
日本経済新聞朝刊2013年5月8日「春秋」

けでは全くありません。こんな「視点」もあると、悩める方々の一助、より現実を理解するための第一歩になれば幸いです。

なお、本書は２０１２年10月から２０１５年９月まで「日経ビジネスオンライン」で連載していた記事を基に構成を変え、大幅に加筆したものです。

２０１６年４月

清水勝彦

目次

第1部

書籍篇

第1章

なぜわが社は「何億円もの失敗」より「タクシー代」にうるさいのか？

Parkinson, C.N. 1957. *Parkinson's Law and Other Studies in Administration.* Houghton Mifflin Company, Boston: MA.

邦訳：『パーキンソンの法則』C.N.パーキンソン著　森永晴彦訳　至誠堂　1981年

「パーキンソンの法則」という言葉は、どこかでお聞きになった方も多いかもしれません。本書は10章からなり、今回はその中から3つに絞ってご紹介します［注1］。

この本が出たのが1957年ですから、今から約60年前、2世代前になります。「そんな古い本、役に立つの？」と思われる方もいらっしゃるかもしれませんが、「法則」は何年たっても「法則」です。1000年たったら「重力」が変わるわけではないですし、「九九」がいつ発明（？）されたのか知りませんが、現在も、そして将来も、すべての計算の基本になることは間違いないでしょう。

アメリカでも、慶應ビジネススクール（KBS）でも、MBAの授業ではよく企業の事例などを短くまとめた（といっても、長いものは40ページを超えたりしますが）「ケース」を使って討議を行います。そのときに必ず出るのが「このケースは古いのでは」「も

［注1］
手に入れた日本語版もやや古いので、訳や解釈をより今の状況に合わせるために原本を取り寄せました。従ってここでの日本語訳は、日本語版の日本語訳と若干異なっている場合がありますのでご了承ください。

っと新しいケースを使ってほしい」といった質問・要望です。経営書でもよく「最先端の経営手法」なんていう帯がついていたりしますが、「新しい＝よい」というのは、多くの場合幻想です。もう少し正確に言えば、「新しい知識＝枝葉」の場合がほとんどで、本当に経営に役立つのは「世代を超えて生きてきた法則＝幹（あるいは根）」なのです。もちろん、技術の世界では最先端が重要なのですが、こと人間（およびその人間の集まりである組織）に関わる限り、幹をきちんと理解できるかどうかが優勝劣敗を決めるのだと思います。成功企業の経営者が「当たり前のことを当たり前にやっているにすぎない」とほぼ異口同音におっしゃるのを聞いても、それは明らかではないでしょうか［注2］。

巨額の資金取引の意思決定（High Finance）

そもそも私がこの本を買ったきっかけはこの本の第3章のHigh Financeのところにあった「凡俗の法則（the Law of Triviality）」を別のところで読んだからです。「the Law of Triviality」を直訳すれば「些末の法則」ということですが、これを「凡俗の法則」と訳した日本語版はなかなか味があると思います。この法則は、ずばり次のように言い表すことができます。

［注2］
ちなみに、経営の勉強の場合「知識が多い＝よい」、いわゆる、「more=better」という前提も間違っていることが結構多いのではと思いますが、この点はまた別の機会に。

議題の1案件の審議に要する時間は、その案件にかかわる金額に反比例する。

つまり、何億、何十億の投資案件よりも、何万円の話のほうが会議で長く議論になるというのですが、本当でしょうか？（ただし、「関心喪失点（the point of vanishing interest）」というものがあり、気軽に寄付できる額、賭けで失ってもいいと思っている額が下限のようだと指摘されています）。

本文で挙げられている例は（1）「1000万ポンドの原子炉の見積もり」案件、（2）「350ポンドの事務員の自転車置き場建設」案件、そして（3）「21ポンドのミーティングのお茶菓代」案件です。

著者のパーキンソン博士によれば（1）については2分半、（2）については45分、（3）については1時間15分（そしてさらなる資料収集のために、次回に持ち越しになる）と指摘します。

なぜそうなるのか？　パーキンソン博士は前置きでこう述べています。

巨額の資金取引を理解できる人間には2種類ある。大金持ちと文無しだ。大金持ちは何百万ドルでも実感として理解している。一方で応用数学者や経済学の講師（大体貧乏だ）は、100万ドルも1000ドルも手にしたことがないという意味でほぼ同じ数字として考える。しかし、世界の大半はその中間、100万ドルは理解できないが数千ドルに関してはよく分かる人々、であり、組織の投資決定の委員会もそういう人たちで占められている。

（1）の「原子炉の見積もり」がなぜそんなにきりのいい数字になるのかとか、なぜそういう手順なのかについて、疑問を持つ人もいるはずです。しかし、「11人の参加者のうち議長を入れて4人はそもそも原子炉とは何ものであるかをご存じない。残りのうち3人はそれが何のためにあるかを知らない」とすると、ほとんどの参加者にとって「1000万ポンド」というのはピンとこないのです。従って、分かっている人が1人、2人いても「そんなことを質問すると、そもそも原子炉とは何かから説明しなくてはいけないから大変だ」ということで、スルーしてしまうというのです。

逆に（2）や（3）であれば、皆実感が湧きます。特に原子炉の案件でなんとなく発言しなかったような参加者が「会議が終わるまでに、自分が寝ていたわけではなかったことを示さなければならない」ということで、積極的に参加するというのです。確かに、お茶菓子は何がいいのかとか、いくらくらいの予算が必要かという点は、誰でも「実感」があり、自分の好み、意見を喜んで言うことができます。あの店がいいとか、あそこのおまんじゅうを知っているかとか、結構盛り上がったりするわけです。

この例は極端かもしれませんが、身の回りで結構ありませんか？　例えば、昼ごはんには100円単位で高いか、安いかを考えるのに、マンションを買おうということになるといきなり100万円単位で考えたり、ということです。マンションの値段の交渉だって別に1000円、100円単位でしていけないわけではないですが、あまりそんな話は聞きません。

翻って、企業で実際によく聞くのは「当社は小銭にはうるさいのに、大銭《おおぜに》には寛容だ」という話です。何千円とか、せいぜい数万円の交通費とか、接待費とかは厳しくチェックされるのに、会社は何億、何十億の投資をして失敗しても、責任はうやむやになっているのではないか、といったことです。「失敗から学べない」、つまり「ちょっとした損には厳しく、大きな損には寛容」であるのは、「何億の損」といっても、ピンとこないからです。

その意味で、「当社の業績は大赤字なのに、社員は全然危機感がない」のは当然かもしれません。

どうすればよいか？　それはまさにこの法則が示すように、ビジョンにしても戦略にしても、あるいは危機感にしても「凡俗にも実感できるようにする」ことだと思います。赤字であれば給料を下げるというのもあるかもしれませんし、最高益ならばボーナスをはずむということもあるでしょう。京セラ創業者、稲盛和夫氏の「アメーバ経営」の極意もそのあたりにあるのだと思います。

ただ、本当はお金だけの問題ではないのだろうと思います。自分がこの会社をどうしたいか、自分がやりがいを持って充実した仕事をしている姿をイメージできるか、経営者が社員と将来像を共有できているかどうか、問題の本質はそんなところにあるように思います。「星の王子様」で有名なサン・テグジュペリの言葉を思い出します。

「船をつくるなら、材木の切り方や鉋《かんな》のかけ方を教える前に、海への情熱を伝えよ」

人選の法則

毎年、ある時期になると新卒の採用スケジュールをどうするかとか、もう内定が出ているとか出ていないとか、そんなニュースを耳にします。「組織は人がすべて」「じんざいには三種類ある、人材、人財、人罪だ」などという経営者の訓示を聞かれた方も多いでしょう。実際、組織の競争力とは、そこにどのような人が集まっているかによって大きく左右されます。ですから、採用は非常に重要ですし、その重要性は競争がグローバルで激化している今日、より高まっていると言ってよいでしょう。

それでは、経営環境が大きく変わっている中で、人材の採用方法はどうでしょうか？ いろいろ工夫を凝らしている会社も増えていると聞きますが、一方で30年前とほとんど変わっていないのではという会社も少なくありません。端的に言うと（1）学歴（学校で何をしたかを含め）、（2）筆記試験、（3）面接の3点セットで、応募者が多いほどいい人材を採用できると「定説」があるように思います。

本当にそうでしょうか？

30年前と変わらないことに対して、60年前の法則を出すのもどうかとは思いますが、実

際に本書の指摘が当てはまるように思うのです。いわく、

> すべてちゃんとした資格を持ち、立派な推薦状のついた300人の応募者の中から1人を選び出すなどということは、実際問題としてできることではない。したがって、こんなにたくさんの応募者を集めるような最初の広告のやり方が間違っていたのだ。

確かに、たくさんの応募があるということは、よりよい人材が混ざっている確率が高まると思います。しかし、現実には「当社は天国」みたいな会社紹介で、何しろたくさん応募を集めることが「目的」になっていたりすることはないでしょうか？　また「当社の求めるのは、頭がよく、リーダーシップを持ち、何にでも積極的に取り組む人材です」というような「スーパーマン、スーパーウーマン」広告を出せば、そんな人はそもそもいないので、結局誰でもＯＫとばかりに、誰でもが応募し、人事部は喜んでいますが、面接の手間のわりに結果はいまひとつだということはないでしょうか？

パーキンソン博士はこう喝破します。

完璧な広告を出した場合には、たった1人の応募者しかない。……したがって、2人以上の応募者が現れた場合には、提示金額が高すぎたのだ。

「凡俗の法則」に負けず劣らず極端ではありますが、考えてみる価値はあると思います。自社の「売り」とは何か？　例えば、自社が業界3位だった場合、1位の企業と同じような人材を求めることが本当にいいことなのか？　本来の採用とは、応募者をたくさん集めることではなく、欲しい人材が欲しいだけ集まることであるとすれば、「たくさん集める」ことは「当社が欲しい人材像」を示しきれていない証拠かもしれません。たくさん集めたはいいが、「当社の人材採用基準」がはっきりせず、「世の中でよく言われているもっともらしい基準」で採用する［注3］。結果として、学歴は高いが何か会社と合わないとか、サービス業なのに営業が嫌いな人材が多い……なんていう話を時々聞きます。

【注3】
まさに本書「論文篇」第1章での「制度派理論」の指摘通りです。

パーキンソンの法則：ピラミッドが大きくなる理由

第1章のタイトルがこれです。もちろん他の章もそうなのでしょうが、パーキンソン博士はこの点が最も言いたいことだったのかもしれません。なぜ組織は増殖するか、特に公務員はなぜ増えるのかという点です。

そもそも、博士は次のポイントを指摘しています。

仕事というのは、時間があるだけ増える。つまり、やらなければならない仕事がない人ほど忙しい。

役人については次の2つが成り立つと指摘します。

1．役人は部下を増やすことを望むが、ライバルを増やすことは望まない
2．役人はお互いのために仕事をつくりあう

さらに具体的な例として、「仕事が多すぎる」と感じる役人Aの話が展開します。

3つのオプションがある。（1）やめる、（2）同僚Bと仕事を分け合う、（3）部下を2人雇って仕事を分け与える。しかし、歴史を見て（3）以外が選ばれたためしがない。（1）では年金が減るし、（2）はライバルをつくるだけ。（3）2人の部下C、Dを雇い仕事を分担することでAは両方の仕事が分かる唯一の存在として君臨することができる。……同じことがC、Dでも起きてそれぞれ2人を雇うと、これまでA1人でやっていた仕事を7人でやることになる。

なるほど！　この話を読んで、思い出すことがいくつかあります。

まず、私たちはよく「どのようにしたら、今の仕事を効率的にできるか」なんて考えるわけですが、「そもそもこの仕事って必要なのか」とはあまり考えません。逆に言うと、仕事があるから自分がいるわけで、仕事を否定したら自分の居場所もなくなってしまうかもしれませんから。

そうすると、「効率的」に行って浮いた時間をさらに不要な仕事をつくってそれに費やすということにもなりかねません。やらなくてもいい仕事をどんどんやると、(本人は達成感、充実感でいっぱいですが)今度はそのための管理コストや維持コストがかかり、そのために人を増やす……なんてことが起きていないでしょうか？

もう一つは、組織が大きくなって「部門の壁」ができるので、その調整役の部門をつくろうという発想です。「営業推進部」などと呼ばれることが多いと思います。先ほどのようにA、B、Cでいうと、AとBの調整をCによって図り、部門最適ではなく全体最適を実現しようというわけです。

ところが現実はどうでしょうか？　これまではAB間の調整だけでよかったものが、CをつくったことでAC間、BC間という2つの調整が発生した……なんていうことはないでしょうか？　だから、Dをつくって、それぞれの調整を図ろう、とか。

「好き」の反対は？

確かに、部門同士が仲良く協力することは必要です。しかし、それはある部門が別の部門の「犠牲」になるということではありません。さらに言えば、ある部門が自らを犠牲にするというのはかっこよさそうなものですが、あとで自分の部の目標を達成できなくても「譲ったんだから仕方がないだろう」と開き直ったりします。「全体最適」なんて言っていますが、実は「妥協の産物」であることは多いのです。

目標が異なるからこそ部門が分かれているわけですから、それぞれの部門は自分の目標の達成に向けて邁進しなくてはなりません。部門間の仲が悪い、けんかしているから「調整部門をつくろう」という発想は、ある意味よさそうではありますが、現実的には「調整部門に任せて楽をしよう」という表れであり、結果として部門間の対立を隠蔽し、組織員の数だけが増えたりします。

「好きの反対は何ですか?」。時々講演などでこんな質問をします。「嫌い」という回答も多いのですが、「無関心」と(松任谷由実さんばりに)ちゃんと答えてくださるロマンチストのおじさんもいらっしゃいます。組織とは、対立する中で最適を目指していくのであって、対立を隠せばお互いへの無関心化が進みます。ふと気づくと、同じ会社なのに、誰が何をしているかも知らないということが平気で起こり、そうなると「部門の壁」があることさえ気づかない。いったいなぜ一緒の組織で働いているのか、考えたことありますか?

いろいろ考えていて、最後に1つくらい「清水の法則」っていうのはないかと考えたのですが、

会社の業績は、「部門間の仲の良さ」に反比例する

なんていうのはどうでしょうか？　えっ、「けんかするほど仲が良い」っていうのを言い換えただけじゃないかって？　確かに。

小銭ばかりにうるさいっていうのも問題と思いますが、部門同士でけんかもしないような会社っていうのも、結構まずいかもしれませんよ。○○家具も、○ッ○も普段から「ちゃんと」けんかをしていれば、あんなことにはならなかっただろうにと思えてなりません。

第2章

攻撃は最大の防御

Randall Stross 2012. *The Launch Pad: Inside Y Combinator, Silicon Valley's Most Exclusive School for Startups.* Portfolio Penguin

邦訳：『Yコンビネーター　シリコンバレー最強のスタートアップ養成スクール』

ランダル・ストロス著　滑川海彦・高橋信夫訳　日経BP社　2013年

Yコンビネーター（YC）というのは、ベンチャーのインキュベーター組織です。ベンチャーに出資するのは、ベンチャーキャピタル（VC）あるいはエンジェル投資家も同じですが、根本的な違いは、YCが定期的に、多数のスタートアップに対し同時に投資とアドバイスを行う点です。原題にあるように「学校」のようなものです［注1］。ちなみに、ここを卒業して大成功を収めている会社の例として、日本でも「民泊問題」との関連でよく取り上げられる米Airbnb（エアビーアンドビー）があります。

大企業の経営層にも示唆に富むスタートアップの視点

本書は、2011年にこの「学校」に入るのを許された64社のスタートアップ（合格率

［注1］
私がこの組織（そして本書）のことを知ったのはエコノミスト誌の"A Cambrian moment"（2014年1月18日号）という記事がきっかけです。

3%）の3カ月を内側から取材したものです。シリコンバレーとか、ハッカーとか、あるいはスタートアップというと、ちょっと自分とは違う世界ではないかと感じる方も多いかもしれません。しかし、実は「スタートアップ」というのは、経営の本質が容赦なく問われる局面なのだと痛感するのです。

日本企業がグローバルで本当に勝ち残っていくためには、日本では「なんとなく」できていた経営を再考し、自社の本当の強みをもう一度きちんと認識する必要があると書いたことがありますが、スタートアップこそがそうだと思うのです。例えば、少しくらい赤字が出ても資産があるから大丈夫とか、それほど良い商品でなくてもこれまで築いてきた流通チャネルを通してそこそこ売れるとかいうことが起こらない、許されないのがスタートアップです。逆に言えば、そうしたスタートアップの視点に戻ってみることで、大企業の経営に携わる人々にもいろいろな示唆があると思うのです。たとえば次のような指摘です。

スタートアップではやるべきことは毎日無数にある。……しかし毎週成長目標を決めたら、その目標を達成するのにどうしても必要な仕事はどれとどれなのか、適切な時間の使い方を必死で考え抜く必要がある。新機能の開発に3週間かける前に自問すべきだ。この作業は成長目標を達成するためにどうしても必要か？　3週間もかける前に、もっと簡単なバージョンを1日で書いて、ユーザーがそれを気に入るかどうか試してみるべきではないのか？

毎日忙しいと言いながら、本当に目標のために自分の時間の使い方、優先順位付けを必死で考えていますか？　と問われれば、ギクッとする方も多いと思うのです。そもそも「明確な目標」を持っていますかという点も含めて。

YCがどのような仕組みか、具体的にどんなことが繰り広げられているかという点は本書を読んでいただくとして、ここでは私が改めて「経営の原点」と感じた点を中心にご紹介したいと思います。

信頼を培う直接のコミュニケーション

YCという「学校」に入るには、大変厳しい競争があることは申し上げた通りです。そして、さらにもう一つのハードルは、合格したら3カ月間、シリコンバレーに引っ越さないといけないのです。最近は、ウェブもあるし、スカイプもある。そもそもそうしたテクノロジーで新しいビジネスを始めようとするのに、わざわざ引っ越すなんておかしくない？　なんて思う方も多いかもしれません。しかし、創業パートナーのポール・グレアムは次のように喝破します。

> ビデオチャットなんかじゃダメなんだ。スタートアップをやるというのは生やさしいことではない。直に会って話し合わなくては肝心のところが伝わらない。

そういえば、ヤフーが少し前に在宅勤務をやめたことを思い出します。日本企業の駐在員が本社に対してOKY（おまえ、ここにきて、やってみろ）と（こっそり）言うのも同じ課題があるのではないでしょうか。コミュニケーションは大切だと言いながら、効率ばかりを求めた結果（もう少し正確に言うと、分母であるコスト削減ばかりを求めた結果）、（分子である）効果も下がってしまった……ということは身の回りにないでしょうか？

さらに、ＹＣでは原則「創業者が１人だけのスタートアップには出資しない」というルールがあります。1人だけでは、そもそも重荷であることはもちろんですが、もう一つの理由として「共同創業者がいないという事実そのものが、友人たちの信頼を得られなかった証拠である」からです。

考えてみれば、日本でも海外でも、2人で始まった会社はたくさんあります。多くの場合、機能的な補完関係、例えば「技術者と財務担当」(ホンダの場合)で片づけられてしまいますが、実は「信頼できるパートナーとのコミュニケーション」が必要なのは、スタートアップも大企業の経営者も同じではないかと思います。トップが暴走したり、困ったりするときにどうしたらいいかは、組織の大きさに関係なく重要な課題だからであり、「組織における信頼とは、苦言を呈しても大丈夫だという関係」だからです[注2]。

「働く」

もう一つ、新しい事業を立ち上げるときに何が必要か。それはとにもかくにも「働く」「学ぶ」ことです。あまりに基本的すぎますか?

経営戦略とか組織マネジメントというテーマで教壇に立っていると、理論を覚えたら「効率よく」成功できると思う人たちに会いますが、それはほぼ間違いです。「まえがき」

[注2]
Lencioni, P. 2002. *The Five Dysfunctions of a Team*. San Francisco, CA: Jossey-Bass

でもふれましたが、理論はある意味経営という長い旅をするための「くつ」です。それによって、けがをしなかったり歩きやすかったりはしますが、くつを履いていれば旅ができるわけではありません。自分の足で歩かないといけないのです（「水戸黄門」の主題歌にもそんなフレーズがありました）。

大きな企業にいると、そんな基本的なことをふと忘れてしまうことがあります。一生懸命くつの色とかデザインを考えているだけで満足してしまったりします。本書ではスタートアップの経営者に向けて繰り返し「働け」というメッセージが発せられます。

君たちがプロダクトの開発以外のことに気を散らすなら、それだけ時間を無駄にしているのだ。
スタートアップが成功するためには運が必要だ。だからともかく数多く打席に立ち、数多くバットを振らねばならない。バットを振る以外のことをしている時間が長ければそれだけ成功のチャンスが減る。

あるスタートアップが社員を採用しようとしたとき、応募者から「拘束時間はどれくらいですか？」という質問があったそうです。

不思議な質問だった、なぜなら、スタートアップにおいて、捧げる時間の長さは1種類だけ、24時間だからだ。

スタートアップ経営者というと、六本木ヒルズか何かに住んでいて、ちゃらちゃらと遊んでばかり……というイメージがあるかもしれません。しかし、多くの場合、大企業の社員の2倍は（時間と集中度という意味で）頑張っているのではないでしょうか。冒頭申し上げたように、目標に向かって、必死になっているかどうかという問題です。「他の連中よりも真剣に考え抜いた点だけが優位性になる」のがスタートアップであるわけですが、同じことは大企業でもいえるはずです。

競争相手が多い市場ほどチャンスがある

本業の成熟が進むと、どの企業も「今後の成長市場」、例えば医療、農業、ＩＴ、インフラ……といったところに参入しようとします。その結果、いわゆる血で血を洗う「レッドオーシャン」になり、価格競争の結果大赤字を抱えて撤退……ということにもなるわけですが、本書は、競争相手が多いことは必ずしも悪くないんだと指摘します。

「そのアイデアで、どんなにつまらないソリューションでもいいから、いま現に誰かが提供していないか？」と創業者に尋ねる。「いえ、誰もいません」というのが一番いい答えだと思うだろう？　しかしそうではないんだ。それはそのアイデアにそれほど差し迫った需要がないことを意味する。

例えば、「ウェブを通じた写真のストレージビジネス」を展開しようとしたら、次のように言うことができます。

写真を預かるサービスは山ほどあります。そんなにたくさんあるということは、まだ勝てる余地があるという証拠です。まだ誰も正解に至っていないという意味なのです。

問題は、他社にどうやって勝つか、何が自社（創業者）にはできて、他社にはできないかということです。その意味で、YCでは、市場の成長性だけでなく「創業者にしかできないことは何か」「創業者がその市場にフィットしているかどうか」をよく考えろとアドバイスしています。

ご経験のある方もいらっしゃるかもしれませんが、「自分を欺いている」創業者もいるのです。どう考えてもこのサービスには熱中できないが、成功への一番の近道（￥￥￥！）に思われるからやるとか、自分の心は飲食業だと言っているのに、これからはITがスマートだからという理由でITのビジネスを選んだりということです。こうしたことは、特に頭がよくて器用な人に起こりやすいので要注意です。うまくいかないとき（起業は大体そうですが）、つらいときに耐えられるのは、自分が本当にやりたいことだけだからです。

金鉱掘りにツルハシを売れ

新規事業のアイデアを考える際に、２つほど重要な点があります。

一つは、あったら便利だろうと思えるようなサービスは、あまり成功しないということです。「あったらいいな」は「それがなくては絶対に困る」ということではない、つまり、その間には大きなギャップがあるということです。「あったらいいな」にお金を払う人は極めて限られています。家電のコマーシャルで「あったらいいな」というような意味合いの言葉は頻繁に出てきますが、「あったらいいな」と「なくてもいいな」は紙一重です。むしろ「不」のつく言葉を探せと言っていらっしゃったのは、元リクルートのくらたまなぶ氏です[注3]。

もう一つはこれです。そう簡単には見つからないでしょうが。

> １８４９年のカリフォルニアのゴールドラッシュで儲けたのは、金鉱掘りの人々ではなく、彼らにツルハシを売った商人たちだった。

[注3]
日経ビジネス人文庫 ２００６年

「バットを振り続ける」ことと「驚き」

スタートアップの場合に限らず企業にとって、顧客と同じくらい重要なのは投資家です。それは、セカンド、サードステージのベンチャーキャピタルかもしれませんし、場合によっては従業員10人程度の、商品もない企業をいきなり買い上げてくれるグーグルやフェイスブックのような会社かもしれません。

ただし、とポール・グレアムは言います。山のような投資案件の中で、投資家の目に留まるのは「運命」としか言いようがないのだと。

もし（投資家に）「君たちのサービスはいらない」と言われても、「いいえ！　違うんです！」などと答えてはいけない。なぜなら、連中が本当に言いたいのは「君たちの見かけが気に入らない」ということだから。……「答えは聞け、理由は聞くな」。

要は誰にも分からないってことさ。誰かが興味を持つか、評価がいくらになるのかも、どれも全く予想不可能なんだ。これは一般論としても真実だが、君たちに関しては特にそうだ。

その意味で、「新しい事業を立ち上げる必要条件」でも引用しましたが、バットを振り続ける粘り強さが必要なのです。

ただ、投資家へのプレゼンテーションでいくつか気をつけるところはあります。結局、山のような、しかし一つひとつは全く違った案件のプレゼンテーションの中で「目立つ」ためには、何らかの**「驚き」**がなくてはならないのだということです。特に、その驚きは「考えたら分かった」というようなものであるわけはなく、ジャック・ウェルチ流に言えば「aha!（なるほど!）」、スティーブ・ジョブズ流に言えば「connecting the dots」がなくてはいけないのです。経験のない新規事業を社内で承認を得ようと役員会でプレゼンテーションをするときも、同じことがいえるはずです。

細心の注意を払ってくれた投資家がいたとしても、初めて見たプレゼンから吸収できるのはせいぜい4つか5つのセンテンスに相当する情報でしかない。そのうちの1つは、驚きを与えるような本物の洞察でなくてはならない。もしそのメッセージに驚きがなければ、たぶんそれは洞察ではない。……本当に心に残るのは「1つの単語」だけかもしれない。

経営者として忘れてはならない「不安」と「自信」

YCの始まりには、卒業生（つまり成功した起業家）を集めて全員での夕食会が開かれ、そこで様々な講演もあります。同じ立場にあったからこそ話せる様々な有益な経験談が聞けるわけですが、一つ面白かったのは「ハグ（友人同士が抱擁しあう）」の話です。緊張している参加者たちを前に、ある卒業生が「自分の共同経営者以外の誰かとハグしてください」と言うと、皆笑っているだけで動こうとしない。「さあやるんだ！」と強く言って、やっとみんなハグしあったのです。彼はこう言います。

今のハグだけど、これは君たちみんながYCに来てまずやるべきことを象徴しているんだ。つまり少々気恥ずかしくても心を開いて友達を作る。ぼくは誰とハグしろとは指定しなかった。みんなは誰とハグするかを決めなきゃならなかった。でもハグしようとした相手が別の人間をハグしようとしていたりする。そうなるとちょっと気まずいというか、そういう気分になる。この不安定で先の見えない気持ちがYCでビジネスを追求するときの気持ちによく似ているんだ。みんなはこの気持ちに慣れていかなくてはならない。こういう先の見えない状態で自分に代わって物事を決めてくれる人間なんか誰もいないんだ。

小さなことでも、いや小さなことだから「先が分からないなかで決める」ことが大切さであるのだという点が腹に落ちる話です。小さなことすらできなければ、大きなことができるわけないのですから。

そうした不安定と向き合う、あるいは不安定に慣れることが大切である半面、もう一つ必要なのは「自信」です。助けてくれる人は（YCのパートナーを含め）随分いるのでしょうが、最後に決めるのは自分だからです。そして、自分を信じられなければ、他人を信じられることもありません。

創業パートナーのポール・グレアムは言います。

（ＹＣの夕食会に招かれた成功した起業家に）Ｑ＆Ａで私自身が尋ねるのは「当時知らなくて今知っていることは何だ？」という質問だ。それでいちばん多い答えが「自分の直感を信じること」だというのだ。……別に経験を積んだからといって直感が鋭くなったわけではないだろう。しかし自分の直感を信じる自信がついたのだな。

「世の中には2種類の人間がいる。決める人間と、決めない人間だ」という話を思い出します。

stay hungry, stay foolish

２００５年にスティーブ・ジョブズがスタンフォード大学の卒業式で行ったスピーチに引用され、一躍有名になった言葉が「stay hungry, stay foolish」です。和訳はいろいろな人がいろいろなことを言っていますが、本書で指摘されるポール・グレアムの言葉と非常に近いものがあると思います。

> スタートアップの創業者になるのに最適の時期を選べと言われれば、20代の半ばだ。25歳はスタミナ、貧乏、引っ越しをいとわない（rootlessness）、仲間、無知といった起業に必要なあらゆる利点を備えている。……どんな苦難が待ち構えているかを知っていたら誰も創業者にはなるまい。

そして、もう一つ大切なことは、こうした指摘、あるいは「stay hungry, stay foolish」という言葉は、大学を卒業したばかりの20代半ばだけでなく、実は30代、40代、あるいは50代以上の経験のあるビジネスパーソンこそ自問しなければいけないということではないでしょうか。「自分は本当に挑戦しているか」「今のままで本当に満足なのか」と。

「慶應ビジネススクールの意義は、新しい知識を身につけるだけではなく、これまでしみついた常識や思い込みを脱ぎ捨て、本当の自分を見つけ、磨くこと」と申し上げたことがあります。知識や経験は大切なのですが、もしかしたら10年の経験とは「たいしたことない1年の経験を10回繰り返しただけ」であるかもしれないのです。「常識」「経験」は大切ですが、それがいつの間にか新しいことに挑戦しない言い訳になってはいないでしょうか?

その意味で、次の起業家の言葉は結構核心をついているように思いました。

> パーティーで出会った多くのコンサルタントたちが、ほとんど弁解するようにして、コンサルティングの仕事を説明するのを見て不思議な気持ちがした。……彼らは起業家に対して引け目を感じているようだった。

本書に登場する起業家とは比べものになりませんが、私が33歳でコンサルタントを辞め、最低4年はかかるPh.D.を取りに妻、0歳と4歳の息子と4人でテキサスに渡ったとき、随分ばかなやつと思われたようです。が、今では「よく決心したね」「すごい」なんて言われたりすることもあります。人の評価ほど当てにならないものはないと私が自信を持って言えるのはそんな経験があるからでもあります。

「常識はずれ」のことをするのは勇気のいることです。それは、若者にとってもそうですが、年齢を重ね、社会的な地位や守るものが増えればなおさらそうです。ただ、順風満帆な生活はともすれば惰性と背中合わせであり、そこにときめきやわくわくは忘れられていることが多いのも事実です。企業で言えば「なんとなく成功している」状態です。もちろん「常識」は必要ですが、それは「守り」「現状維持」「過去重視」の言葉であることをも忘れてはなりません。

突き詰めていけば、ビジネスの原点とは、自分（たち）の夢に対して社員や顧客、あるいは投資家をどう巻き込むかという一点に尽きます。いつの間にか、その夢を達成するための一要素であるはずの「常識」があなたと夢の間に立ちはだかっていたりしないでしょうか？　スタートアップ企業を見ていて、「青いな」「できるわけないのに」といった冷ややかな思いの裏に、ちょっとうらやましい気持ちがある理由はそんなところにあるのかもしれません。「常識」とか「分別」とかいう言葉に隠れて見ないふりをしていた「夢への情熱」を見せつけられる悔しさです。

大きなリスクを冒す必要は必ずしもないですが、ときに「ばかなやつ」「なぜあんなことを」という挑戦をしてみることこそ、自分の、あるいは組織の能力を最大限に発揮させ、わくわくをとり戻すために必要なことではないでしょうか［注4］。自分が必ずできることを繰り返しても、心が躍ることはないですし、その意味で「不安」はわくわくに大切な要素なのです。起業家であろうと、上場企業の役員であろうと「stay hungry, stay foolish」がグッとくるのは、「攻撃は最大の防御」であることを思い出させてくれるからだと思うのです。

【注4】
この点は吉原英樹先生がその名著『「バカな」と「なるほど」』（ＰＨＰ研究所 ２０１４年）で強調されています。

第3章

「満足度調査で5点満点中4・5点」ではイマイチな理由

データはウソをつく——科学的な社会調査の方法

谷岡一郎著　ちくまプリマー新書　２００７年

本章でこの本を取り上げたのは、問題解決に不可欠なデータ収集や分析をする際、ちょっと立ち止まって考えたらどうかという提案をしたかったからです［注1］。本当にあなたが解こうとしている問題は「正しい」のでしょうか？　当たり前ですが、「間違った問題」を解こうとしても、なかなか解けませんし、場合によっては解いた結果、会社の業績がさらに悪化する……なんてことにもなりかねません。

問題を認識する第一歩、それは事実の把握です。「当然でしょう」ということなのですが、実はこのあたりが難しいのです。実際、私は２００９年にスタンフォード大学の看板教授２人が著した『Hard Facts, Dangerous Half-Truths, and Total Nonsense』という本を訳したことがありますが［注2］、いまだに医療でさえ十分客観的なデータに基づいて行われていないといった話が山のように出てきます。実際、「コレステロールの取りすぎはよく

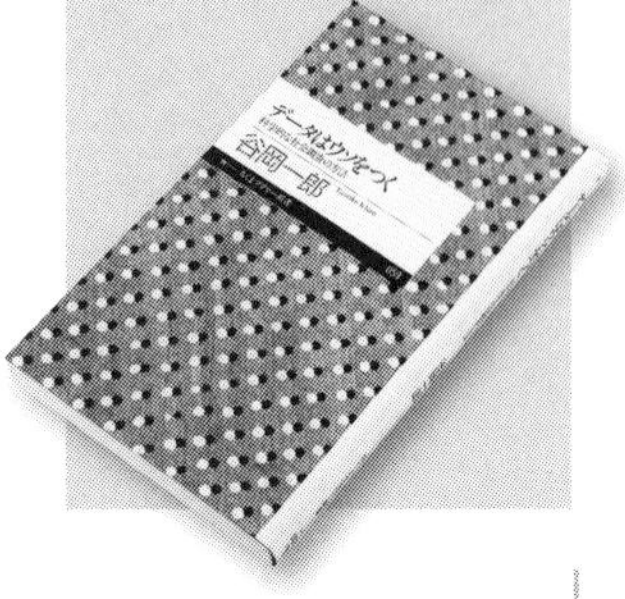

［注1］
ちなみに、私は慶應ビジネススクールの2年生のゼミの2回目に、毎年本書の姉妹書といってもいい同じ著者の『「社会調査」のウソ』（文春新書　２０００年）を使っています。ここで、そちらでなく本書を取り上げたのは、本書にいくつか掲載されている、いしいひさいち氏の漫画がとっても魅力的だったからです。

ないというのは、根拠がない」なんていう記事がありました［注3］。これまでのことなんだったのーと、唖然としました。

少し前、「ビッグデータ」なんていうのがはやりで統計学に関する本もベストセラーになりましたが、ここでは分析の方法や統計についての複雑な話をするつもりは毛頭ありません。データ分析などはソフトウエアにやってもらったらいいので、そうした分析の前提となる「事実の見方」「分析の姿勢」を考えるのがこの章の主旨です。

ちなみに、Ph.D.というのは「リサーチの学位」といわれるくらいなので、私も博士課程ではリサーチや統計のクラスを最初の2年間で合計6クラスほどとっています。また、心理学とかマーケティングというのは、実はほぼ「統計」の学問であることも教わりました。クリエーティブであることは大切なのですが、それが本当に顧客に価値をもたらしたかどうかを測るために的確な事実を集める力、正しく分析する統計の力が不可欠なのです。

「事実」vs「見たいもの」

本書は、いきなり「事実とは何か」という問題提起をします。そして、いかにも客観的事実に見えても、事実でない場合があることを示します。私は知りませんでしたが、「N

［注2］
邦題『事実に基づいた経営』（東洋経済新報社 2009年）

［注3］
日本経済新聞2015年3月29日

線事件」というのがあって、フランスの理論物理学者が１９０３年に発表した「Ｎ線」という放射線に関して、なんとその後３００本以上の論文が書かれたのだそうです（実際はそんな放射線は存在しないにもかかわらず）。なんてばかな、と思うわけですが、実はノーベル化学賞とクラゲで有名な下村脩先生が「私の履歴書」［注４］で同様の述懐をされています。

研究者は、実験データを誤って解釈していた。……私だけでなく、他の多くの有機化学者も同じ見解だった。ところが、事象は単純ではなかった。その研究者は、自身が高名であるだけでなく、全米科学財団（ＮＳＦ）の元所長の夫人だった。……逆に、女性研究者の結論を支持する研究論文が続々と発表された。

【注４】 日本経済新聞２０１０年７月23日

下村先生は「意を決して」相手の誤りを証明したのですが、こうした白黒がはっきりつきやすい科学の分野でも、しかも頂点にいるような科学者たちにとっても「見たいものを見る」ことは起きるのです。研究者の端くれとして、私はこのコピーを部屋に張って時々眺めています。

さて、「事実」あるいは「データ」という話に戻ります。ここで章のタイトルの質問、「満足度調査で5点満点中4・5点はイマイチなのか?」について考えてみたいと思います。

実際に多くの企業がこうした調査をしているはずです。専門の調査会社もあるようですが、そうした調査にケチをつけるつもりは毛頭なく(そもそもどのようなプロセスで調査がされているのかも知りませんので)、ここでは一般論として考えてみてください。例えばこんな事例です。

> 顧客企業200社に、匿名で満足度調査を行ったところ、50社から回答を得た。その平均は5点満点中4・5点だった。

皆さんはなぜイマイチかもうお分かりでしょう。ただし、答えはいくつかのレベルがあります。

まず、レベル1は「答えてくれなかった150社はどう考えているか?」というものです。逆に言えば、大体わざわざそうしたアンケートに時間をかけて答えてくれる顧客企業は当社に対していい感情を持っていることが多いので、答えが上振れしている可能性が高いのです。

レベル2はそもそも「顧客」に満足度を聞いてどうするのかという、より根本的な問題です。当社の製品なりサービスを何らかのかたちで評価しているから顧客であるわけで、じゃあいったい今顧客でない企業、あるいはかつて顧客であったが競争相手に乗り換えてしまった企業はどう評価しているか? 本当に社長が知りたいのはそこではないかと思うのです。

「事実」と「一部の事実」の大きな違い

「50社から回答を得た。その平均は5点満点中4・5点だった」というのは、まぎれもない「事実」です。しかし、それは偏ったサンプルの事実かもしれない。言い換えれば、本当に見たい市場全体を代表していないかもしれないのです。「平均4・5点」は悪くないのかもしれないのですが、にもかかわらずマーケットシェアをどんどん落としているとすれば、「見たいものを見ている」可能性が大です。

これは、いわゆるサンプリング・バイアスといわれるもので、本書でもいろいろな例が登場します。例えば「ドイツ軍との空中戦から命からがら帰ってきた戦闘機を見て、尾翼がやられている機が多いからそこを強化しろと指示したが、何の役にも立たなかった」というのもそうです。「ベンチャー企業では、よりリスクの高い戦略をとったほうが業績がいい」というのも同じです。いずれにせよ「全体」ではなく、「生き残り」だけを見ているので、本当に大切な視点「なぜ撃ち落とされたか」「つぶれたベンチャーはどのような戦略をとったか」はぽっかり抜け落ちています。

その意味で、本書でもしばしば指摘されますが「何が事実として取り上げられているか」「発表されているか」だけではなく、「何が発表されていないか」は大変重要です。マンションの広告を見てください。駅から遠い物件は「閑静な住宅街」であることばかりが強調されていますし、1階の物件では「騒いでも階下に人がいないから大丈夫」なんていうのを見たこともあります。

「現場の意見」とか「国民の声」というのも結構怪しい場合が多いことも忘れてはなりません。一部の、もしかしたら偏った人たちの意見でないかどうかをよく確認する必要があります。

「定義」や「言葉」で「事実」は変わる

さらに、そもそも「定義」の問題も忘れてはなりません。別の本で読んだことがあるのですが、アメリカのある都市で、凶悪犯罪が激減したそうです。「これはすごい、何が秘訣なのだ」とマスコミは色めき立ったらしいのですが、実は「凶悪犯罪」の定義を少し変えただけだったという笑い話です。「成功率」「失敗率」なんてよく言いますが、どう定義されているか、あるいは比較先の定義と同じか……なんていうことは、当たり前なのですが意外に見過ごされることが多いものです。

サンプリングとは違いますが、ある概念をどう測定するかは、社会科学の研究の肝の一つです。妥当性（validity）と呼ばれ、学術誌のレフリーに必ず突っ込まれます。例えば「リーダーシップの強さ」「ぶれない一貫性」などは企業の成功に非常に重要だといわれるのですが、それを検証するためには、数値化して測らなくてはなりません。「あなたは強いリーダーですか？」なんて聞いても、人によって基準も違えば、「弱い」なんて言ったら恥ずかしいとか、様々なノイズが入ることも考慮しなくてはなりません。そもそも「企業の業績」だって、株価で見るのか、ＲＯＡ（return on assets）、あるいは成長率かなんて、結構悩ましいのです。

直接客観的な数値が取れないときは、サーベイ（アンケート）を取ることになりますが、これも本来は気をつけなくてはいけない点がいろいろあります。どのようにも取れる質問などは論外ですが、微妙な言い回しで回答が大きく違うことも報告されています。例えば、本書では平松貞実氏の次の実験が挙げられています。

Q あなたは次のどちらのタイプの先生が良いと思いますか？〔注5〕

A 調査（51人）

a　学生の面倒はよくみるが、講義の内容はあまりよくない 20％

b　学生の面倒はあまり見ないが、講義の内容は大変よい 77％

B 調査（48人）

a'　講義の内容はあまりよくないが、学生の面倒はよくみる 40％

b'　講義の内容は大変よいが、学生の面倒はあまりみない 58％

〔注5〕
未回答者もいたので全体が100％にならない。

サンプリングに関してもう一つ挙げるとすれば、サンプル数です。「確率」という言葉は、サンプル数が多くて初めて成り立つということを忘れてはなりません。例えば、さいころを5回振って、5回とも偶数が出たからといって、このさいころが〝イカサマ〟かどうかは分かりません。しかし、50回振って50回とも偶数であれば、どこかおかしいでしょう。逆に、確率は50％だからといって、2回やれば必ず1回成功する……とは限りません。100回ぐらいやって、ふっと振り返ると大体50対50になっているというのが、「確率50％」の意味なのです。

因果関係？

多くの場合、分析は問題を浮き彫りにし、その原因、つまり因果関係を明らかにするために行われます。横軸に原因、縦軸に結果を示し、サンプルをプロットして大体の傾向が見えるようなグラフはいろいろなかたちで目にされたことがあるのではないでしょうか？これに関連して、本書の冒頭では著者が実際に学会で聞いたという次の話が挙げられています。

戦後の少年非行の増加は、ハンバーガーの消費量および体格とともに増加している。
従って……

なんとなくありそうな話ですが、ハンバーガーの消費量や体格と少年非行の因果関係というのはこじつけでしょう（ただ、そうしたこじつけを一生懸命話す人がいることも事実です）。

一般にAがBを引き起こすという因果関係（causality）を証明するには、次の3つの条件が必要です［注6］。

（1）AがBよりも前に起こっていること
（2）AとBには相関関係（correlation）があること（Aが起これればBが起こる）
（3）A以外にBに影響するものがないこと

ハンバーガーの例は、（2）の相関関係の話だけで、（1）も（3）も満たしていません。

まるで「私が毎朝駅に行くと電車が来るから、私が原因で電車が来るのが結果だ」と言っ

［注6］
これは「論文篇」の第1章でも申し上げますが、重要なのであえて繰り返します。

ているようなものです。

陥りやすい因果関係の誤解

本書では、例えばAとBに相関関係がみられる場合、AがBの原因ではない可能性として、既述のサンプリングの問題以外に次のようなポイントが挙げられています。

a．BがAの原因（reverse causality などと言われます。つまり、因と果が逆）
b．AとBがお互いに影響している
c．AもBも第三の変数の結果
d．単なる偶然
e．AはBの直接の原因ではなく、A→C→Bとなる

先ほどの電車の例はもちろんaです。dなんかに「運命」を感じるのは、個人の自由で

す。本書でも指摘しているように、一番見逃されやすいのはcの「第三の変数」でしょう。英語では、隠された変数が疑われるAとBの因果関係に対して「spurious」なんていう言葉を使います。

例えば、「高業績企業は、株価が上がる」を考えてみましょう。好業績→高株価という因果関係はありますが、一般に好業績はすでに株価に反映されているので、「だから株価が上がる」というのはspuriousです。むしろ、背景に「的を射た企業戦略」とか「他社に追随を許さない技術」という「第三の変数」があって、それが「好業績」と（投資家の将来への期待を通じた）「株価の上昇」の双方に貢献していると見るほうがよいのではないでしょうか？　そう考えてみると「当社は好業績なのに株価があまり上がっていない」なんていう悩みも、解決に一歩進むでしょうし、「この会社は業績で見ると競合他社に比べて株価に出遅れ感があり投資妙味がある」というのは怪しいということが分かります。

「第三の変数」というのは結構いっぱいあります。「高いサプリを飲んだら健康になった」というのも、実はそういうサプリを飲むような人は「日ごろから健康に気をつけている」のであって、それが本当の原因かもしれません。「壁ドン」で女の子がくらっとくるのも、本当の理由は相手の男の子が素敵だからで、誰でもが「壁ドン」をしたらもてる……というわけはないでしょう。

また、オリンピック選手は、両親もまたオリンピック選手だったりして「蛙の子は蛙」「血は争えない」なんてよく言われたりしますが、これも実は「第三の変数」がある（この場合はcというよりeの関係として）といわれています。スポーツ選手に限らず、芸術家とか音楽家でも当てはまるらしいのですが、「1万時間理論」というのがあって、大成した人々の最も重要な要素は「才能」ではなく「1万時間の厳しい練習だ」というのです［注7］。

オリンピック選手の家庭からまたオリンピック選手が生まれるのは、才能だからではなく、大体そういう家庭で育った子供は小さいころから厳しい練習をしている（厳しい両親というコーチのもとで！）からなのです。つまり、オリンピック選手の両親とオリンピック選手の子供というのは直接の「因果関係」ではなく、本当の原因は「1万時間の厳しい練習」にあるのだということです。おそらく、同じようなことは伝統芸能の世界でもいえるでしょう。

先述の『Hard Facts,…』では、「我々のクライアントは市場平均に比べ3倍の業績を上げている」と言うあるコンサルティング会社の主張に対して、フェファー、サットン両教授は「ほら吹きだ」と言いきり、「単なる相関関係にすぎない」「業績のいい会社だから大枚をはたいてコンサルティング会社を雇ったのでは？」「実際にその会社が業績に貢献し

［注7］
例えば、Gladwell, M. 2008. *Outliers*.（邦題『天才！ 成功する人々の法則』講談社 2009年）

たという証拠を見せろ」とかみついています。

よく「強い企業の秘密はこれだ」「できる人はこう仕事をする」なんていう記事を見ます。これは、暗にそういうことをすると強くなるとか、仕事ができるようになるということを言っています。「ホンマでっか!?」と楽しむ分には問題ないのですが、真剣に「自分もやってみよう」なんて思う前に、チェックしなくてはならない点はすでにお分かりと思います。

第4章

人材教育における「教」と「育」の本質的違い

ものづくり道
石橋を叩けば渡れない

西堀榮三郎著　ワック　2004年

西堀榮三郎著　生産性出版　新版　1999年

西堀榮三郎氏（1903－1989）は日本の統計的品質管理の基礎をつくった腕っこきの技術者であると同時に、登山家であり、南極越冬隊の初代隊長、あるいは学生時代には来日したアインシュタイン博士の通訳を務められるなど、様々な面で活躍された方です［注1］。

こうした多才であちこちに手を出されているように見える西堀氏の行動は、その著書を読んでみると、実はいくつかの信念に貫かれていることが分かります。簡単にまとめることは恐れ多いのですが、ご紹介するにあたってあえて私流で3つにまとめれば、

1．創造性は人間の本能である
2．創造的な組織には目的と対立が必要である

［注1］
私の前職のコンサルティング会社の創業社長は京都大学の山岳部出身であることをよく自慢にしており、当時はあまりピンとこなかったものですが、今になると西堀氏をはじめ日本を代表するような逸材が綺羅星のように名を連ねるそのすごさが分かります。

3．人間には無限の可能性があり、その可能性を実現するためにはリーダーシップが重要である

になると思います。もちろんこの3つの間には、切っても切れない関係がありますので、一応この順にまとめてみますが、行ったり来たりすることになります。また、ここでご紹介する以外にも、特に技術に関する視点などは、経営論としてだけでなく、技術者の心構えあるいは企業や国の技術政策を考えるうえにも参考になる点がたくさんあると思います。

西堀氏の著作はベストセラーになった『南極越冬記』[注2]以降、様々なかたちで編纂され、複数の書籍に同じ内容が入っていたりしますが、今回は主に『ものづくり道』をベースに『石橋を叩けば渡れない』も参考にしながら氏の主張を読み解いていきたいと思います[注3]。

創造性と「切迫感」「知識」「執念」

最近は「イノベーション」というカタカナで語られることの多い「創造性」について、

[注2]
岩波新書 1958年

[注3]
その他には、例えば『創造力』（講談社 1990年）、『西堀流新製品開発』（日本規格協会復刻版 2003年）、『技士道十五ヶ条』（朝日文庫 2008年）。

西堀氏の主張は一貫しています。つまり「創造性は人間の本能」であるということです（あとでもう少し深く触れます）。そして、その本能が活用されるために必要なこととして「切迫感」「知識」「執念」を挙げておられます。

南極で灯油をパイプで運びたいのに、パイプがないという局面で包帯と水（つまり包帯を棒にまきつけ水をかけて凍らせる）で作ったり、紅茶で雪上車を修理したりというのはその例です。「創造とは全く新しいことを作り上げることではなく、既存のものの新しい組み合わせだ」というシュンペーターの指摘を体現しています。

「切迫感」と「知識」はほったらかしにしていては結びつきません。何が必要か？ それは「何とかしなくてはならない」という気持ちがぐっと起きたときに生まれる**「考えてみりゃあ」**であると西堀氏は強調します。

> いままで、こうしなければならんものだ、ああするのが当たり前だ、そうすべきだ、何だかんだという、そういう固定観念というか、習慣があります。それをバアッと捨ててしまって、ことの本質に帰って考えることを、一口で「考えてみりゃあ」というのです。

「考えてみりゃあ」とは、そもそもの目的を忘れないという、いつの間にか目的を忘れて手段を目的化してしまいがちな（例えば、年末に予算を使い切るとか、顧客満足よりもマニュアルを守ることが大事だとか）、私たちへの警鐘でもあります。

一つ付け加えるとすれば、組織とは常に常識、これまでのやり方を重視します。経営学では組織のイナーシャ（inertia＝慣性）と呼びます。組織（あるいは個体）の維持のために安定は不可欠の要素ですから、経営者が新しいアイデア、常識はずれの戦略を何でもかんでも取り入れたとすれば、組織はガタガタになることは間違いありません。

その意味で、日本であろうとアメリカであろうと組織には保守性がそのＤＮＡに組み込まれています。ただし、「非常識なアイデア」を常に否定していれば、創造的な技術も製品も生まれませんし、その組織もじり貧になることは間違いありません。常識は陳腐化しますし、また差別化の妨げにもなります。新しいアイデアに取り組む人々は、組織はそもそも保守的なのだという前提でどうするかという視点を持つことが必要です。

つまり「常識」「保守性」に挑んで、ばかにも見えるアイデアを追求する「目的意識」「勇気」と「執念」の大切さです。恩師から聞いた「キノコは千人の股をくぐる」（松茸探しに行って、普通の人は千人のあとでは見つけられないと思うかもしれないが、千一番目の人が見つけるかもしれない）という言葉を挙げ、一生懸命やっていくことが大切だと西堀氏は強調されます。

そして、その探し方の秘訣は「観察」、つまり**「変だぞ」**と思うことがあったら、それを徹底的に究明することだとつけ加えてもいます。逆に言えば、他の人が何気なく見逃してしまうようなことに対しても「変だぞ」と思うような問題意識、敏感さを養うことが必要だということだと思います。

「常識的」に考えれば、多くのちょっとした「変だぞ」は例外だとか、たまたまだとかで片づけることもできます。そのときに、立ち止まることができるかどうかは、「問題意識」「敏感さ」のレベルを問われるのと同時に、「こんなつまらないことにこだわっても仕方ない」「上司に評価されない」という「一般論」に対して自分の直感を信じ続けられる「勇気」「本気度」を試されていることになります。

創造に取り組む勇気を育む

創造というのは「これまでにないこと」つまり「常識はずれ」あるいは「非常識」のこ

とに挑戦するわけですから、そもそも反対も多いかもしれないし、一人でどれだけ頑張っていても限界があります。つまり、組織としてサポートしていく必要があります。西堀氏は、これを「『馬鹿』に必要な育ての親」などと呼び、「着想なり提案を部下が持ってきたとき、その内容を聞かない先に、『そらええ考えだなあ』とまず言う」姿勢が大事だとまで言い切ります。

西堀氏がそうおっしゃるのは、彼の日本原子力研究所時代の体験があるからです。西堀氏のアイデアに若手技術者も賛同してくれて、一生懸命開発を進めているのに、先輩たちは「そんなにいいものだったらとっくの昔に外国でやっているはずだ」と否定し、さらに同じ構想がイギリスで進められていることが後に分かると「外国でやっているんだから、やらなくてもいいだろう」と踏みにじったことを氏は忘れられなかったようです。こうした体験も踏まえ、日本人は物まねはうまいが創造性はないのではという批判に次のように答えていらっしゃいます。

> 私たち日本人には創造的なアイデアがないのではなく、そうしたアイデアが出ても、周囲の人とか組織が協力して育てることをしようとしないことである。また、大姑と、

小姑がたくさんいて、「ああでもない、こうでもない」と混ぜっ返して駄目にしてしまい、創造的能力を出す勇気をなえさせてしまうことである。

さらに「チャンスを与えて、成功の味をしめさせる」ことによって「調子に乗らせる」ことが創造性のある仕事をさせるために重要だと西堀氏は断言します。その意味で、西堀氏は「**従来の教育には『教』はあっても『育』がない**」と厳しい指摘をされています。結局私たちが何かにやる気を出すのは、「面白い」「はまった」経験があるからです。そうした経験なしに「執念深くやれ」と言っても限界があります。当然、チャンスを与えることは失敗にもつながります。それはそれでいいでしょう。失敗は失敗で、悔しさにつながり(プライドの高い、優秀な社員であればなおさらでしょう)、次の挑戦への糧になるからです。

「人材への投資」というと、すぐ研修やら福利厚生やらの話になりますが、「チャンスを与える(結果として失敗する)」ことこそが人を育てるための投資なのです。

『石橋を叩けば渡れない』の初版が出たのが1972年、今から40年以上前ですが、その指摘は古くなるどころかますます重みを持っているように思われます。

組織の目的がなぜ共有されないか

日本の組織でしばしば目的が曖昧である大きな理由は、経営をつかさどるべき人々が「目的」の共有を怠った（自分ではやりったつもりなのかもしれませんが、結果から見れば怠ったとしか言えない）ということにあるように思います。これが端的に出たのが「日本型成果主義」の失敗です。

成果を測るためには、当然ですが「基準」がなくてはなりません。その「基準」をはっきりさせるために、本来はもう一度企業の「目的」「ビジョン」や「理念」というものが問い直されなくてはならなかったはずです。しかし、成果主義として日本企業に広がったのは業績数字、つまり「測りやすいもの」だけを測って、それが「成果」だという風潮だったのではないでしょうか。

その結果として何が起こったかといえば、「仕事の完全な金銭化」です。正確に言えば、お金で測れるところだけを「仕事」という風潮です。もちろん、仕事の対価として、金銭が重要なことは間違いありません。ただ、仕事にはそれ以外のこと、例えば挑戦をした達成感、やりがい、あるいは顧客から感謝されたときの喜びなど、人間の心につながる様々な社会要素があります。

そうした誇りとか、わくわく感とか、妄想とか、本来「なぜこの会社で働くのか」という大切な人間の気持ちを、ことごとく捨て去って、見えやすいところだけを金銭に表したのが多くの「日本型成果主義」であったのではないかと思います。逆に言えば、明確な「組織の目的」を立て、それを共有化することはとても大変だから、カネでごまかしたということです。そう思っている経営者はいないとは思いますが、していたのはそういうことです。皮肉なのは、こうしたことが日本企業がそこそこ成功したあとに起きたことです。まるで、お金持ちの親が、子供にコミットしないことを多額のお小遣いで正当化するかのように。

これを次の西堀氏の体験と比較してみれば、問題はより鮮やかになるでしょう。

私が東芝におりますときに、ある重役から
「どうだい仕事おもしろいか」
といわれました。私は
「ハア、もうおもしろくておもしろくて、研究を三度の飯より楽しくやっております」

とこう答えましたら、

「そうか、そんなら給料はいらんな」

こうした違いが「目的」そして「目的の共有化」だけからきているとは思いません。しかし、ただ「レンガを積んでいる」と思って仕事をしている大工さんと、「大聖堂を造っている」と思っている大工さんとでは、その心意気、やりがい、おもしろさ、誇り、そして仕事への注意や集中はやはり違うのだと思います。慶應ビジネススクールに来ていただいたリブセンスの村上太一社長も、会社の立ち上げのときはパートナー（当時は全員学生）にこう言ったそうです。

最初は給料0円でやる。その分楽しんでくれ。

共通の目的が多様性を組織力につなげる

組織の目的の大切さは、そこで働く人々のやりがい、おもしろさ、誇り、ひいてはやる気ということだけではありません。すでに西堀氏の言葉を引用したように、共通の目的がなければ、様々な意見、能力、バックグラウンドを持った人々が、協力することはできません。

数字が得意な人、事務が好きな人、営業が上手な人、モノづくりに燃えている人など、様々な人がそれぞれの役割を担い、力を合わせて目標を達成するために組織はあるのです。「異質の協力というのは個が群れの中に埋没するのではなく、個は個として存在し、その立場なり個性を持ったままに能力を十分発揮して、『共同の目的をみんなで果たそう』という態度で協力していくことである」のです。

ただ、それは単なる「仲良しクラブ」ということでは決してありません。異なったタイプの人々が集まれば、必ず意見の違い、対立は起きます。逆に言えば、だからこそ組織の目的が大切なのです。西堀氏は次のように指摘されます。

言いたいことも言わず、ご無理ごもっともでやっているのは、決して「和」ではない。言いたいことも大いに言いながら、お互いの考えや意見とか個性というものを尊重して、最終的には共同の目的に最も近いものを取り上げていく。そういう態度こそが、本当の「和」の精神ではなかろうかと思う。

三種類の議論と終わり方

目的および対立と関連して、西堀氏は「議論は大体三種類に分かれる」という点を『石橋を叩けば渡れない』で南極越冬中の体験をもとに書かれています。西堀氏の慧眼は、議論の種類によって幕引きの仕方、つまり終わり方も異なるのだと指摘されている点です。

1つ目は、「議論のための議論」です。無駄といえば無駄ですが、南極での越冬中、西堀氏はこうした議論も奨励したそうです。その理由は「お互いの個性が実によくわかる」からだといいます。「部下」とひとくくりにするのではなく、固有名詞、名前のある一人ひとりの人間として理解することがあって初めてチームワークが生まれるのです。この種類の議論の終わり方は簡単です。「ワッハッハッハッハッ、終わり」。

2つ目は目的に関する議論です。これも本来、チームだとか組織の目的がはっきりしているのであれば、無駄に見えなくもありません。しかし、西堀氏はこう指摘します。「議論しているのは、どうせ枝葉の問題なのですが、議論すればするほど、この間の関係がいっそうよく理解されるわけです」。目的は意外に忘れられやすいものですし、共有できていたと思っていてもそうでないことが多いことを考えれば、枝葉であっても議論をし続け、忘れがちな原点に戻る姿勢は大切だということです。

ここでさらに重要なのはリーダーの姿勢だと西堀氏は強調されます。「私は毅然として、ちゃんと制服制帽を着て、俺たちの越冬目的は何であったかという錦の御旗をデンと持って、一歩も譲ってはだめです。そして、とことん納得するまで議論するべきです」。

予想外のことが起きたりして部下から文句が出たりすると、当初の目的を変えたり、部下におもねったりするリーダーでは、人はついてこないということでしょう。よく言われる「ぶれない」とはこういうことです。逆に言えば、**目的の重さ**というものをよく考えろということでもあります。

終わり方も当然そういう姿勢でなくてはなりません。「共同目的というものを錦の御旗として、あたかも私がその意味では神であるかのごとき態度で、ビクともせずに、その目的だけはピシャッと納得するように持っていくわけです」。

3つ目は目的を達成する手段についての議論です。「自主性」の大切さは、西堀氏の人間観、チーム観の根底にありますが、ここでも当然「自主性」が重要です。ですから「隊長たるものは、今度は制服制帽を脱いでしまって、裸になって議論の中に入っていきます」。ここの「自主性」とは2つの意味があり、一つは担当者が主体であるという意味、そしてもう一つは仲間であるその他全員は自主的にいろいろな参考意見、いいものも悪いものも、腹蔵なく出しあうということです。

従って、ここでの終わり方は、担当者が「どうもありがとうございました。つきましては、皆様のご意見を参考といたしまして、私は私の責任においてやらしていただきます」と締めるのです。

リーダーシップ1：自主性

『ものづくり道』も『石橋を叩けば渡れない』も、その内容の大半はリーダーシップに関わることといっても過言ではないと思います。ここでは、特に重要だと思われるポイントを4点に絞ります。

そもそも西堀氏の基本的な信念は、創造性のところでも申し上げたように「自主性」ということです。自分でやりたい、やらなければいけないと思うから創造性が生まれたり、効率的に仕事ができたりするからです。逆に言えば「やらされている」とメンバーが思う限り、どれほどルールを厳しく、より細かく決めてもどこかに必ず漏れが出ます。

ですから、西堀氏は「任せたことについては一から十まですべて責任を持たせる」「目的さえ達成すれば、自由にやってよろしい。手段は任せます」とすることがリーダーの心得であるとし、そのいい例として南極点を目指して熾烈な先陣争いをしたアムンセンとスコットの例を用いておられます。

震災時にもいろいろ言われましたが、どんなに準備をしても、100%ということはないのです。「準備とか計画というものは、**思いもよっている**ものしかできはしないのです。従って、思いもよらないことに対する処置というのはあらかじめできていない。怖いのは、それが完全無欠であると思っている心です」(強調はオリジナル)。

それでは、そうした「思いもよらないこと」にどのように対処すべきか? 西堀氏の着眼は、どのようにチームをマネジメントするべきかという点に置かれます。南極点到達といった難しいプロジェクトを達成するには、ほんの少しの判断の遅れとか、失敗とかが命運を左右するために、隊長だけではなく隊員すべてが「細心の注意」を払い、創造性のところで申し上げたような「感度を上げる」ことが必要だという点です。そして「仕事というものは自らが強い『やる気』を持ってやるのでなければ、『細心の注意』など決してできるものではない」のです。

ここでアムンセンとスコットのリーダーシップは大きく分かれました。アムンセンは隊員に考えさせ、自主性を尊重するチームワークで運営し、彼らの意欲をかきたてることを通じて「細心の注意」の原動力にしました、しかし、海軍将校であったスコットは命令をもって運営したのです。

> おそらくスコットは「注意せよ、注意せよ」と、たびたび隊員に言っていたに違いない。しかし言葉で注意を促していたにしても、隊員をして工夫のもとになる情熱と平常心を仕込むことにかけていたのだ。
>
> 一番大事なことは、先端のチームが生き生きと活動していることである。……組織の末端のひとつひとつのチームが生き生きとしているとき、全体の組織も生き生きとしてくると言えるからだ。

ここまできて、NCAA（全米大学体育協会）がペンシルバニア州立大学のフットボールチームに与えた罰則に関して、あるWall Street Journalの記者がかみついていたことを思い出します［注4］。いわく、NCAAは問題が起きるたびに、細かいルール、厳しいルールを課す。しかし、「誇り」や「判断力」はルールにできない。我々は「リーダーシップの代わりにルールを当てはめ、判断力の代わりにゼロトーレランス（例外なし）といい、善悪の判断基準をコード化して、何か問題が起きると大きなショックを受けている。根本的に間違っていないだろうか？」。どこかの企業のコンプライアンス部門にも全く同じ指摘が当てはまりそうです。

このポイントに比べれば重要度は低いですが、西堀氏はスコットの因果関係の間違いをもう一つ指摘しています。それは「**たまたま**使った犬が役に立たなかった」からといって「**そもそも**役に立たない」と決めてしまったことです。

［注4］2012年7月24日

リーダーシップ2：陰ながら見守る

任せろ、自主性を重んじろと言ったわけですが、「その時リーダーに必要なのは『任せたから勝手にやれ』と放っておくのではなく、『陰ながら見守る』という態度である」つまり、「任せる」と「放任」は違うということです。

西堀氏は、これを大きな代償を払って学んだと述べられています。ヤルン・カン登山で悪天候の中、西堀隊長の意見を聞かずに独断で登頂した一人が帰らぬ人となったことです。西堀氏に対して、友人の今西錦司氏はこう言ったということです。

> お前は登攀隊長に任せた任せたといっているが、おまえのやっているのを見ると「任せた」のではなく、ただ放任していたにすぎん。放任は罪悪である。

隊員たちには、

> 諸君せっかく西堀という〝お守り〟をもたせたのに宝のもちぐされをしたではないか。…（おそらく反対をされるからだと思ったのだろうが）あいつはそんなとき決して反対などせぬ。お前らが状況をいえば、「そうか、第六キャンプは止めるか。それなら

その代わりに…」と条件をつけよる。あいつは黙っていろというてもよういられん性分なんやから、必ず何か一言いう。その一言が大事なんや。おまえら、そのことを忘れていたんやろ

自分がどうしてもやりたいことに反対されること、特に自分より優れている人には反対されることには大変抵抗があります。どうせ反対されるんだから、やってしまえ……もしそうなったら（実際そうなってしまったのですが）、リーダーの役割とは何か？

逆に言えば、リーダーはそうした部下の気持ちを知らなければならないということでしょう。陰ながら見守るとは、信頼をするということと、そうはいっても気持ちが弱くなったり、判断を間違えそうになったりした時は盾になって守らなくてはならない、そのためには放任ではいけない。「任せる」と「放任」の微妙な違いこそが、本当の意味でのいいリーダーとそうでないリーダーの差を分けるのでしょう。西堀氏はさらに続けます。

私は、チームへの強い関心をもってすればフォロアーの主体性を奪わないでリーダー

としてもっとやれることがたくさんある、いつも陰ながらよく見ていれば事が起こる前にそれが察知でき、パッと手が打てるようになれるのだと考えるにいたったのである。

リーダーシップ3：楽観と細心

悲観的なものの見方をし、取り越し苦労ばかりしていたのでは、何も新しいことは生まれてこない。新しいことをやる勇気は、楽観的なものの見方から生まれてくるのである。

「勇気」は「自信」に先行する。

西堀氏の人生、そして行動の一つひとつを見ても、こうした楽観、人への信頼、創造性への自信にあふれているものばかりです。特に、チョモランマ（エベレスト）登山隊の隊長になったいきさつは、京都に生まれたらこんなふうになれるのなら、京都に生まれたかったとほれぼれするようなものです（詳しくは『ものづくり道』をご参照ください）。別のところでも「うぬぼれと自信は同じもの」「忍術でもえぇで」「なんでもありや」といった言葉は何度でも出てきますし、一緒に働いた方たちの回想でも必ず指摘される点です。
ただ、西堀氏が豪胆なだけでなく、極めて繊細な神経の持ち主であり、「予想外のことは必ず起きる」と言いながら「予想外を最小にする」ことに努めていたことは忘れてはいけないでしょう。実際、南極での越冬準備に関し次のように述懐されています。

頭のいい男が大勢で調べに行ってくれたのに、私の帳面が一番細かく書いてある。……違う点は、私が、忘れたら大変だという心が一番強かったわけです。ほかの人は私ほど責任感を持っていない、だから普通に見てくる。私は普通以上に見て、その裏の裏を考えて書かなければならない。いわゆる責任感というものがいかに大事かということをつくづく感じました。

リーダーシップ4：幅役

繰り返しになりますが、組織やチームとは、異なった専門性を持った人々を束ね、それぞれの能力を最大限に発揮してもらいながら、個別最適で終わることなく、組織全体の目的を達成することです。ですから西堀氏はリーダーについて次のような指摘をされます。

> チームのリーダーというのは、チーム全体が「なるほど」と思って忠誠が誓えるような「共同の目的」を設定することができ、かつ、チーム全体が「共同の目的」に向かって一致教育ができるような「場」作りのできる人でなくてはならない。

従って、リーダーは「幅役《はばやく》」でなくてはならないというのが西堀氏の信念です。つまり、上にいけばいくほど、時間的にも守備範囲が広がり、さらにより深い見識が求められるからです。

逆に、専門家という言葉は、一見もっともらしいが、実は怪しい。なぜなら、西堀氏は

「非常に深くて非常に幅が広い」ということは難しいとしても、「相当深くて相当幅があることは人間として可能である」と信じているからです。ですから、いわゆる「専門家ぶる」ことに対して西堀氏は大変懐疑的です。例えば次のような指摘があります。

> 機械屋という名においてその人を機械の中だけに閉じ込めようとしていることです。また、その当人も、ウン、俺は機械の専門家だ、他のことは知らん、電気には弱いんだといって弱いのを自慢している。そのくせ、本当に機械のことをよく知っているのかといったら、別に大したことない。

さらに、「広い、に対して狭い、という言葉が浮かんできますが、狭いということは自己防衛でしかありません」と言い切ります。

少し話がそれますが司馬遼太郎氏の『坂の上の雲』［注5］では、旅順攻撃に関して、参謀長伊地知幸介を中心とする砲兵の専門家たち、そして司令官としてそうした専門家たちの立てた作戦をそのまま用いて戦死者の山を築いた乃木希典に対する、児玉源太郎の見方

［注5］
文春文庫　1999年

を次のように記します。

乃木は専門家に呑まれちょったんじゃ。

（中略）

専門家といっても、この当時の日本の専門家は、外国知識の翻訳家に過ぎず、追随者のかなしさで、意外な着想を思いつくというところまで、知識と精神のゆとりを持っていない。児玉は過去に何度も経験したが、専門家にきくと、十中八九、

「それはできません」

という答えを受けた。彼らの思考範囲が、いかに狭いかを、児玉は痛感していた。児玉はかつて参謀本部で、

「諸君は昨日の専門家であるかもしれん。しかしあすの専門家ではない」

とどなったことがある。専門知識というのは、ゆらい保守的なものであった。児玉はそのことをよく知っていた。

児玉源太郎が「昨日の専門家」たちに従っていたら、旅順が陥ちなかったことは間違いありません。私も含めた「専門家」といわれる人間はよくかみしめなくてはならないものだと思います。そして、そうした「専門家」を束ね、創造的なプロジェクト、仕事を達成しようというリーダーはなおさらそうでしょう。

日本的なものへのこだわり

繰り返しになりますが、西堀氏の人間観、組織観は人間の個性に対する信頼と可能性が根底に流れています。そして、その基本的な価値観は学生時代に、テイラーシステムの限界を目の当たりにしたことにあると述べられています。科学的、合理的なテイラーシステムよりも、「何しろ仕事をしたい」と集まってきた村の娘さんの生産性のほうが高かったのです。詳しくはこれも『ものづくり道』の本文に譲りますが、そうした経験から、西堀氏は「日本人が古来から持っている品質に対する潔癖観、恥と誇りの精神、帰属意識などを大事にした品質管理を進めていきたいと思ったのだった」と述懐されています。

当然ですが、こうした帰属意識が強くなりすぎることに対しても常に警鐘を鳴らし続けてもいました。人間の可能性とは、個性を発揮することであり唯々諾々と上位の命令に従うことではないからです。これも繰り返しになりますが、日本人が大切にしてきた組織の和とは「言いたいことも大いに言いながら、お互いの考えや意見とか個性というものを尊重して、最終的には共同の目的に最も近いものを取り上げていく」ことのはずだからです。

もちろん、基本的な知識、規律は「個性」とは何の関係もありません。2×2の答えが、人や文化、年齢や性別によって違わないのと同じです。しかし、いつの間にか、そうした基本的な知識と個性がごちゃ混ぜにされていることはないでしょうか？「ゆとり教育」というのは、前者と後者を取り違えた例です。「教」と「育」が、いずれも中途半端になってしまっていないでしょうか。

その意味で、西堀氏は、日本人の可能性を深く知りながら、落とし穴についても、自分の経験をもとに厳しく指摘されています。

「みんないっしょ」が強調される同質性組織からは創造的活動は出にくいし、また出てきても潰されてしまう。特に、何か新しいことをやろうとすると、「彼らはいつも異を唱える、協調性がない」と〝はみだしもの〟の扱いにされ、既存の思考に安住する人たちから嫉妬心のまじった抑制力が加えられてくるのである。そして最後には、一匹狼に干されてしまう。……その意味でも私は、画一主義は親の敵ではないが、創造性の敵であると思っている。

現状の日本はどうでしょう？　「失われた10年」とか言いながら、米国型の経営をあまり考えなしに導入し、すでに指摘したように「仕事の金銭化」を進めて、いつのまにか本来の強みであった「恥と誇りの精神、帰属意識」が失われようとしている組織が多くないでしょうか？

第5章

部下を「指導」してつぶしていないか？

心理療法序説

河合隼雄著　岩波現代文庫　２００９年

カウンセリングを語る　上・下

河合隼雄著　講談社＋α文庫　１９９９年

早いもので河合隼雄氏が亡くなってから２０１７年で10年になります。私の中では、河合氏は西堀榮三郎氏と並んでお目にかかったことは一度もないものの、その書籍を通じていろいろなことを考える「こころの師」です。河合氏の本は、専門書と対談以外は大体読んでいるだろうと思っていたのですが、この文章を書くにあたってアマゾンで調べてみると、とんでもない間違いだったことが分かりました。まだまだ修行が足りません。

さて、本題に戻ります。河合氏の著作との出合いは随分昔で、この『心理療法序説』が最初です。前職のコンサルタント時代に、社内の研修で先輩がこの本に触れていたことがきっかけです。

今もそうかもしれませんが、当時コンサルタントといえば「企業のお医者さん」などと言われていました。企業の悪いところを見つけ、処方箋を書き、健康にするのがコンサル

タントの役目だという意味です。「本当にそうか？」というのが、その先輩の投げかけでした。

カウンセラーやコンサルタントの本当の役割とは？

例えば、人間だって、病気になれば確かに薬を飲んだり、手術をしたりするわけですが、本当によくなるためにはその本人の治癒力がなくてはなりませんし、「治りたい」「生きたい」という気持ちも大切であるのはよく指摘されることです。さらにそれを企業に当てはめたとき、「医者」の本当の役割とは何か？

「コンサルタントに頼んで分厚い提案書を出してもらったのに何も変わっていない」という指摘はすでに当時からあり、単に高額のフィーをもらうためではなく、クライエント（通常は「クライアント」と書くと思いますが、河合氏の言葉に合わせます）に対してコンサルタントの本当の価値とは何なのか？　コンサルタントは何を目指すべきなのか？

悩んでいる人に忠告や助言を与えることを、まったくしないわけではないが、それは心理療法の仕事においては、ほとんど重要なことではない。忠告や助言で解決するような人は、心理療法など受けにこないといっていいかもしれない。

この問いは「カウンセラー対クライエント」「コンサルタント対クライエント」だけではなく、例えば本で触れられているように「教師対生徒」、さらには「上司対部下」にも当てはまるのではないでしょうか。

「○○人材育成」（○○には、グローバルとか経営、あるいはリーダーシップといった言葉が入ります）が声高に叫ばれている現在、「人を治す」から一歩進んで（戻って？）「人を育てる」とはどういうことかに対して、河合氏の本は様々な示唆を与えてくれます。カウンセリングに関しては全くの素人ですので的外れだったり、曲解したりしている部分もあるかもしれませんがおつき合いください。

「教育」の2つの意味

「教育」というのは「教える」という部分と「育てる」という部分があります。西堀榮三郎氏は「育てるということは『成功』の味をしめさせ、『失敗』に学ばせることだ」「従来の教育には『教』はあっても『育』がない」と厳しい指摘をされていたわけですが、河合氏もそれに近い話をされています。

大人は一般に「指導」するのが好きである。……指導の効果があがると指導者がよかったことになるし、指導される者がなかなか指導に従わないときは、「せっかく熱心に指導してやっているのに」、悪いのは生徒のほうだということになって、教師の立場は安泰になるからである。
教育というときに、動物を訓練し、しつけるというイメージと、植物を育てるというイメージと両方がある。どちらも大切なのだが、一般に植物のイメージで考えることのほうは忘れられがちのように思われる。……熱心に教育しようとする人によって、芽をつみとられたり、つぼみを台なしにされてしまったような子どもの例を、われわれは数多く見てきたのである。

一方で「自分のやり方」を押しつけることが教育だと思っているのではないかと見える上司も散見されます。

上司の言われるようにやっているだけでは、なぜそうしなくてはならないかは分かりませんし、もしかしたらもっと良い方法があっても考えようとはしません。さらに「グローバル」「経営」ということになれば、一人ひとりが自分のやり方で、例えばひまわりはひまわりに、チューリップはチューリップとして「育つ」ことが必要なはずです。

因果律のワナ

「指導する」「教える」ことが「育てる」ことよりも重視されがちな理由として、河合氏は「因果律」という考え方が、技術の進歩と相まって、人間に対しても安易に適用できると考えられているのではないかと指摘されます。

何かを「操作する」ことによって望みどおりの結果を得るという「技術」を人間に適用しようとする。心理療法家を訪れる多くの人が「先生、何かよい方法はないでしょうか」と訊くのはそのためである。

もちろん「科学的」に問題解決を図ることは大切で、原因を明らかにしてそれに対処しようとする姿勢は必要です。ただ、往々にして因果律的な思考が「悪者探し」に終始し、最終的には「自分の責任ではない」と言うための責任逃れに終わっていないか、と河合氏は指摘するのです。

例えばカウンセリングでいえば「家庭の事情」、企業でいえば「経験不足」が原因だとしても、同じような背景を持っている人が全員非行をしたり、大失敗をしたりということはないはずです。だとすれば、本当の原因は何か？　あるいは1つや2つの「原因」に単純化してしまっていいのか？　実は、この話は企業における「失敗から学ぶ」ということにもそのまま当てはまると思うのですが、ここでは話が広がりすぎてしまうのでやめておきます。

「待つ」ことはエネルギーが必要

そもそも、河合氏は心理療法を、専門家がクライエントに対して**「人生の過程を発見的に歩むのを援助すること」**と定義されています。そして、心理療法は相当の危険を伴うのであり、専門的な訓練を受けずにするべきではないと指摘されます。

それと関連して、河合氏の著書には「エネルギー」「心的エネルギー」という言葉が頻繁に登場します。それはつまり、カウンセラーとはクライエントを全面的に受け入れ、共感することが求められ、そうした環境の中でクライエントが自ら「発見的」に解決策に気づくことを助けるからです。「何もせずひたすら『時』を待つ商売」「何もしないことのほうがよほどエネルギーがいる」のであり「ぼくらが苦しまずにクライエントがよくなるというのは虫が良過ぎると思いませんか」ということなのです。

「待つ」と「放任」は違います。西堀榮三郎氏の言葉を借りれば、「陰ながら見守る」ということで、本人が「見守られている」という安心感の中で試行錯誤、あるいは「発見的」に歩むことができるのでしょう。当然ながら、ここには「相当な現実認識の力とバランス感覚」が必要です。手を出しすぎてもいけないし、放任しすぎると本人は「見棄てられた」と思ってしまうこともあるでしょう。

スポーツにしろ芸術にしろ、「適度」というものがあって、それをピタリときめるのが芸なのだから、心理療法家は「心」のことについて、適当なところを決める修練を積むべきであると思う。

上司は人材教育の「専門家」でなくてはならない

「専門家」という河合氏の指摘を繰り返します。教育、特に人材教育という点ではどうでしょうか？　学校の先生は「専門家」でしょう。ただ、現実に「専門家」といわれる人々は（私も含め）専門知識を持っていることを意味することが多く、「教育の技量」「エネルギーの量」「適度なバランス感覚」を意味することはあまりないと思います。

「上司」はどうでしょうか？　現実的に最も多く接しており、部下のこともよく分かっているのは「上司」のはずです。その上司が、あれしろ、これしろと言うだけであれば、あるいは部下が失敗しそうになるのを先回りして指示をしたりしているとすれば、それは

「育てる」ことを放棄していることを意味します。

一生懸命「部下のことを考えている」つもりで、実は芽をつみとったり、つぼみを台なしにしているのかもしれません。「効率よく」人は育つということはないのです。人が一皮むけたり、変わったりするためには、本人はもちろんですが、育てる側もエネルギーが必要なのです。

人材教育を考えたときに自分は「専門家」か？　係長、課長クラスはともかく、部長以上であれば「もちろん」と答えなくてはならないのではないでしょうか。ジャック・ウェルチがCEOとしての時間の3分の2を人材関係に費やしていたという話を思い出します。

「自分と向き合うこと」が「人を育てること」の出発点

人を受け入れ、「発見的に歩むのを支援する」カウンセラーの条件としてロジャーズというアメリカの学者が言っているのは3つのことなのだそうです。その3つとは、

1．クライエントの言ったことに対し無条件に積極的に関心を払っていくこと

2．共感すること
3．自己一致、つまりカウンセラーの言っていることと本当に感じていることが一致していること

です。3つといわれると簡単なようですが、実は大変難しいのは指摘されるまでもありません。これは、例えば自分の子供や部下との対話を考えたらすぐに分かります。彼らは「無理難題」を言ってくるわけで、それに対して「無条件に関心を払い」「共感し」「心から対話する」ことができるのは、個人的には「仙人」ではないかと思ってしまいます。

素晴らしいカウンセラーになれるかどうかはともかく、この3つのポイントには「人を育てる」、あるいは「育つ土壌をつくる」ための重要なポイントがあるように思います。

「聴く」は「聞く」とは異なる

まず大切なのは、相手の話をよく「聴く」ことです。実際、『カウンセリングを語る』の前書きは、わざわざその点に触れています。

人間の心のむずかしさがわかるにつれて、自分の考えで何かをしようというよりも、ともかくまず相手をよく理解しようとすることが先決であることがわかる。と言っても、これもたいへんむずかしいことで、勝手に「わかった、わかった」と思っても、それは真の理解にほど遠いことが多い。……ともかく「聴く」ことがどれほど大切かということが、本書では繰り返し強調されるであろう。

「聞く」ではなく「聴く」という漢字を河合氏がわざと使っているのは、おそらく英語でhearとlistenの違いのように、単に耳に入るのではなく、よく理解する必要があるということを示唆されているのだと思います。コミュニケーションがそうであるように、字面だけを追うのではなく、そうした言葉を使って、何を訴えようとしているか、つまり「意味」をくみ取らなければならないのだということです。人を育てるということは、押しつけるということではなく、育つ環境をつくることであるとすれば、その人がどのように思い、何を感じているのかを知らなくてはならないのは当然です。

自分自身をよく知ることの大切さ

河合氏は、さらに重要な指摘をしています。結局「聴く」ことは「自分自身をよく知ること」があって初めてできるという点です。クライエントといえども結局は他人ですから、一生懸命関心を持って聴いても完全には分からないでしょう。しかし、何か分かるとすれば、それは自分もそうした経験がある、そういうときにはどう感じるかが分かっている、ということ、つまり「共感」を通じてなのでしょう。

逆に言えば、自分という人間すら分からないのであれば、他の人のことなんか分かるわけはありません。ですから、カウンセリングとは「自分の感じ、直感、すべてを大切にし、尺度として用いるのである」と指摘されます。さらに、アメリカの有名な精神分析家ベッテルハイムの言葉を挙げています。

> 精神分析というのは、いちばん根本は自分を知ることなんだ。自分を分析して知ることとなんだ。そうであるのに、このごろどうもアメリカで精神分析と言っても、自分のことは放っておいて、人の分析ばかりしておる。これではどうにもならない。

あのフロイトも自分自身を知ることから始めたのです。おそらく、それは上司や企業についてもいえるでしょう。自分のことを知らないのに、自分の部下を育てられるのか？　自社の強みもよく知らないのに、競合他社とどう戦うのか？

「我々は会社のことをあなた方より知っている」とは、経営者が市場を欺くための弁明だとハーバード・ビジネス・スクールのニティン・ノーリア学長は言いますが〔注1〕、結局「知っているつもり」「分かっているはず」は誰のためにもなりません。

【注1】 日本経済新聞2013年2月3日

「限界」は「出発点」である

それと関連して、河合氏は「限界」という点にも触れていらっしゃいます。

専門家であるということは、自分の限界を知っていることだと思います。つまり、専門家であるということは、自分は何ができるけれど何ができないということ、を非常にはっきり言える人のことです。

日本人は限界という話をするのをきらう傾向があると思います。限界があると言われると、すぐにそれならだめだと言いたくなるんですね。そしていい場合には限界なしにいいと言いたくなる。

この「限界」を意味することはいくつもあるでしょう。一つは、自分を知るということの奥深さです。言い換えれば、過大評価をしてもいけないのですが、過小評価をしてもいけない。限界を「正しく」知るということは難しいということです。さらにそれと関連していえるのは、「限界＝あきらめ」では決してなく、「限界＝出発点」ということです。それは、自分で能力を上げるということかもしれませんし、他の人、他の会社と協働するということかもしれません。

「限界を正しく知る」ことはとても難しいことです。「できる」ことは限界ではなく、できない、失敗した経験からしか限界を知ることはできないからです。誰も進んでそんなことはしたくありません。その意味で、私が慶應ビジネススクールの学生に交換留学で海外のビジネススクールに行くことを強くすすめるのは、異文化とかグローバル化とか以上に、「負けた」という経験をしてほしいからです。

自分もそうだったのですが、日本人学生が海外のトップスクールに行って「(内心) 優秀だ」と思っていた鼻をへし折られることが多くあります。「こんなにすごいやつがいるのか」という経験です (その反対に「なんでこんなやつが受かったんだ」というのもよくあります)。そうした「負け」を実感することは、自分の限界をまさに知らされることであり、それではその限界を踏まえてどうやってサバイブするのかを考え、本当の自分に向き合うきっかけになるのです。

もう10年ほども前のことになりますが、前職のコンサルティング会社 (コーポレイトディレクション=CDI) から依頼され、後輩への言葉としてこんなことを書いたことがあります。

(新卒で入社して) 20年余りが過ぎ、CDIのことをちょっと思い出すと、楽しかったことばかりが浮かびます。しかし、よく考えてみると、私がいた10年のうちの95%ぐらいは、悔しかったり、恥ずかしかった経験です。「連戦連敗」といっても過言ではなかったでしょう。何も分からなかった最初の1年くらいはともかく、そのあとの何年間は「自信」が2つに折られ、4つに砕かれ、粉々になる毎日でした。

今考えてみれば、20年前に持っていた「自信」とは、テストの点だとか、大学のブランドといった、実はあまり根拠のない不純物を多く含んで出来上がっていたものでした。粉々になったところから、自分というものに向き合い、よりわけ、純粋な「自信」を作り直そうともがいたのが最後の2、3年だったのかなと思います。こうした経験が、幼稚園児と乳飲み子を抱えて再び学生に戻るという決心の支えとなり、「先生」と呼ばれる立場になってもいい気になってはいけないという戒めの元になっているのだと思います。

理論の価値とワナ

世の中には様々な理論があります。経営戦略や社員の動機づけなどについてももちろんそうです。そうした理論を学ぶ必要はないといっているわけではもちろんありません。河合氏がユング学派であるように、そうした理論的な視点を持つことは、自分の立ち位置を明確にし、「ぶれる」ことが少なくなるからです。

ただし、ある理論に頼ると偏ったりするので、そういう人ほど実際には「著しくひとりよがりになるか、あるいはあまりコミットせずに困難なケースを避けているか、という場合が多い」という指摘を河合氏もされています。

逆に、色々な理論、色々な技法を知っていることは悪くはないのですが、自分の視点が定まらなければ、積み上げていくための土台が定まらないことと同じです。何をどこまでやったらいいかが決まらず、常にいろいろなことをしてどれもうまくいかないことになります。

そういう人は「まるでそれぞれの技法が効果がないことを発表しているようでありながら、本人が治療者としては駄目なことを公表しているようなものである」という河合氏の言葉は厳しく受け止める必要があると思います。多くの企業でも、あれもこれもと、現場に施策ばかりを投げ、現場はアップアップで結果が出ない、それではもっと新しい施策をと、悪循環になっている本社、経営者が少なくないからです。

繰り返しになりますが、理論とはあくまでベース、「くつ」、出発点であって、すべてではないのです。当たり前のことなのですが、私たちはそれを時々忘れてしまう。理論は現実を説明するためにつくられたのにもかかわらず、現実を理論に合わせようとしてしまう、「型」にはめようとしてしまうのです。

河合氏は、例えば、「過保護」という言葉を覚えると、「過保護」という言葉を使いたくて仕方がない、何でもかんでも「過保護」という言葉で分かったつもりになる危険を指摘されてもいます。「戦略的」というと分かったつもりになってしまう、海外事業でうまくいかないと「文化の違い」として済ませてしまうのと同じです。経営、あるいはビジネススクールに関する教育の中でも多く見られる現象として私も肝に銘じなくてはなりません。

「関心」というエネルギー

さらに人材育成という面から言えば、「分かったつもり」になってしまうことが最も避けなくてはならない点です。「あいつはこういうやつだ」「できるわけない」と、決めつけてしまう。あるいは「最近の若いやつらは」と、十把一絡げにしてしまう。そうしたほうがエネルギーの節約になることは間違いありません。

しかし、前に述べたように、エネルギーを節約しようと思うこと＝人材育成を放棄することなのです。社員は社員という抽象的な何かではなく、「清水勝彦」であったり「河合隼雄」であったりする、名前のついた個人なのです。それを忘れてしまうことは、すなわち人を「もの」と同様にみなすことであり、「操作できるもの」という考え方に行き着いてしまうのです（ちなみに、こうした話は、病院においても「患者」というかたちであらわれるという話を聞いたことがあります）。そうした抽象的理論で満足し、本当に大事な個性をつぶしてしまわないために「関心」が必要なのであり、「聴く」姿勢が重要なのだと思います。

> 一番いけないのは、簡単な理屈に頼ってきめてしまっている人です。どんな人かといいますと、なんでも本当のことを言うのが正しいときめている人ですね。ものすごく大切なことは、……どんな親がどんな子どもに、いつ、どんなふうに言ったかということで全部違うということです。言い方によって全部違うんです。

すでに何度も出てきた「エネルギー」とはそういうことなのでしょう。結局、カウンセラー、親、上司はたくさんのことを言う必要はないのです。いや、言ってはいけないこともあるのです。そうした「言葉」を発する前に、どういう言葉を、どのタイミングで、どのように発したらいいかをよく考えること、そのためにはそもそも自分を知らなくてはならないですし、相手のことも知らなくてはならない。そうした、「言葉」あるいは「指導」の前にある下準備にどれだけ「エネルギー」をかけたかが、実は重要なのではないでしょうか。そして、そのエネルギーがこもった言葉かどうか、つまり「迫力」がある言葉かどうかを、子供であったり部下であったりは、敏感に感じるのです。

「教える側」に生まれやすい慢心

クライエントは治療者の微妙な心の動きを察するのに、非常に敏感で、「先生は慢心していただろう」とか、「安心して気を抜いていただろう」などと的確に指摘することもある。

「上は下のことを分かるのに3年かかるが、下は上のことを3日で見抜く」などといわれるのは、そういうことなのでしょう。

さらに河合氏は「わが国においては、子供たちは先生の気持ちを察する能力が高いので、一見、生徒たちが活躍している授業に見えながら、先生の意図した流れにそのまま乗っかっているような授業になることが多くないか、を反省する必要がある」と、まさにビジネススクールで教鞭をとる私が、胸ぐらをつかまれたような思いをする言葉も発しています。会社の会議でも「自由に議論しよう」と言いながら、上司の顔色をさりげなく見ての議論になったりしていないでしょうか?

逆に、「勇ましいことや、かっこいいことは長続きしない」とも指摘をされています。「勇ましいことやかっこいいこと」をすると、治療者がそれに酔ってしまう。「俺はこれだけのことをしているのに、分かってくれないのは本人が悪い」ということになって、いつの間にか自己満足で終わってしまうということです。「どんなに勇ましかったかという比べあいをしているのではなくて、その子にとってどれだけ役に立ったかということが大事なんです」という目的を忘れないようにしなくてはなりません。

＊　＊　＊

河合隼雄、西堀榮三郎という2人の「こころの師」は、いずれも京都大学のご出身なのですが、もう一人京都大学の出身者のことをお伝えして本稿を締めくくりたいと思います。現実の世界で私を戦略コンサルティングという世界に引きずり込んでくださり、厳しく育ていただいた、コーポレイトディレクション（ＣＤＩ）の創業社長の吉越亘氏です。66歳の若さで２０１３年１月11日に永眠された吉越氏のご冥福を祈り、この小文を捧げます。

第6章

40年前に語られた日本のグローバル化の課題

適応の条件　日本的連続の思考

中根千枝著　講談社現代新書　1972年

おそらく、多くの方は中根千枝氏の名前を聞かれて『タテ社会の人間関係』[注1]を想起されるものと思います。ベストセラーとなったこの本が出版されたのが1967年。その5年後にここで取り上げた『適応の条件　日本的連続の思考』がその姉妹編として出されています。私がこの『適応の条件』を読んだ一番の感想は「驚愕」でした。その理由を今回、皆さんと共有できればと思います[注2]。

グローバル化と日本食

最近特に声高に叫ばれるのは、日本、日本企業、そして日本人の「グローバル化」（定

[注1]
講談社現代新書　1967年

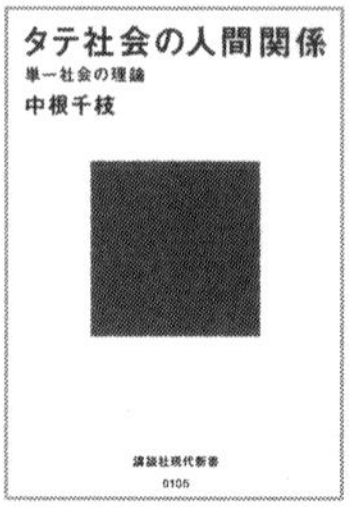

[注2]
この点は「論文篇」の第3章「ストラテジック・インテント」、第8章「グローバル・マインドセット」と併せてお読みください。

義はともかく）です。実は、「日本の経済の発展、世界的な国際化の進展により、各分野における国際交流がとみに活発となり、外国人との接触は急激に増加してきている」とまえがきにある、本書のテーマも同じです。「グローバル」という言葉は出てきませんが、そのタイトル通り、日本人の「カルチュア・ショック」（通常は「カルチャーショック」とするのでしょうが、本書の表記に従います）の本質を掘り下げ、異文化への適応に対する問題提起をしています。

日本人のカルチュア・ショックを議論するのに、著者はまず「日本食」から始めます。最近では寿司やてんぷらだけでなく、例えばラーメン、牛丼、うどんなど多くの外食チェーンが海外進出をし、失敗もありながら、成功をしている企業も多くみられます。「日本食がブーム」と聞くと、何か自分がほめられたような気になります。

なぜ「日本食」は高い評価を得るのか？ それは、味、ヘルシーといった点だけでなく、東京オリンピック決定のカギとなったともいわれる「おもてなし」、日本ならではのサービスが大きな要素になっていることは間違いありません。逆に言えば、「日本食」というのは、日本という文化に根差した「ガラパゴス商品」の典型なのです。日本という文化の中で鍛えられ、純化された結晶であるからこそ高い評価を受けるのではないでしょうか。

翻って、「ガラパゴス」といえば携帯電話です。実は、日本の携帯電話というのはすごくて、カラーのLCD（液晶ディスプレー）にしたのも、カメラを付けたのも、ワンセグも、電子マネーも、すべて世界初です［注3］。しかし、現状がどうなっているかはご承知の通りです。

結局、ある特定文化の制約を受け、そこにこもって純化する場合、「ニッチ」としては受け入れられるものの、「本流」とはなかなかなりません。例えば、1日3回、1週間に21回食べる食事であれば、そのうちの何回かは日本食にしようという外国人が増えたとしても、1人1台（か2台）の携帯電話を「特殊な」日本製にしようとする人は極めて限られているのが現状です。

その意味で、日本文化と日本人はある意味「日本食」によく象徴されているような気がすると著者は指摘します。

［注3］
Marukawa, T. 2009. Why Japanese ultinationals failed in the Chinese mobile phone market: a comparative study of new product development in Japan and China. *Asia Pacific Business Review*, 15: 411-431.

> 異なる文化に対応するわれわれの側の文化の制約がきわめて大きいのである。したがって、外に出るとどうしてもひよわなのである。そのために、いっそう内向的となり、日本文化の断片にしがみつこうとすることになる。
> カルチュア・ショックの不快感が拡大されると、現地に対するアプローチは冷静な知

的なものより感情的な要素が大きくなる。……また、低次元に見えてくるのである。それに反比例して、故国のシステムが理想化されてくる。

素晴らしい文化があるからこそ、その制約を受けてしまう。それは日本だけではなく他の国でもいえることでしょう。問題は「内向的になり、日本文化の断片にしがみつこうとする」、自信を本当に持つのではなく「逃げ場」としての自信を求める、さらに言えば他者を貶めることで相対的に自信を持とうという（無意識の）傾向です。

日本人の「自信観」

中根氏はさらに掘り下げて、日本人の「自信観」を問います。ふと周りを見渡すと、多くの書籍、あるいはマスコミで聞かれるのは、「日本人だめ論」か「日本人素晴らしい論」のどちらかです。そのほうが売れるからかもしれませんが、極めて偏っていると思わざるを得ません。中根氏はずばりと言います。

インド人、中国人、英国人などと比べて、日本人には本当の意味で日本文化を誇りに思う人が少ないのはどういうわけであろうか。
日本ほどよい国はないといって、他国のことを必要以上にけなすタイプの人々は、本当の意味で日本文化に自信をもっていない人々といえよう。「ヨーロッパなどつまらない、もうダメだ」などといった帰国談をする人が、どんなに不安気に、自信なくヨーロッパに滞在していたかは、本国の人々の知らないところである。彼らは観念的に日本文化に自信をもっているにすぎないのである。

一言で言えば「自分の中に基軸がない」ということです。コンプレックスです。「思うに、日本人の方はコンプレックスをお持ちになりすぎるのではないでしょうか」というマレーシア人トップの言葉を引きながら、中根氏はカルチュア・ショックが強いことと、自分に本当の自信がなく、精神的に不安定になることとの関連を指摘されています。後ほどもう少し突っ込んで議論しますが、日本企業の海外進出、特にアジアの進出に関しても、一方で技術や商品力に自信を持ちながら、他方で地元の慣習や顧客ニーズの違いに翻弄され自信を喪失している企業が随分あるように思います。結果として、中国などで「訳知り顔の現地コンサルタント」にだまされたという話もしばしば聞きます。再び中根氏の指摘です。

どの国でも積極的に外国人に近づいてくる人々というのがある。それは周知のように、あまり歓迎すべき種類の人々ではないことが多い。その土地の本格派というかよい人々と接するためには、こちらがある程度積極的に出て、相手をひきつけるだけの力がなくてはならないのである。どの国でも日本社会ほど肩書きは意味をもたないし、人物そのものの魅力、実力が高く買われる。相当な肩書きをもち、日本で常にチヤホヤされるのに馴れている人が、外国でさびしそうにしているのを見ることがある。タテ社会でない外国では、おもしろく働きかけない限り人は近づかないからである。

日本人のそうしたコンプレックスの背景には、例えば語学力の問題、戦争に負けたという歴史の問題、あるいは西洋人に比べた容姿などがあるでしょう［注4］。

【注4】
そういえば、20年ほど前、MBAの1年目のクラスで私が日本を紹介するときに、日本の漫画やテレビコマーシャルに、日本人向けの商品であるにもかかわらず、いかに金髪、目が青く、容姿端麗の西洋人が多く登場しているかという話をした記憶があります。

「自信」とは何か

それでは、日本人として「自信を持つ」とはそもそもどういうことでしょうか？　中根氏は指摘します。

> 自分たちの文化に自信をもつということは、何もすぐれた芸術作品があるとか、偉大な人が出たとか、GNP第二位だ、などということではない。何のためらいもなく、私たちの日常生活のレベルで外国人に接することができるということなのである。
> 西欧において劣等感をもちやすい人は、必ず東南アジアなどで優越感をもつ人である。

つまり、グローバル下での「自信」とは**「いかなる対人関係においても自然にふるまえる」**ことなのです。他者を見下したり、貶めたりすることで「相対的優位」に立つことでは決してないのです。

「自分を知る」「自然にふるまう」というのは、実は一見簡単そうですが、そうでないことは（私も含め）自分自身を考えてみれば結構ずしんと来るのではないでしょうか。

これはコミュニケーション全般に言えることですが、例えば他人（あるいは外国人）のことが「わからない」「知らない」からコミュニケーションするわけですが、「わからない」「知らない」からコミュニケーションしたくないと思いがちです。さらに日本人の優秀さと「あうん」の重視と、歴史的、物理的な様々な要因が絡み合って「本当の自信」、つまり「こういういいところもあるけど、悪いところもある」と自国、自社、そして他国、他企業を「自然」に見る力、チャンスを奪ってきたのではないでしょうか？『タテ社会の人間関係』では、知らないというだけで持つ「ヨソ者」意識が日本人を社交下手にしている（そしてそれがさらに「ヨソ者」意識を助長する）という指摘があります。

「大好き」と「大嫌い」の真ん中、あるいは「大好き」と「大嫌い」が併存することに、本質があることは多いのです（藤枝梅安もそう言っています）。自分にしても、他人にしても「ありのまま」を直視できるかが、「自信」のベースにあるのです。

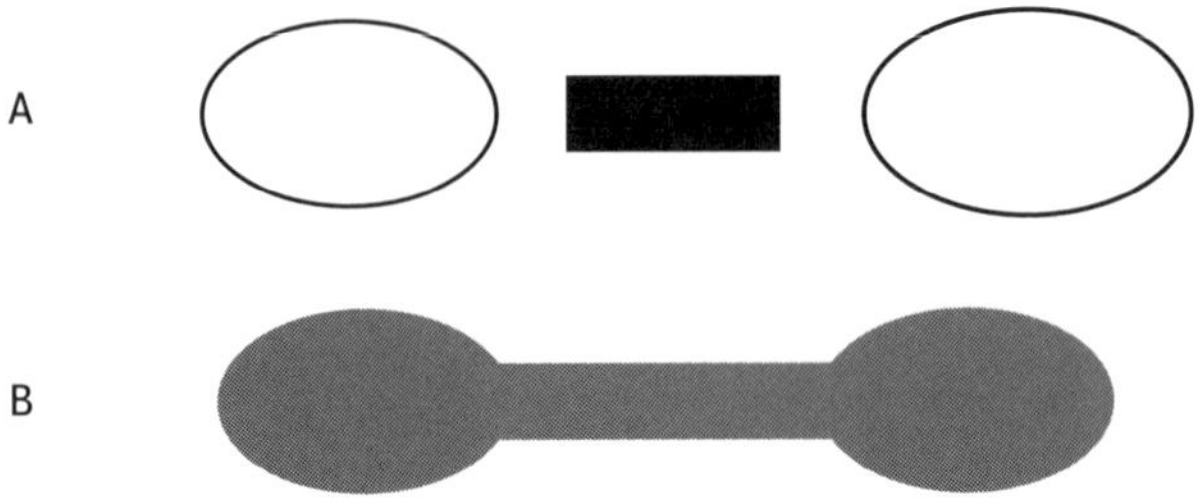

コミュニケーションと信頼

「自分を知る」「自然にふるまう」ことで問題になるのが、先述の「文化の制約」ということであり、さらに言えば「よさ」や「悪さ」をどのように明確化し、共有化するかという「コミュニケーション」の問題です。中根氏は、そのコミュニケーションがいわゆる「あうん」で行われることが重視され、より言語化、明確化されることが日本ではあまり必要とされなかったと指摘します。

> 日本人は気心のあった人とともにいるというムードを楽しむが、会話自体（言語表現によるやり取り）を楽しむという風習はあまりない。……日常生活をともにする親しい仲間との付き合いで、言

語をあまり注意してあやつるということがないために、言語による表現能力はどうしても貧しくなる。

さらに「日本的連続の思考」について、欧米的と対比し、A、B2つの図（右ページ）を使って説明しています。

近代西欧の慣習的思考法はAに示すようなとらえ方をする。すなわち、まず、二つの個体がそれぞれ独立のものであることが認識され、その両者に一定の関係が設定される。日本的思考では、Bに示すように、いったん関係ができると、二つの個体はそれ自体個体としての独立性はなくなり、両者はつながってしまうのである。……実際、日常生活における対人関係のあり方でも、「物事をはっきりさせる」とか、「はっきりいう」ということは好まれない。

極端に言えば、日本人の世界観、あるいは関係観とは「究極的にはつながっている」ということであり、欧米のそれは「どこまでいっても違うものは違う」ということではないかと思います。実は、この原稿を書いたのはシンガポールのホテルなのですが、インタビューをさせていただいた日本企業のアジア地域統括拠点の部長さんは、結局海外のビジネスパートナーを選ぶときに最も大切な要素とは「信頼」であり、「短期的な利益ではなく、長期的に価値観が合うかどうか」とおっしゃっていました。これはある意味日本企業だけではないと思うのですが、中根氏が引用している次の話を聞くと、むむーと、うなずかざるを得ません。

（インド人の）彼が私に語った日本人との経験によると、日本人ははじめはたいへん用心深く、なかなかことが進まなかった。……しかし、いったん、アグリーメントができてしまうと、日本人ほどこちらを信用してしまう人たちはほかにない。……これに対して、イギリス人、その他欧米の人々は、簡単にアグリーメントにいたるが、その後がそれはやかましく、面倒なのだそうだ。

デジタルな日本人

よく日本人は「曖昧だ」といわれますが、そもそも「ガイジン」という言葉、そして日本人論が常に「いいか悪いか」の両極端に分かれるように、日本人のメンタリティーはデジタルなのかもしれません。前掲の図とは一見反対のように思えますが、「連続」を前提にしているからこそ、そうならないものは認めない、「ヨソ者」と考えてしまうのです。日本人以外の作った寿司を「日本食」と認めないメンタリティーがあるのと同様に、「完璧である」「まるごと信頼できる」と判断するかどうかがすべてを決めるようなところがあり、ある仕事ではパートナーであるけれども、ある仕事では競合だとか、さらに言えばお互いに言いたいことを言い合って、対立の中からｗｉｎ－ｗｉｎの解を求めるという考え方がなじみにくいのではないでしょうか。

そうしたデジタルの思考が、カルチュア・ショックの大きな源になっているような気がします。「まるごと」受け入れてもらえないと、自分は疎外されたと思ってしまうのです。そう考えてみると、「内向的になる」理由もよく分かります。

実際、アメリカ人はよくしゃべります。意味がないことも多いです。それは、おそらく沈黙に耐えられないというのもあるのでしょうが、そうした「ムダ話」を通じて、お互いの距離感を測っているところがあるのかもしれません。どこは違い、どこは共通なのかという点です。

デジタルで、まるごと受け入れてもらう、信頼してもらうことを求めることは必ずしも悪いことではないと思います。ただし、そこに起こりがちなのは、「なかなか友達になれない」という焦りであったり、「どうせわかってもらえない」という卑屈さであったり、「信じていたのに」という失望であったりすることはないでしょうか。「日本人は、自分たちを外国人がよく理解していない、とか、外国人には日本のことがわかるものか、という気持ちが相当強いが、もしそれが事実であるとすれば、日本人は外国の人々をよく理解していないし、外国のことがわかるはずがないということになる」という中根氏の指摘は、そのあたりのことをついているような気がします。私たちのどこかに「わかる」とは「完全にわかる」「まるごとわかる」ことでないといけないという、強迫観念があるのです［注5］。

謙虚であったり、日本文化を誇ることはとても大切なことですが、もう少し「自然にふるまう」ためには、そうしたデジタルで線を引いてしまうのではなく、少しジャブを打ちながら相手と自分のよさ、悪さ、共通点と違いを見極めるようなことをしてみることが必

［注5］
これは英語力についても同じように感じます。

要ではないかと思います。異文化を知ることが究極の目的ではなく、ビジネスの成功や人生の豊かさのための手段であるとすれば、手段の完璧さを追求するのは主客転倒だからです。

グローバル化とダイバーシティーの共通点

日本人の思考のパターンが連続的であり、結果としてつながる＝1、つながらない＝0というデジタル的な見方、つながる＝信頼できる・味方、つながらない＝信頼できない・敵という、極端に走りがちではないかという問題提起をしてきました。そこでグローバル化と一見関係なさそうで関係しているのではないかと思う最近の話題が「ダイバーシティー」です。

グローバル化の流れとともに、同様に声高に叫ばれるのが、異文化を受け入れる、あるいは男性社会に女性の視点、考えを入れようという声です。それによって、これまで単一だった考え、文化に風穴を開け、より多様な価値観を受け入れることを通じて企業としてよりグローバルな環境に対応できるだけでなく、異なった文化が交じりあうことを通じてイノベーションを生み出す……それが一般的に認識される「ダイバーシティー」の意義だと思います。

ただ、ダイバーシティーの話は今に始まったことではなく、女性の登用にしても「男女雇用機会均等法」が本格的に施行されたのは30年ほどの前のことです。しかし、目覚ましい進展があったかといえばそうでは全くなく、一定比率の女性役員を持つことを義務づけよう、なんていう声もあるほどです。

分かっているけどできない……とすれば、そこには当然理由があります。そして、その理由も多くの方は分かっているのではないでしょうか？　一言で言えば「面倒」なのです。

同じような考え、価値観を持っている人と働いたほうが、楽です。確かに、異なる価値観に目を開き、より多様な視点を持ったほうがいいことは分かるのですが、短期的にはそれによって、対立が起きたり、すんなりまとまるはずの議論が紛糾したりすることも起きます。結果として、フラストレーションがたまり、個人だけでなく、部や課の効率も落ちる……とすれば、メインのところは「仲良し」でかため、「ダイバーシティー」はお飾りだけで結構……となっても不思議はないですし、多くの企業ではそれが当然だったのです。

その面倒さは他の国でも同じことですが、「日本的連続性」の中で、異質なものを取り込もうとすることに関しての努力がなされることが少なく、むしろ「ヨソ者」として排斥する力が働いてきたというのは前述の通りです［注6］。


【注6】

ただし、この傾向は日本企業に限ったことではないという点は、「論文篇」第10章で、取締役の選任に関して、ウォーレン・バフェット氏の指摘を挙げています。

こう考えてみると、グローバル化と（女性登用を念頭に置いた）ダイバーシティーが、同じように重要視されながらなかなか進まない理由の根っこは同じであることが分かります。グローバル化もダイバーシティーも、マスコミが言うほど「おいしいもの」ではないのです。むしろ短期的には「面倒」「大変」「非効率」と言ってもいいでしょう。

しかし、忘れてはいけないのは本来の「目的」です。グローバル化もダイバーシティーも、企業にとっては目的ではなく、手段です。「面倒なこと」を企業が一丸となって取り組むには、それが本当に重要な目的を達成するために不可欠な手段という認識が、企業内で共有されていなくてはなりません。カルロス・ゴーン氏が指摘した「コミットメント」とはそういうことです。そうした、企業の目指すべき具体的な姿が社員の頭になければ、グローバル化もダイバーシティーもお題目、あるいは一時の流行で終わってしまうでしょう。

どういう姿を目指すのか、まずそれを明確にしなければ、それを達成するために「面倒なこと」に取り組む気概は生まれてきません。**「世の中、大事なことは大体面倒だ」**と言いきり、「面倒」を口癖にしながらも気の遠くなるような作業を重ねてきた宮崎駿監督の頭の中には、明らかに「目指す姿」があったはずです。

「観念的自信」の限界

私が約5年前に日本に帰ってきた大きな理由の一つは、日本企業、特に成長するアジアにおける日本企業の戦略や動向を研究したいということでした。その一環として、あるコンサルティング会社と共同で、様々な業種にわたる日本を代表する大企業20社以上の担当役員クラスの方々に、アジア市場での状況、問題意識を主に日本でインタビューしました［注7］。

インタビューを通じて私が一番驚いたのは、マスコミなどでかなり苦労が伝えられている企業でも、役員さんは「いろいろ試行錯誤もありますが、順調です」と答えられるケースが多かったことです。しかし、改めて見ると、例えば成長率は現地の市場成長率にも、あるいは欧米企業の成長率にもはるかに及ばないことが多かったりしました。おそらく「当社は技術力を生かし、高付加価値で勝負しているので、現地の安い一般品と同列で議論されては困る」ということなのでしょうが、そう言っているうちに、例えば韓国企業がテレビや携帯市場を席巻してしまったのは周知の事実です。

調子は今一つなのに、「順調」と言ってしまう背後には、（投資家にポジティブな見通しを見せたいというだけでなく）「自分たちはやることをやっている」「売り上げの伸びが低いとすれば、まだ市場が理解していないからだ」といった「観念的自信」があるのではな

【注7】
「論文篇」第11章参照。

いでしょうか。中根氏は、こうも指摘しています。

東南アジアは遅れているという大前提をたてて、日本と違う諸現象を、すべてそれで解決していこうとする。
一定のシステムのない社会というものはない。……そのシステムが第三者からみてどんなに非能率で非合理にみえても、システムに反することは、その文化に育った者には耐えられないほど不快なものである。むしろ、そのシステムを是認して、そのシステムを使ってどのように効率を高めるかを考えるべきである。

また、インタビューで日本企業から常に課題として挙げられるのは、現地の人材活用でした。確かに、現地のトップは日本人ではなく、現地の人にしたい。しかし、そういういい人はなかなか採用できないし、育てても、欧米の企業が高給でさらっていくという指摘が、業界にかかわらず何度も聞かれました。「給料では勝てないから」ということで、何とか日本企業のよさを分かってもらおうと、コミュニケーションに時間を費やしたり、これはと思う人材を日本に連れていったりと、マスコミの批判とは反対に、涙ぐましい努力をしている企業も少なくないという印象でした。ただ、前に取り上げた「日本的連続の思考」という点で言えば、次の指摘にも耳を傾けておく必要はあると思います。

> 日本人の異質を認めない連続性の思想である。……したがって、外国人に対しても、日本人が積極的にことを構えようとする時、「人間は皆同じなんだ、誠意をもってすれば通じる」「同じアジア人だ、仲良くしよう」という姿勢になるのである。……(しかし)異質であるという認識に立って初めて相手を理解しようという努力も払われるのである。

逆に「高給で人材をさらっていく」といわれる欧米企業の多くは、先ほどの2つの図で示した通り異質である、違うという意識がしっかりとあり、その意味で世界の共通言語であるお金で評価するしかないという潔さがあります。一方で日本企業はアジアの人々は「異質」ではあると認識しているものの、どこがどう「異質」なのかについてはいまひとつ分かっておらず、「話せば分かる」的なスタンスを続け、辞めてしまうと「裏切られた」と感じてしまうことが多いように思います。

ウチとソト：本社と現地

もう一つ、海外駐在の責任者の方が口をそろえて言うのは「日本の本社と現地はギャップだらけです」という点です。「スピード感」がまず第一に挙げられ、それに「現地の感覚のなさ」「権限委譲」などがそれに続きます。

この問題に対しても、中根氏は「長男重視の家制度」を例として挙げながら、日本文化の底流には国内であっても「貧しいソトへの関心」「現場軽視の思想」があると指摘されています。

> 日本のあらゆる分野において、現場にいる人々の「中央が現場の意をくんでくれない、理解してくれない、理解されない」というフラストレーションは痛々しいほどである。これは、中央が現場の意をくまないとか、理解しようとしないという、中央の個人的

な、あるいは故意の処置であるというよりも、実際は、中央が現場を理解できない、というほうが正確であり、システム自体（人事をふくめて）に問題があり、中央対現場が役割、権限分担をないがしろにしやすいタテの関係でのみ機能しているというところに求められる。

そして、まさにこの指摘と全く同じことが、41年後の新聞［注8］で「ＯＫＹ」つまり「おまえ、ここにきて、やってみろ」が取り上げられており「最前線でライバルと戦う日本企業駐在員の本音がにじむ符丁だ」と結ばれているのです。

いまさら何とかなるのだろうか……とも思うわけですが、１つのヒントは、「話せば分かる」ではなく、権限委譲も含めてルールをきちんと作り、守るということではないかと思います。中根氏は『タテ社会の人間関係』で、日本を見て、

「人」には従ったり（人を従えたり）、影響され（影響を与え）ても、「ルール」を設定したり、それに従うという伝統がない社会。

【注8】日本経済新聞２０１３年１月１日

と断言されていますが、それくらいは変えられるのではないかと思うのです。

外国語にどう向き合うか

日本人が自信がない、コンプレックスを感じる一つの理由として、やはり語学の問題は避けて通れない気がします。これはインドネシアでも同じだそうで、アメリカ人の教授は「問題は英語が下手なことではない。しゃべることができるのに、しゃべらないことだ」と言っていました。すでに指摘した「デジタルメンタリティー」の結果「完璧でないといけない」と思ってしまうのかもしれません。中根氏は、こんな指摘もされています。

私はイギリス滞在中、ある日本の学者が例のオックスフォード・アクセントをオーバーに使って話すのに対して、イギリス人が「たのむからそんなまねはしないでくれ」といっていたのを知って、それほど語学力もなく、なまけ者で言語としての英語の修得に熱心でない私はシメシメと思い、自己流の英語をしゃべることにいっそう自信をもったのである。イギリス人に言わせると、「そのほうがあなたのパーソナリティが出て、ずっとチャーミングである」とのこと。こんなことを書くと英語の先生にしかられそうであるが、それは京都や大阪の人々にとって、東京の者がむりに京都弁や大阪弁でしゃべると、ゾーッとし、たのむからやめてくれ、という、あれと同じであると思う。

16年もアメリカにおり、そのうち12年は大学生やMBA生を教えていた私も、完璧とは程遠い英語力です。ですから、アメリカで授業を行うとき、最初に「このクラスは、英語のクラスではなく、ビジネスのクラスだ。英語のクラスを取りたい人は別の先生のところに行ってほしい」と言っていました。

アメリカ人の友人の娘には「清水さんって、あの英語で大学の先生なの？　よっぽどすごいことを教えているのね」なんて言われたこともあります［注9］。

個人的意見ですが、海外に住むことが語学力に貢献する一番の要因は「下手でも使う」「下手でも通じることが分かる」ことではないかと思います［注10］。

ただ私たちが1つだけ注意したらいいと思うのは、質問されて英語でいい言葉が思いつ

［注9］
余談になりますが、テキサスでは、いわゆる「テックスメックス」（テキサスふうに食べやすくアレンジしたメキシコ料理）のお店がファストフードを含め数多くあります。よく買っていたのが「タコサラダ」なのですが、これをドライブスルーでオーダーしても1回で分かってもらえることはほぼありませんでした。何度言っても通じないので助手席にいた子供が乗り出してきて頼んだこともあります。

かないときに、「ステレオタイプの説明」に走ることです。例えば「なぜ御社は今意思決定ができないのか」と問われて「日本企業はコンセンサスが大事だから」みたいなことを言ってしまうのです。そうすると、相手が納得する場合は多いのですが、本当の問題を掘り下げることがストップしてしまい、また自社の本当のよさを伝える努力がなされなくなってしまうと思うのです。

【注10】
この点は「論文篇」第11章でも触れています。

次の40年に向けて

ここまで読まれた方は、なぜ、私が本書を読んで「驚愕」したのかがお分かりだと思います。そうです、40年前の日本人論、あるいはカルチュア・ショックについての中根氏の観察と意見は、今でもほぼそのまま当てはまるという現実です。

「私たちは何をしていたんだ」「失われた40年」などと言って、新たな「日本人だめ論」を展開するつもりはありません。ただし本書の指摘の多くは、現経営陣だけでなく、これから日本企業を引っ張る若い方々も、もう一度かみしめなくてはならないものでしょう。

「日本食」のすごさ、人気という話から始めましたが、実は日本に対して外国人（欧米、アジア両方）の友人が口をそろえて言うのは、「日本には世界中の最高の料理がある」ということです。それが企業の中でもできれば、「日本企業の経営は世界中の最高のノウハウが集まっている」ということになるはずです。おそらく、そのための一歩は、何かすごい研修とか経営手法を取り入れることでは決してなく、冒頭に出てきた「本当の自信」を持つこと、そしてそのために「知らない人にも話しかけ」「面倒でもやる」「権限を与えたらその通りにする」といった、慣れないことを始めることではないかと思います。これまで自分が疑いなくなじんできた文化の制約から逸脱するという意味で、こうした小さなことも始めて、そして続けるということは簡単ではありません。しかし、簡単ではないから差がつくのです。

本稿を、時代小説の稀有の書き手である隆慶一郎氏の『見知らぬ海へ』[注11]に出てくる「船乗りの鉄則」で締めくくりたいと思います。海（異質の文化、外国語）に弱いとしても、日本人、日本企業は、本当の船乗りになれるはずだと信じて。

> 船酔いは全く個人的なもので、どんな勇猛果敢な男でも、酔う時は酔う。イギリスの誇る提督ネルソンさえ、船に乗った初日は必ず船酔いしたと云われる。だから船酔いは（船乗りにとって）恥にはならない。だが、作業ができないのは恥だ。

【注11】講談社文庫　２０１５年

第7章
リーダーシップは自分の中にしかない

リーダーは自然体 無理せず、飾らず、ありのまま

増田弥生／金井壽宏共著 光文社新書 2010年

この本は、慶應ビジネススクール（ＫＢＳ）１年生１学期の必修科目「組織マネジメント」の中間テストに使いました。その理由はおいおい分かっていただけると思うのですが、一言でいえば、ＫＢＳ生が「グローバルリーダー」として今後成長していくうえで、一つのモデルになり、重要な示唆がたくさんあると思ったからです［注1］。

自分の価値とは何か？

本書の主役である増田弥生氏はリコーのＯＬからリーバイスの本社組織開発担当、アジア太平洋地域本社タレントダイレクター、日本支社人事統括本部長を経てナイキのアジア太平洋地域人事部門長を務められた方です。「帰国子女でも、ＭＢＡでもない」と謙遜さ

【注1】

ちなみに、ビジネススクールというと「知識を教える」という印象をお持ちの方も多いかもしれませんが、特に「組織マネジメント」あるいは「リーダーシップ」に関しては、それよりももっと大切なものがあるというのが私の考えです。それは「自分を知

れる彼女がこうした重職を任され、成果をあげてきた一つの大きな理由は、OL時代を含め常に「自分の価値は何か」を自らに問いかけてきたことにあると思います。

第2章で取り上げた『Yコンビネーター』というシリコンバレーのベンチャーインキュベーターの本では、そこで起業家たちに必ず聞かれるのが「市場があるのか」だけではなく、「なぜ君たちでなくてはならないのか」という指摘があります。同じことのように思われます。

「自分の価値とは何か？」を問い続ける重要性が端的に示されているのは、リーバイスで成果をあげ、ナイキに招かれたときの話です。入社翌日、本社でネルソン・ファリスという、ナイキの歴史、文化、価値観の語り部ともいうべき最古参の社員に次のように言われたというのです。

> Yayoi, Nike was fine without you. Nike will be fine without you.（ヤヨイ、ナイキは君がいなくてもやってこられた。これからだってそうだよ）

る」こと、特に「自分の可能性を知る」ことです。

そのためには2つが必要です。一つは、いつの間にか自分がつくってしまった限界を超える、つまり「できないかもしれない」と思うような追いつめられた環境に身を置くことであり（「ゴムはどこまで伸びるのか？」なんていう質問をしたりしています）、もう一つは「他人」という「鏡」を持つことです。さらに言えば、そうした「鏡」も、最初のうちは遠慮や思い込みという「くもり」があり、なかなか正しく映し出してくれません。だからこそ、このインターネット時代にも、わざわざ日吉というキャンパスに集まって2年間という濃密な時間を過ごすのです。

リーバイスでの成果を引っさげ、期待されて入社したはずの彼女は、その言葉にパニックになったといいます。

しかし、よく考えてみると「これは彼の私への愛情ゆえのアドバイスだと悟った」のだそうです。つまり、ナイキはものすごいブランドを持ち、誇りの高い会社であって、外から来た人間が無理やり自分の成功体験を押し付けてもだめだということです。つまり、「自分の価値」とは、その会社の状況や文化に適合して初めて意味があるのだということです。河合隼雄氏の指摘の裏返しです。

そして、増田氏は、リーダーシップは「筋肉」と同じように誰にでもあるのだと、次のように言いきっていらっしゃいます。

> 自分にその能力がないという人は、リーダーシップの力を使っていないか、鍛えていないだけではないでしょうか。

また、増田氏は随分英語でご苦労されたことを率直に書かれています（大学では、英語が嫌いなあまり、ドイツ語を第一外国語にしたほどだといいます）。あとでもう少し詳しく触れますが、「グローバルが大切ということはよく分かっているのですが、英語が苦手なんです」という学生には、ぜひ読んでもらいたいと思いました。

それでは、まずリーバイス時代にさかのぼって英語の話から見ていきましょう。

「英語という壁」の本質

増田氏のユニークなところの1つは、「英語の壁」を「堂々と」乗り越えてきたところにあります［注2］。実際の英語を伺ったことはないので詳しくは分かりませんが、随分ご苦労をされたようです。例えばこんな記述があります。

> 私はサンフランシスコに来てからも、引き続き英語で四苦八苦していたのです。
> ……ただでさえファシリテーションに自信のない私は、度々、お手上げ状態になりました。目の前を通過する英語のやり取りについていけず、ぼうぜんとしたこともありました。そのうちに情けなくなってきて、涙がこみ上げてきたことも一度や二度で

［注2］ この点は宇宙飛行士の山崎直子氏も同様であったとテレビでおっしゃっていました。英語が伝わらず、家に電気もなかった時期があったそうです。

はありません。

私もMBAで留学したときの初めての授業で、手を挙げて指名されたはいいが何も答えられなかった経験をよく覚えています。「頭の中が真っ白になる」なんて表現を聞いたことはありましたが、これがそうかと思ったものです。

そうした増田氏に対して、ハース会長は次のように言いました。

You are not here to learn English. Think why you are special, what is your value.（君はこの会社に英語を勉強にしに来たのではない。君ならではの付加価値は何なのかを考えてごらん）

そもそも日本人で、英語の下手な私をリーバイスが雇ったのはなぜか、つまり、リーバイスにおける自分の価値とは何かをもう一度考え直すきっかけになったといいます。逆に言えば、ＯＬ時代から「自分の価値」を意識していた増田氏ですら、そうした基本的なことが見えなくなってしまうこともあるということです。「基本」って、実は意外に難しい、いや正確に言えば「基本を外さないでい続ける」ことは本当に難しいですし、それができる人が「できる人」と言われるのだと思います。


あるとき、英語ができないことを言い訳にしている自分がとても恥ずかしいと思えてきたのです。……思えば、その日、私は「自分はプロです」と宣言したのです。

言い方を変えれば、私は英語を言い訳にしていた間は、真のプロではなかったのかもしれません。……サンフランシスコに来てしばらくは、「自分は英語がうまくないから一人前ではない」という枠を自ら作り、そこに自分をはめ込んでいたのでしょう。

「自信」は、「自分」を「信じる」と書きます。何か特別なものを手に入れることではなくて、今のままの自分で大丈夫だと信じることが「自信」です。自分はプロであり、英語ができるかどうかにかかわらず、プロらしく働こう！　自分の付加価値によってプラスの効果を組織にもたらそう！　そう覚悟を決められたとき、私はようやく「自信」を手に入れたのだと思います。

さらっと書かれていますが、「覚悟」とは一瞬のものではありません。それ以前にもまして苦労をされているとは思うのですが、「視点」「姿勢」が変わると、同じ苦労もただの苦労ではなく、自分の成長の糧になっていると感じられたのだと思います。

すでにお気づきのように、「英語の壁」（あるいは一般的に「語学の壁」）とは、物理的な「壁」ではありません。英語がうまいか、下手かということですらありません。本当の「壁」とは、心理的なもの、例えば「私は英語が下手だから、こんなこと言っても分かってもらえない」「私だけがよく分かってないかもしれないから、聞かないほうがいい」と、自分の、しかももしかしたら大変貴重な意見を言わなくなってしまうことです［注3］。

その意味で「プロ宣言」は「英語の壁」を乗り越えるとても有効な方法だと思います。

［注3］
この点は前章および「論文篇」の第11章でも私の個人的な体験を踏まえてふれています。

自分（のアイデンティティ）をよく知る

そうした英語での苦労、そして「プロ」に目覚める経験を経て、さらには3年間の充電期間を経て、「日本人が日本人であることに誇りと自信を持って、100％自分自身であることで、世界に貢献する」という宣言とともに、増田氏はナイキというグローバル企業に復帰します。

この宣言には2つの大切な要素が入っていることにお気づきでしょう。一つはもちろん「自分」ですが、もう一つは「日本人」です。

私たちは「日本」「日本人」という言葉をよく使いますが、実は自らの歴史や現状をあまり知らないということはないでしょうか？　私がそう感じたのは、初めてアメリカに長く滞在したMBAの2年間でした。行ったのは1992年で、若干バブルの名残もあり、「日本的経営」に興味のあるアメリカ人、ヨーロッパ人同級生も結構いました（当時はアジアからの留学生の8割以上を日本人が占めていました）。

しかし、そうした同級生から日本に関する基本的な質問をされても、うまく答えきれなかったり、極めてステレオタイプの表面的な答えでお茶を濁したことが何度もありました。

自分がいかに「日本」を知らないか、日本にいるとなかなか意識しないことを痛感しました。ＫＢＳの学生に交換留学に行ってほしいと思うのはこの理由もあります。
増田氏は、「リーダーシップ・アイデンティティ」、つまり個人のリーダーシップの「基盤」になる「自分は誰？」ということに関して次のように指摘されます。

日本人のリーダーシップ・アイデンティティには日本人らしさも含まれてしかるべきであって、そこが欠けていると、あるがままの自分を受け入れられません。自分を受け入れられない人は、他者も受け入れられないため、多様な価値観が重んじられる組織ではうまくやっていきにくくなります。

カルロス・ゴーン氏が3年ほど前にＫＢＳに来てくださったときもほぼ同じことをおっしゃっていました。「アイデンティティがはっきりしている人ほど国際化に対応できる」と。日産とルノーの合併でも「アイデンティティ」に非常にこだわったのは、ゴーン氏自身のグローバルな経験からきているのは間違いないと思います。
こうした経験から、増田氏は、日本人として「一見ネガティブな特徴」とみられている点、例えば「空気を読む」とか「曖昧だ」といった点も、実は長所として使えるのだと強調されています。それは、例えばアメリカ人は物事をはっきり言う一方で、議論がヒートアップすると引っ込みがつかなくなることもあり、「誰か止めてくれ」と思っていることも多いという洞察からきています。リーバイスのファシリテーターをしていたときは、「なんでもありの感じ、よく日本人自身が日本人の悪いところだという『玉虫色の決着を好む』キャラクターによって、会議のすべての参加者に『自分は間違っていない』と感じてもらえ、あらゆる意見を引き出せていた」のだそうです。

こうした自分、自分のアイデンティティを知ることの大切さは、最終章に出てくる「質問」に端的に表れています。「名刺や職務経歴書に記載されるような情報に触れないで、初対面の人に自分をどんなふうに自己紹介するか?」「勤めている会社からあなたが去ることになったら、何が失われるか?」「今すぐ会社を辞めることになったとすると、5年後にあなたは会社に何を残した人物として紹介されたいか?」。いずれも、自分とは何か、そして自分の「価値」とは何かという、極めて根源的な、しかし普段あまり考えない質問ではないでしょうか? 私も含めて、時々鏡を見ながら自分に質問してみる必要がありそうです。

この章の最後のほうには、次のような「応援メッセージ」もあります。

私の経験にそって言えば、人生は見切り発車の連続です。「まだ若いのに」とか「経験不足なのに」とか「そんな重い役職に？」といった不安に襲われながらも、前に進まざるをえない場面のほうが多いはずです。……できない自分を受け入れ、ときには厳しく、ときには愛情をもって自分と向き合うことで、できる自分に変わっていきます。

リーダーシップのちょっとした「こつ」

私はこの本を読んで、「自分の価値を問い続ける」「自分（のアイデンティティ）を知る」「英語を言い訳にしない」といった、基本的なことの重要性を改めて深く考えることができたのですが、感銘を受けたのはそれだけではありません。いろいろなところに、自分もこうしていこう、使えるなという「ちょっとしたこつ」みたいなものがちりばめられていると思いました。いくつかご紹介したいと思います。

リーダーには、フォロワーに対する認知（リコグニション）が常に求められます。それは「ほめる」のとは違います。フォロワーがやったことをちゃんと見ていて、それについて自分がどう感じたのかをフォロワーにちゃんと伝えるのが認知です。

ほめられたほうがいいことはもちろんですが、部下は上司に「見てもらっている」と感じているかどうかが、モチベーションに大きく関わっているのは、誰もが納得するのではないかと思います。部下の時はそう分かっているのですが、上司になると「時間がない」「部下全員なんて」という言い訳で、いつの間にかそれを怠ってしまう。そして「仕方がない」としてしまう場合が多いように思います。しかし、そんなに大げさなことをしようとしているのではないはずです。「見ているよ」というメッセージでさえいいのですから、「一言声をかける」ようなことで十分な場合は多いのですが、それができない。「そんな小さいこと」がリーダーにとって必要だといういい例だと思います［注4］。

また、増田氏は上司に対しても「それはどういう意味がありますか」「誰にとっていいことなのですか」という、ある意味でど真ん中の直球的質問を投げかけることがよくあっ

【注4】
西堀榮三郎氏も、リーダーにとって「任せる」と「放任」は違う、「任せる」というのは、任せて、しかし「陰ながら見守る」のだとおっしゃっていました。

たそうです。ナイキの面接でも「もしもこの地球上からナイキという会社がなくなったら、人類は何を失いますか」なんていう質問をしているくらいです。

社外でもそうかもしれませんが、社内で特に上司に対して「本質的な質問」をすることは勇気がいりますし、実際嫌な顔をする人も少なくありません（ちなみに、学会での発表に「すごく基本的な質問」をするのは、本当に無知な人か、大御所かのどちらかといわれます）。しかし、それを知らずして「自分の価値」を発揮できないわけですから、聞かないわけにはいきません。「基本」の重要性を繰り返す必要はないと思いますが、大切なのは、「あれっ？」と思ったらそのときすぐに聞くことです。「基本」であればあるほど（つまり重要であればあるほど）、先延ばしにすると聞きづらくなります。聞くタイミングを逃して失敗したり、後悔した経験のある方は、私を含めて少なくないはずです。「大切さは分かっているけど、どうしたらそれを達成できるのか分からない」ことはビジネスの世界に限らず多いのですが、増田氏はこうするそうです。

相手と対峙して詰め寄るように聞くのではなく、できれば横に並んで、ちょうど同じ絵を見ているような感じで質問するように気をつけています。そうすると、「あなた」についてどう言いたいのではなく、「一緒に見ている絵」について聞きたいのでということが相手に通じやすくなります。相手に質問するというよりは、「私たち」を主語にして、自分たちに対する質問に一緒に答えるような姿勢になれるのです。

そしてもう一つ、「ファシリテーター」と「リーダー」という点について。

ファシリテーターの役割は、会議を仕切ることではなく、参加者すべてが会議の結論について自分たちが出した結論だと納得し、自らその結論にコミットできるような会議にすることです。会議において、ファシリテーターはなるべく自分自身の姿が見えない方がいい。影が薄ければ薄いほど成功だと思っています。

日産のゴーン氏は「社員は自分の業績で評価される。リーダーは部下の業績で評価される」といった意味のことをおっしゃっていましたが、ファシリテーターをリーダーと置き換えただけのような気がします。とかく、リーダーというのは、「社員を引っ張る」ということで「前に出る」ことばかりが期待されますが、実はそれ自体はリーダーの本質的な役割ではないのだと思います。リーダーがものを作ったり、売ったりしているわけではありません。方向性を示すことは重要でしょうが、一番大切なのは「社員が自分の能力を十分発揮できているか」ということではないでしょうか？

行動と実践と振り返り

増田氏は、自分のリーダーシップを磨くのに「行動と実践と振り返り」の重要性を何度も指摘されています。そうしなければ「自覚できる力として身につくことはない」からです。逆に言えば、本能的にリーダーシップを発揮できたとしても、応用が利かないのはだめだということです。例えば業績が好調のときはよかったけれど苦しくなってきたときにどうしたらいいか分からないとか、日本ではすごかったけど、中国に行ったら誰もついてきてくれない……ということです。

実は、私も企業の幹部研修を行うとき、最後に「新しい1つの行動」という課題を出すことがよくあります。「いい研修だった」と思っても、翌日になれば結構忘れています。

研修中は会社をよくしていくために、こうしよう、あれを変えようとすごく前向きに盛り上がることも多いのですが、そうした熱い思いも、それぞれの職場に戻って毎日の業務が降りかかってくるとあっという間に忘れてしまいます。久しぶりにお目にかかったりすると「そういうこともありましたね」なんて、たかだか半年前の出来事を自分の中学生の思い出みたいにおっしゃる方すらいらっしゃいます。

何度もいろいろなところで指摘をしていますが、人間はいい意味でも、悪い意味でも極めて高い「忘れる力」を持っています。忘れたくなければどうするか、それは「思い」から一歩進めて、小さくても「行動」にすることが必要だと思うのです。

本書の対談相手をなさっている金井先生は「リーダーシップは自分の中にある」と指摘されています。全くその通りと思うのですが、私はもう一歩進めて、「リーダーシップは自分の中にしかない」と言いたいと思います。自分のリーダーとしての成長とは、いろいろな知識を身につけて自分を偉そうに見せることではなく、（試行錯誤を通じて）自分の中の「思い込み」「見栄」「枠」（あるいは「ぜい肉」）といった余分なものを取り払い、本当の自分を研ぎ澄ますプロセスだと思うからです。

第8章

「自分で気づく」から自分を変えられる

負けかたの極意

野村克也著　講談社　2013年

そなえ　35歳までに学んでおくべきこと

野村克也著　大和書房　2012年

野村克也元監督の著書を取り上げてみようと思った理由は2つあります。一つは最後に申し上げますが、もう一つは指揮者の小澤征爾さんと関係があります。何でしょうか？

こんなところで時間を使っていても仕方がないので、結論から言えば、「教え子にインパクトを与える指導者」ということです。小澤征爾さんの著書には、繰り返し齋藤秀雄先生の話が（畏敬を少し伴って）出てきますし、最近、シンクロナイズドスイミング日本チームのコーチに復帰された井村雅代氏にも同じことが言えそうです。

野村元監督のことは、多くの教え子から、例えば2004年、2008年のオリンピックチームの主将を務めた元ヤクルトの宮本慎也氏であったり、楽天を引退して、外見からはうかがい知れない（失礼）味のあるコラムを日経新聞で書かれている山﨑武司氏であったりから、「監督との出会いが大きかった」と言われています。必ずしも人気があったか

【注1】

ちなみに、2013年9月27日のWall Street Journalに「Why tough teachers get good results」という記事が掲載されて、少し話題になりました。「ほめて育てる」本場のアメリカにあって、とても厳しかった（torturedという言葉が使われています）「Mr.

どうかは別にして、振り返ってみて「あの人との出会いが大きかった」と言われることこそが、いつの間にか先生と呼ばれる立場になった自分の目指すところであると強く思うのです［注1］。

野村元監督の著書でおそらく一番有名なのは『野村ノート』［注2］ではないかと思いますが、今回改めていろいろ読んでみて、むしろ最近のもののほうがこなれてきて（というか、たくさん本を書くと、どうしても重複してくるところが出てきて、面白いところが絞られてくるというのもあると思うのですが）、野球選手以外にも多くの示唆があるのではないかと、『負けかたの極意』『そなえ』を中心に取り上げてみました。

「勝ちに不思議の勝ちあり、負けに不思議の負けなし」

まずは、おそらく野村元監督の多くの名言のうちの最も有名と言われるものから始めてみたいと思います。「人間は、勝ちよりも、負けや失敗から学ぶことが多い」というのが野村元監督の持論であり、それこそが彼をして（本人によれば）たいした才能もないのに、選手としても監督としても一流の成績を残した大きな理由の一つであることは間違いありません。特に、負けたり、失敗したりする場合、「環境が悪かった」「不運だった」と、人

K」、これも指揮者の、恩師のことを書いたコラムです。「Mr. K はあまりにも厳しく、今だったらクビになっているかもしれない。しかし、彼の教え子の成功っぷりには感嘆するばかりだ。ほめることが重視されるアメリカの生徒が基礎学力で他国に大きく後れを取っている今、Mr. K. の教え子の成功は、何を意味するのだろう」という問題提起から、8つのポイントが指摘されています。

【注2】
小学館文庫 2009年

のせいにする選手は決して伸びないという指摘は、その通りですし、経営者についても全く同じことがいえると思います（多くのCEOは「業績が良かったのは自分のおかげ、悪かったのは環境のせい」にするバイアスがあるという有名な研究もあります［注3］）。

ただ、この言葉は「だからあまり勝利のことを考えても仕方がない」と解釈されやすいのではないでしょうか。そして、それは大きな誤解です。「不思議な勝ち」が存在することは間違いないのでしょうが、だからといって「なぜ勝てたか」を考えないのは監督にとっても、選手にとっても、そして経営者にとってもせっかくのチャンスを放棄しているのと同じです。

実際、企業の現状を見ると、例えば目標を達成できなかった営業マン、あるいは課長、部長は会議などでこんこんと問い詰められますが、目標が達成できた場合、「やったー」とお祝いして終わる場合がほとんどです。しかし、目標が達成できなかった営業マンに「なぜできなかったんだ」と問い詰めても、そんなことが分かっていればできたはずなので、実は得るところはほとんどないのです（これは勉強しない子供に対しても同じことがいえます）。本来は、達成できた営業マン、あるいは部ほど、できた理由についてより詳しく分析し、再現を目指さなくてはいけないはずなのです。それが放置されると、本来はちゃんとした理由があったとしても、「不思議の勝ち」として伝説化したり「属人的なも

［注3］
Staw, B.M., McKechnie, P.I., & Puffer, M. 1983. The justification of Organizational performance. *Administrative Science Quarterly*. 28: 582-600.

のだから」となったりして、組織の知識として何も残りません。

GEでは部長は目標を達成してもそれだけでは評価されません。もしかしたらたまたま競合がへまだったのかもしれないし、たまたま大口の受注が入ったのかもしれない、あるいは前任者がまいた種が実っただけかもしれないからです。「私がこういう作戦を立て、このようにして業績をあげました」ということが、きちんと言えなくてはならないのです。

なんていう慶應ビジネススクールの卒業生から聞いた話をすると、「なるほど」なんてうなずかれていらっしゃる偉い方が結構いたりします。

短所は長所を消してしまう

「野球は失敗のスポーツだ」と喝破される野村元監督は、また「長所」より「短所」についての言及が目立ちます。「長所を伸ばすは短所を捨てろ」「まず長所を伸ばせ」という考え方が、大嫌い、信じられないとまでおっしゃっています。

一方で、経営戦略の世界では「長所＝強みをどのように活かして差別化するか」が要諦であるといわれており、これは私も常々強調していることです。

この、一見食い違う考え方は、戦略に関する「誤解」（あるいは「分かったつもり」）を解くとてもいい機会であると思って取り上げました。３つのポイントがあると思います。

おそらく一番大きなポイントは「長所＝強みを**伸ばす**」ことと「長所＝強みを**活かす**」ことは、似たようなことですが結構違うということです。

例えば、野村元監督は「カーブが打てないという短所を克服できない限り、（ストレートに強いという）長所も活きることはない」と指摘されているのはその通りです。実際、別の本では長嶋一茂氏のことに触れ「長打力は天下一品で父親をしのぐものがあったが、いかんせん守備が下手すぎて試合に出せない。試合に出て、バットを振らなければ長打力は活きない」というような話もされています。

企業レベルでも全く同じで、例えば液晶の技術がすごいから、それさえ磨けば必ず勝てるとはならないのです。売り上げを伸ばすためには、戦略もあればマーケティングもありますし、資金繰りだってうまくやらなくてはならない。もちろん、そのほかは「他社並み」でもいいかもしれませんが、強みを活かすために最低限できなくてはいけないレベルというのはあるのです。「weakest link」という言葉がありますが、鎖は一番弱いところで切れるからです。優れた技術力を持ちながら業績が上がらない日本企業の多くは、「選択と集中」という言葉の中で、「強みにこだわる」一方、「強みを活かす」ための努力、例えば補完的な資源や能力の開発を怠ってしまったのではないかと思われてなりません。

そしてもう一つのポイントは、自分に短所があっても、それは必ずしも自分で克服しなくてはならない、とはならないということです。チーム、組織、あるいはネットワークで勝負することだってできます。野球の組織力はまさにそれでしょう。本当のトップ選手の場合は少し違うかもしれませんが、例えば長嶋一茂選手がもしパリーグでDHだったら、随分違ったのではないかと思われてなりません（本人は嫌だったかもしれませんが）。

そして最後の、おそらく一番大切なポイントは、これも野村元監督が何度も触れられていますが、「自分を正しく知る」ということでしょう。それがなければ、長所も短所もありません。次のような記述が『そなえ』にあります。

> 自分が長所だと思っていることが、必ずしもそうでないことは意外に多い。その結果、

本人がやりたいことと、監督がその人間にしてほしいことが食い違うことはめずらしくない。

（ある内野手は）あたかも「おれのよさに気づかないなんて、見る目がないんじゃないか？」と考えているかのようで、「使わないほうが悪い」と言わんばかりにふてくされるだけだった。

野村元監督が何度も触れているのは、プロ野球の場合、高校や大学では超一流といわれた選手ばかりが競うという意味で、これまでの栄光に目を曇らされ自分を知る「正しい基準」がなかなか持てないということがあるのだと思います。これは、成功したプロ選手（スター営業マン）が年を取っていくにつれてスタイルを変えられないということにも当てはまります。逆に、「自分の現実」を知ることで、例えばリリーフの先駆けとして野球小説の代表作にもなった江夏豊投手のような成功例もあるのです（先発からリリーフに転向することへの抵抗を野村元監督が懸命に説得した話はいろいろなところで触れられています）。

人間は全て、何らかの長所や特長を持っている。例えば鳴かず飛ばずの選手であっても、彼らは狭き門をくぐってプロ野球の世界に入ってきたわけだから、間違いなくそれなりの力は持っているはずなのだ。にもかかわらず、結果が出なかったのは、自分自身と周囲がその長所に気づいていないか、その活かし方を知らないでいたことが原因になっているケースが殆どなのだ。……選手自身が「自分の力はこの程度だ」と自己限定していたり、過去の成功体験に囚われるあまり、眠っている潜在能力を活かせなくなっているケースも非常に多い。

現在の厳しい環境で生き残っている日本企業にも同じことが言えるでしょう。なぜ生き残ることができているのか、なぜ顧客は自社の商品を購入してくださるのか、それを「正しく認識」することから、「長所＝強みを活かす」ことは始まるのではないでしょうか。過去どうであったかも大切ですが、自分が持つべき「基準」とは何か、そしてその「基準」に照らし合わせた場合、現在の自分、組織はどのように評価できるのか、当たり前のような話ですが、できている企業は極めて少ないのではないかと感じます。

人間の最大の悪、それは「鈍感」である

これはロシアの文豪トルストイの言葉らしいですが（私は知りませんでした）、野村元監督が好んで使う言葉の一つです。「失敗から学ぶ」ためには、何がおかしかったのかを感じる力がなくてはならないのだという指摘です。その意味で、「一流選手とは、修正能力に優れた選手」であるというのは鋭い指摘だと思います。

繰り返しになりますが、現在のような先の読めない環境では、失敗をするということは必ずあります。大切なのは、同じような失敗を繰り返さないことだ……とはよく指摘されることなのですが、私の専門としているM＆Aなどを見ると、「これでもか」というように、同じような失敗をしている大企業が随分あります。

なぜ、これだけ「失敗から学べ」と言って、人も企業も一生懸命やっているのに学べないのか？　私もいろいろ考えてきたのですが、最近読んだ本でラグビーの平尾誠二氏の指摘に大変面白いものがあったので、少し長めですが載せておきます［注4］。

【注4】
『型破りのコーチング』
PHP新書2010年

ラグビーでも、監督やコーチのひとことで、選手の動きや考え方が突然にして変わることはよくあります。そうすると、さも助言した知識や情報に価値があったように思われがちですが、実際はそうでないのではないかとぼくは思います。

なぜなら、選手たちはたいてい、同じことをすでに何度も言われているはずなんです。ただ、それまではどうもピンとこなかったのか、興味がもてず真剣に考える気にならなかったのか、とにかく彼らの受信機には、監督やコーチが発信している情報が届いてなかった。……

それでは、相手の受信機の精度を高めるには、どうしたらいいのでしょうか。これは簡単です。こちら側の受信機の性能を上げればいいのです。もう少し具体的に言いますと、まず選手の話をよく聞くこと。この監督やコーチは自分の話をきちんと聞いてくれるとわかれば、選手の方からいろいろ話をしてくるようになります。

そうしたら、その話を流さず聞いて、こちらが伝えたい部分にかすったと思ったら、「いまのはいい話だ、もう少し聞かせてくれ」とか「いいところに気がついた。じゃあこういう場合はどうだ」とか敏感に反応して、そこに選手の興味を集中させるのです。興味を持てば、選手のほうからこちらの話に自然と耳を傾けるようになります。受信機の精度が上がるとは、こういうことなのです。

ここにも**「敏感」**という言葉が出てきますが、もう一つのキーワードは「自分で気づく」ということです。つまり、本人が気づかなければ、（教える側から見て）どんなにいい話、価値のあるアドバイスも何の役にも立たないということです。平尾氏も指摘していますが、「本人が自分で気づいたと思う（あるいは思わせる）」ことは、とても大切なことなのです。「なぜできないんだ」と諦めているだけでは「気づき」は生まれません。

逆に言えば、**「教えすぎは気づきを奪う」**ということでもあります。野村元監督は「監督業は気づかせ屋である」ともいい、「私が毎日ぼやいたのも、選手たちに気づかせるためのヒントを提示することが目的だったのである」のだそうです。

この話は、実はビジネススクールの教員として私が日々心を砕いているところです。アメリカでも日本でもMBAの生徒はしばしば「正しい答えを与えられること」を求めます（経営者の方々はそうでないと思いますが……）。そうすると、授業が「すっきり終わる」「賢くなった気がする」のです。しかし、「正しい答え」などビジネスの世界ではありませんし、成功していたとしても、もっといい戦略があったかもしれないのです。

新聞や雑誌では「これが成功の秘訣だ」といった記事が随分あって人目を引きますが、読んでみると全く面白くなかったり、心に残らなかったりするのは、そこに「自分の気づき」がないからだと思うのです。「正しい答えを教える」のではなく、「気づき」あるいは「気づきにつながる問題意識を喚起する」ことのほうがはるかに大切ですし、また難しいと感じています。そして、ほめているばかりでは（みんな一見ハッピーですが）「気づき」は生まれません。

ほめられているうちは半人前と自覚せよ

このあたりは、この章の冒頭の注で申し上げたMr. Kの話とだいぶ近くなります。野村元監督、そしてその代表的な教え子の一人である古田敦也氏も「人間は無視・賞賛・非難の順で試される」ことを強調されています。これと関連して、「気持ちよく」の強さは持続しない、という指摘もされています。

「気持ちよく」プレーをすることは、野球でなくても大事なことだと思います。緊張なく、のびのびと仕事をすることで、本人の能力が十分発揮できるからです。その意味で、野村元監督もほめることが悪いとは言っていません。問題は、その効果が「長続きしない」ということです。西堀榮三郎氏の「味をしめさせる」と反対のようですが、どう考えればいいのでしょう。

思うに、「気持ちよくプレーする」ことで自分の能力の100％は発揮できるわけですが、結果として「今の能力」に満足してしまうということが起きるのだと思います。おそらく選手でも、それから経営者でも、中長期的に見て「今の力を100％発揮できる」ことと同じかそれ以上に大切なのは、「今の力」より「より大きな力」を身につけることだと思うのです。よく「comfort zone」などと言ったりしますが、自分が気持ちいい範囲では、自分の限界をやぶることは決してできません。「失敗と書いて、せいちょう（成長）と読む」という野村元監督は、それが許せないのであり、できる（可能性のある）選手ほど非難をし、「小さくまとまらないよう」に刺激を与え続けたのだと思います。

Wall Street Journalの記事によれば、Mr. Kの最大のほめ言葉は「not bad」だったそうです。10歳の子供に「smart」とほめるよりも「hard worker」とほめたほうが、長い目で見てはるかに自信も成績も上がるというスタンフォード大学の調査もあります［注5］。

［注5］
Stanford Report, April 29, 2015 Perseverance key to children's intellectual growth, Stanford scholar says
http://news.stanford.edu/news/2015/april/dweck-kids-potential-042915.html

正しい努力をせよ

野村元監督は現役時代ホームラン王を取ったあとの5年目、6年目にさっぱり打てなくなった経験がありました。スランプに陥り「打てないのは練習が足りない」からだと思い、以前にもましてバットを振ったにもかかわらず、全く結果が出なかった。そして「自分は間違った努力をしていたのでは……」と「気づいた」のだそうです。打てなくなった本当の理由は、練習不足ではなく、相手のバッテリーが自分のことを研究して配球をするようになったからであり、それを克服するようにしなければいけなかったのだと（壁にぶち当たって苦しまないと「気づき」はなかなか得られないということ、そしてその「気づき」が野村のデータ野球につながるという意味では、この間違った努力も重要ではあったと思いますが）。

「失敗から学ぶと言いながら、同じようなことを繰り返す企業」はよくあります。さらに言えば、「営業の業績があがらないから、本社が次々と新しい施策を打ち出すにもかかわらず、効果が出ない」といった企業も結構目にします。効果があがらないから、本社は心配になって、次々と新しい施策を出すわけですが、現場に聞いてみると「新しい施策が次々と降ってくるので、どれも消化不良で効果が出ない」などと言っているわけです。「間違った努力」の典型です。

知っている人の間では有名な（当たり前ですが）「紳竜の研究」というＤＶＤがあります［注6］。私も時々クラスで使ったりするのですが、この中には、吉本興業に入って、将来のお笑いスターを目指そうという受講生30人くらいに対して、島田紳助氏が講義をしているシーンがあり、確か次のような指摘をされています。関西弁もおぼつかない「超訳」

【注6】
アール・アンド・シー
2007年

「論文篇」第9章で触れた「一発屋」の話はこれが原点です。

ですが、こんなことだったと思います。

時々人に「すごい努力をしてるんでしょ」なんて言われるけれど、そんなことなんもしてないよ。司会者が準備のために情報を集める、プロ野球選手が夜素振りを200回する、そんなの当たり前や。「努力」なんて言ったら恥ずかしい。（元阪神の）掛布さんと話したときもそういうてらした。時々、200回素振りをすることを目標にするあほがいるんやて。何も考えずに200回素振りしても、腕が太なるだけ。

「努力」という言葉に酔っているというのはそういうことでしょうし、野村元監督の指摘するように「素振りで大切なのは回数ではない、正しい素振りをしているかである」であり、「その努力は正しい努力か」という質問は、自分に対しても常に問いかけなくてはいけないのだと改めて思います。企業が取り組んでいる問題が、本当に正しい問題かを常に念頭に置かなくてはならないのと同じように。

少し話がそれました。まず重要なのは「正しい素振り」ですが、当然ながら次の戦いは「正しい素振りを何回したか」になります。

素振りをみずからに課していたのは私だけではない。とくに二月一日、キャンプ初日の後の宿舎の庭は超満員だった。…それが、キャンプが終わるころには半分になり、オープン戦になると5、6人になる。公式戦が始まるころには、もう私以外誰も来なくなる。

素振りは単純作業であるうえに即効性もない。いくら振ったからといって、次の試合に必ず打てるわけでもない。それで「休むことも大事だ」とか「疲れてかえってマイナスになる」とか言い訳して、みんなやめてしまうのだ。

誰もいなくなった光景を見て、私は「しめしめ」と思ったものだ。

こうした「即効性のない基本」をどれだけ忠実に自分のものにできたか、それがプロの運動選手だけでなく、経営者を含めたおそらくどんな職業にとっても、長い目で見れば差になるはずです。それこそが「実力」です。残念ながら、マスコミなどでもてはやされるのは「即効性のある答え」である場合が多いのですが。

言葉を身につけよ

5年前に『戦略と実行』[注7]という本を書いて、そこでは本当のコミュニケーションとは何かを含めその重要性を強調したのですが、いまだに「言ったはずなのに伝わらない」「戦略が共有できない、実行できない」という相談をよく受けます。これは、一朝一夕に変わるものではないのでしょうが、やはり「言葉」の大切さを組織の一人ひとりが感じることが出発点ではないかと思います。『弱者が勝者になるために』[注8]には、次のような指摘もあります。

> 監督というリーダーの不可欠の素質には、選手に感動を与えること、がある。何によって与えるのか。それはやはり言葉である。
> ではそもそも、なぜ感動させる必要があるのか——。

[注7]
日経BP社 2011年

それは、選手たちの成長が創意工夫にかかっており、創意工夫は「感じるか否か」にかかっているからである。

感動するというのは、腹に落ちるということでしょうし、平尾氏の「気づく」ということとも関係すると思います。そこで大切なのは「自分の頭の中に具体的なイメージが浮かぶ」ということではないでしょうか?

ビジョンにしても、戦略にしても、あるいは一人ひとりの仕事(あるいはプレー)にしても、漠然とした言葉では伝わらないのです。例えば「イノベーティブな会社」というのは言葉としては悪くないのですが、イメージが分からないし、仮に想像できたとしてもそれは一人ひとり全く異なったものになる可能性が高く、「言葉の共有」ではあるかもしれませんが、「ビジョンの共有」とは程遠いものがあるでしょう。

そんなことを考えていたら、『パーキンソンの法則』(第1章参照)に出てきた「凡俗の法則」というのを改めて思い出しました。いわく、

[注8]
ニッポン放送プロジェクト
1998年

議題の1案件の審議に要する時間は、その案件にかかわる金額に反比例する。

結局「身近なものとして感じられるか、イメージできるか」ということなのだと思います。そして、皆さんのメッセージを受け手に「感じてもらう」ためには、誰に対し、どのような言葉を、どのように使うかにかかっているのです。

コミュニケーションに関して、もう一つだけ野村元監督の言葉を引用したいと思います（『勝者の資格』［注9］）。

もし、あそこで……たら、れば。この「タラ・レバ」事態はほとんどが確認の怠りによって起こる。さらにいえば、その七、八〇パーセントは走塁上の確認ミスによって出来する。……ランナーが出たら、壊れたレコードのように同じことをくり返す。なぜなら、塁に出たランナーは多かれ少なかれ皆上気しており、注意力散漫になっているからだ。

［注9］
ニッポン放送プロジェクト
1995年

だからこそ誰でもわかっている当たり前のことをいって本来のあるべき姿に戻してやる必要があるのだ。
〝慣れ〟に埋没する恐ろしさ、口惜しさは、経験したものでないとわからない。

特にこの「七、八〇パーセントは走塁上の確認ミス」というのが意味深長です。ランナーが出たということはチャンスなのですが、まだ点は入っていない。そういう「あと一歩のチャンス」のときにこそ、基本に戻ること、基本を確認すること、コミュニケーションをきっちりすること。それが「詰めを誤らない」ということなのだと思いますし、「実力」がなければできないことです。

再び、「攻撃は最大の防御」

最後に、なぜ私が野村元監督の著書を取り上げようと思ったのか、もう一つの理由。前々からいくつも読んではいたのですが、『勝者の資格』の前書きで出合った次の話が最後に背中を押しました。

私は松井コーチに「なんでこんなに疲れるんやろう」といった。6月に還暦を迎えたことと関係があるのかどうか不明だが、とにかく異常に疲れるのだ。……

かつてないほどの疲労感——新幹線の中での四時間、私はそのよってきたるところを考え続けた。一日が長く感じる。一週間が長く感じる、一年が長く感じられる……なぜだろう。

広島が近づいた頃、ハッと気づいた。守っているから長く感じるのだ、と。

そして、次のような指摘も『ノムラの教え』［注10］にあります。

苦労とは「しなくていいこと」で苦しむことをいう。

【注10】講談社２０１３年

向上するために苦痛が伴うのは当然だ。自分で選んだ道であるならば、それを「苦労」と呼んでいいわけがないのである。

「攻撃は最大の防御」であることを改めて思い出すのです。

「日経ビジネス」[注11]で、テスラCEOのイーロン・マスク氏も「貧しかったが、不幸ではなかった」学生時代を述懐されています。野村元監督も、事あることに「貧乏」であったことに触れられてちょっと鼻につくほどなのですが、ポイントは1つ、上を向いて生きること。

疲れたと感じたとき、弱気になったとき、鏡の前に立って、自分の顔をよく見てみましょう。そして「自分は守りに入っていないか」ともう一度自分に問うてみるのです。だからといって、状況は何も変わりません。しかし、逆境に立ち向かおうというファイティングポーズを取ると、勇気が湧いてきます。自分の感度も上がる気がします。少なくとも、私のアメリカ時代はそんなことが何度もありました。

野村元監督の標榜したID野球は少なくともアメリカ大リーグでは常識になりつつあります。『マネーボール』[注12]で有名になったオークランド・アスレチックスはもちろん、

[注11]
2014年9月29日号

[注12]
ソニー・ピクチャーズエンタテインメント　2015年

例えばBusinessweekでは、マッキンゼー出身のＧＭが多くのアナリストたちとともにヒューストン・アストロズを立て直しているという記事が特集されています［注13］。

ビッグデータなどの普及で、この傾向はより顕著になるでしょう。ただし、データは過去のものであり、常に「必要条件」であることを忘れてはなりません。データがなければだめですが、データがあるから自動的に勝てるわけでは決してありません。データを生かすも殺すも、一人ひとりのやる気にかかっているからです。その意味で、先頭に立つはずのリーダーが弱気になっていたり、疲れていたりしてはチーム力が１００％発揮されることはないのです。

野村元監督の様々なアドバイスを活かす「十分条件」は、「攻撃は最大の防御」であるという前向きの、攻めの姿勢であり、それに自ら「気づく」ことです。

［注13］
２０１４年9月1日～7日号

第2部

論文篇

第1章

あなたの会社が理不尽な理由

組織の不合理さを説明する「制度派理論」

Meyer, J., & Rowan, B. 1977. Institutionalized organizations: Formal structure as myth and ceremony. *American Journal of Sociology*, 83: 340-363.

DiMaggio, P.J. & Powell, W.W. 1983. The iron cage revisited: Institutional isomorphism and collective rationality in organizational fields. *American Sociological Review*, 48: 147-160.

毎年4月を迎えると、多くの新人が入社します。様々なイベントが開かれ、歓迎の言葉が聞かれる一方、一流企業、日本を代表する企業に希望に胸を膨らませて入ったはいいが、「うちの会社はなんて理不尽なんだ」と感じるのにそんなに時間はかからないかもしれません。実際、あの伝説のCEOジャック・ウェルチだって「出社初日に幻滅を味わうことになり」「わずか1年で、ゼネラル・エレクトリック（GE）の官僚的な体質がもとで会社を辞める寸前にまで事態が進む」ことになったのですから［注1］。

なぜ、経済合理性を追求するはずの会社で理不尽なことが起きるのでしょうか？　さらに言えば、なぜどんな会社も、もっと広く（官庁や役所、学校なども含めた）組織全般は、同じようにおおむね理不尽なのでしょうか（もちろん例外はありますが）？

【注1】
ジャック・ウェルチ、ジョン・A・バーン『ジャック・ウェルチわが経営』（上下巻、日経ビジネス人文庫 2005年）

「なぜ多くの組織は似通っているのだろう?」

そうした素朴なギモンのために取り上げたのがinstitutional theoryの古典2つです。institutional theoryは、一般には「制度派理論」と訳されていますが、要は会社や組織のあり方は、取り巻く社会の制度、仕組み、文化に大きく影響され、また影響を与えるというものです。あとで触れますが、ここでいう「制度」「仕組み」とは、明文化された法律や規制だけに限りません。そうしたほうがいいという社会的な「風潮」「流行」あるいは「空気」も含まれます。逆に言えば組織、例えば企業は効率性、合理性だけを追い求めているわけではないということです(最近の経営学では、合理性の前提に偏重した企業研究に対する反省から、より現実的な前提を置くべきだということでinstitutional theoryやbehavioral theoryが戦略や国際化の研究にどんどん取り入れられています)。

この理論の根本は、イェール大学のディマジオ、パウエル両教授の論文の冒頭にある「なぜ多くの組織は似通っているのだろう(What makes organizations so similar?)」という質問に象徴されます。それまでの多くの研究は、組織間の違いを解明しようとしてきたのに対して、ある意味コペルニクス的な視点の転換を迫るのです。

ちなみに「何が同じか」「何が違うか」の両方を明らかにしなくてはならないという点は、経営の極めて重要なポイントです。例えば、国際化に関しての経営書を読むと海外市場の「違い」ばかりが強調されていますが、旅行のガイドブックと同じでそうしたほうが「売れる」からであって、大切なのは「同じ」ものは何か、つまり「日本で培ったもので何が通用するのか」をもはっきりさせ、「何を変え、何を変えないのか」を明確にすることです。この点はこの章の本題ではありませんので、このくらいにしてまた別の機会に。

「日本企業は横並びが好きだ」「だから日本企業はだめだ」などという短絡的な意見を時々聞きますが、実はこの「横並び」「同質化」[注2]（isomorphismという専門用語があります）というのは、日本企業に限ったものでは全くなく、しかも何十年も前から学問的に研究されてきているのです。ここで取り上げる2つの論文は、この分野の礎《いしずえ》となっているといっても過言ではなく、経営学、社会学の研究者であれば100％読んだことがある（読まされたことがある）古典です[注3]。

経済合理性を超えて

「似通っている」のは、組織構造もそうですし（論文では官僚的組織の話がよく出てきま

[注2]
本来「同質」はhomogeneityで isomorphismは「同形」と訳すべきなのでしょうが、一般には「同質」と言ったほうが意味が通じると思いますので、そのようにあえてしました。以下も同じです。

す）、いろいろな仕組み、施策、あるいは「コンサルティング会社を使う」というようなことまで広く含めて考えることができます。年功序列というのもそうですし、一世を風靡した成果主義もそうです。

組織、特に企業というのは経済合理的に動くのだという前提があり、組織構造やどのような施策をとるのかは経済合理的な視点から解釈されることが一般的でした。例えば、官僚主義的組織をどの企業もとっているのは、多くの従業員が効率的に働くには最もよい形態であり、それはどんな組織でも同じだ……というようなことです。

しかし、例えば、そうは言っても業種によって違うのではないかとか、中小企業でも同じような組織構造というのはどういうことだろうと思った人はいるでしょう。また、比較的最近の例で言えば猫も杓子も「成果主義」というのはいったい何なんだろうという指摘は常にありました。卑近な例で言えば、なぜ社用車は黒いのだろうとか、雨の金曜日で道路は渋滞しているのに、なぜわざわざ社長はみんな車で会合に行くのだろうなんていうのもあるでしょう。

そうした「同質化」「横並び」は、効率性とか経済合理性だけでは説明できないのだ、実は「社会の仕組み、通念」こそが根本にあるというのが2つの論文の基本的なポイントです。スタンフォード大学のメイヤー、ローワン両教授は次のように指摘しています。

【注3】

ちなみに、このあたりの話をもう少し日本語で勉強してみたいという方は佐藤郁哉、山田真茂留両氏の書かれた『制度と文化　組織を動かす見えない力』（日本経済新聞出版社　２００４年）を参照してください。

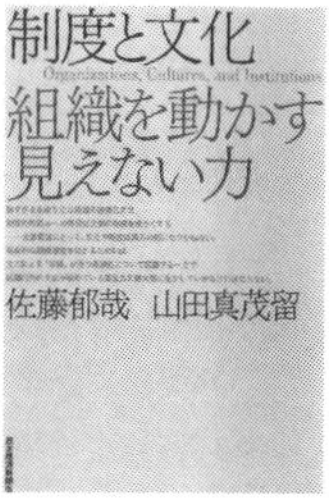

（暗黙の）社会的ルールは、組織や企業が正当であると社会で認められ、（人が採用できたり、銀行と取り引きできたりという）資源を獲得し、安定して生き残るために取り入れなくてはならない「通説」（myth）になっている。

ここでは「myth」を「通説」と訳しましたが、通常は「神話」と訳されることが多いようです。要はどういうことかというと、ある仕組み、あるいは施策を組織が採用するのは、そうしたほうが効率的だからという合理的な理由があるからではなく、社会で「そうして当たり前」とみなされるからだということです。そして、なぜ「そうして当たり前」なのかについては、合理的な根拠はありません。みんながやるから、自分もやらないとおかしい、うさんくさいと思われる。でも、なぜみんなそうするかと言えば、みんなそうするからだ……ということです。

社内の人間から見れば理不尽でも、それなりの理由があるということです。「道路が雨で渋滞しているからといって、社長が電車で会合になんか行ったら、軽く見られる」というような話です。

そうした通説、神話を取り入れる結果、（1）社内の効率性を上げるためではなく、社会的によしとされている、あるいは正当性があるとされている施策が取り入れられます。メイヤー、ローワン両教授は、組織内の部門の名前とか社内のゴールや施策に使われる「語彙」がそのあたりをよく表すと言います［注4］。従って、（2）そうした施策や仕組みの評価は社会的によしとされるかが基準となり、中身よりも肩書、見かけ、例えばノーベル賞受賞者、有名コンサルティング会社が（同じことでも）言うことが重要で、（3）社会的な「もっともらしさ」を重視されるために対外的な関係も社内の手続きも変えようとすると「なぜ、わざわざ」と聞かれるので、変えようとしなくなります。例えば、同じ取引先とずっと取り引きするとか、稟議のやり方がずっと変わらないとか、これは、組織理論でいう「慣性＝inertia」とも関係します。

［注4］
例えばスターバックスの創業者、ハワード・シュルツは「コーヒー」という言葉をあまり使わなかったといいます。スターバックスのビジネスはコーヒーを売ることではなく、「第3の場所」という夢を売ることだからだというのです。

同質化の3つのメカニズム

ディマジオ、パウエル両教授は、同質化＝正当性の獲得には3つのメカニズムがあるといいます。これは、あとにスタンフォード大学のスコット教授によって「three pillars」としてより精緻に理論化されます［注5］。

［注5］
Scott, W. Richard. 2001. *Institutions and Organizations.* Thousand Oaks, CA: Sage.

1．強制的（coercive）同質化：組織が依存する他の組織からあるいは社会の通念上強制されることによってどの組織も同じような構造や制度を持つこと。最も明確なのは法律や規制。例えばどの会社にもコンプライアンス部があったり、個人情報保護法への対応施策があったりということ。最近で言えば、政府による「賃上げ要請」など。

2．模倣的（mimetic）同質化：不確実性（uncertainty）が高い状況で（施策と結果の因果関係がよく分からないため、何をしていいか分からないので）他社を「モデル」としてまねること。たぶんに儀式的（ritual）あるいは象徴的（symbolic）な要素を含む（結果はともかく、「当社は努力しています」というメッセージは発することができる）という意味で、大手コンサルティング会社を入れるのは一つの例であるし、「同業でより成功していたり、より社会的に認められていたりする組織をモデルにする」ことが多い。

3．規範的（normative）同質化：規範、「こうするべき」という暗黙のルールに従うこと。往々にして「専門家（professionals）」の世界の規範が影響することが多い。大学や大学院の教育、あるいは専門家同士の交流を通じてつくられた「規範」が組織の中に持ち込まれ、組織の同質化につながる（暗にMBAを持つ経営者の行動・思考パターンが例として挙げられています）。逆に専門家を多く採用しようとすれば、引きつけるために、他社に負けない（しかし、中身は同じような）待遇や仕組みを用意する必要がある［注6］。

そして「重要なのは、いずれのパターンにおいても、そうしたら組織内の効率が上がるという証拠が全くないまま同質化は進むということだ」という指摘です。もう一つ、重要な両教授の指摘を挙げれば「他組織と同質であるということは、必ずしも競争力がないということを意味しない。社会的に認められている（正当性を持つ）ことは（資源の獲得など）、組織の生存に欠かせないからだ」という点です。さらに次のように理論の意義を説明します。

「制度的な横並び」を理論として考えることによって（a theory of institutional isomorphism）によって、多くの組織が似通ったり、エリートが同じようにわがもの顔でふ

［注6］
マスコミから「ブラック企業」と呼ばれないようにするにはどうするか、というのはここに入りそうですが、もしかしたら1．の「強制的同質化」かもしれません。

るまったりする理由が分かると同時に、組織において頻繁に見られる理不尽、対立、イノベーションの欠如を説明することができる。

正当性と経済効率の対立とdecoupling

ある程度社内の効率性を犠牲にしても社会通念上「当たり前」あるいは「もっともらしい」ことをやっておいたほうが、正当性とか資源の獲得とかの面でいいというのは分かります。しかし、そればかりでいいのか……というのはあるでしょう。メイヤー、ローワン両教授が挙げるのは、例えばノーベル賞を取った科学者を(高額の報酬で)招聘することで、大学の評判は上がるかもしれないけれど、本当に大学の生産性は上がるのだろうかとか、最先端の技術を導入したといって業界では評判になるかもしれないが、本当に業績がアップするのだろうかということです[注7]。

確かに社用車で乗りつけないと軽く見られるかもしれませんが、本当にそうしないと仕事が取れないのでしょうか? 会社が大赤字でもそれでいいのでしょうか?(そもそもなぜ赤字になったんでしょうか?)

[注7]
そういえば、少し前にSAPなどのERP=Enterprise Resource Planningという高額な統合ソフトがはやりましたが、どうなったんでしょうか。

また、社会的といっても、投資家（特に海外投資家）と顧客では視点や、何がいいかという基準も違うでしょう。そうしたコンフリクトを、どのように解決したらいいのでしょうか？

ここで出てくるのがdecoupling＝分断、切り離し、というコンセプトです。つまり、外部的な評価や正当性を得るための組織の構造や施策というソトヅラと、実際に組織内で行う行動とを切り離してしまうということです。「建前」と「本音」の使い分けと言ってもいいでしょう。そう言うと、そんなのは一部の陰湿な日本企業の話ではないか……ということになりそうですが、アメリカでもこれらの論文が書かれた１９７０年代、１９８０年代はもちろん、今に至るまで様々なdecouplingが行われ、また研究もあります。

例えば、テキサス大学からミシガン大学に移ったジム・ウェストポール教授の研究には、ＣＥＯを中心とした経営陣、取締役会、そしてアナリスト・投資家・株主の間の様々な駆け引きを分析した論文がいくつもあります。例えば、ストックオプションのような長期的な経営者に対する報酬制度を発表しながら、実際には実行していない企業は結構多いとか、アナリストがネガティブな報告をした企業では取締役の独立性が高まるような動きが見られるが、実際は取締役の権限は強化されていないといった実証分析が、トップクラスの学術誌に発表されています［注8］。

［注8］
Westphal, J.D., & Zajac, E.J. 1994. Substance and symbolism in CEO's long-term incentive plans. *Administrative Science Quarterly*, 39: 367-390.
Westphal, J.D., & Graebner, M.E. 2010. A matter of appearances: How corporate leaders manage the impressions of financial analysts about the conduct of their boards. *Academy of Management Journal*, 53: 15-43.

メイヤー、ローワン両教授は、decouplingの例として、（組織に階層がありながら）権限委譲を進めること、（実質的結果が大事と言いながら）形式的な結果、例えば利益ではなく売り上げ、治った患者の数ではなく治療した患者の数が目標になること、施策を打ち出しながら実質的には実行されていないこと、そして個人の人間関係やインフォーマルな動きが組織の中では実はとても重要であることを挙げています。

考えてみれば、身の回りでもいろいろあります。成果主義と言いながら、実は8割の社員の評価はBだったり（本社は一律全員Bという会社もあります）、大失敗をして降格されたはずの部長がいつの間にか出世していたりということです。

「自信と誠実の論理（the logic of confidence and good faith）」

ただ、そんなことだと何がよくて何がよくない、公平不公平も分からないということで、組織がぐちゃぐちゃになりそうです。そこで指摘されるのが「自信と誠実の論理（the logic of confidence and good faith）」です。経営は社員のことを自信を持って信頼しているし、それにこたえて現場は誠実に業務をこなしているという関係が組織内に保たれていることが重要だというのです。

面白いのは、従って「評価」したり「検査」したりするのは、その「自信と誠実の論理」に反するので（つまり疑っているということなので）、できるだけ、これも儀礼的に、少なくする方向に働くという指摘です。逆に、様々な儀式的な行動を通じて信頼と誠実が組織の中で醸成されるようになっています。アメリカ企業がどこも盛大なクリスマスパーティーをするのはその一つの例かもしれません。1週間後にはクビになる（クビにする）かもしれない人たちが、いかにも仲間である、この会社で働いていてよかったとお祝いをするのですから。

さらに面白いのが、こうした「自信と誠実の論理」は組織内だけでなく、外部のステークホルダーと組織の間にも成り立っているという点です。確かに、例えば「これをやれ、あれをやれ」と言いながら、「現実的にはそういったって難しいよな」「あまり俺たちを困らせるなよ」というのはあるわけです。従って、時には外部から「検査」「評価」に踏み込むことがあっても、ある程度の落としどころを探していることが多いのです。最近の騒がしい外交問題はまさにそういうことだと思います。なんだか「あうんの呼吸」っぽい話です。

2つの古典的論文のポイントを乱暴にまとめると、次の3点になります。

1．組織は理不尽である——組織は、社会的な通説、神話を取り込むことによって「正当性」「資源の獲得」をする必要があり、必ずしも効率性、合理性だけで動いているわけではない

2．decoupling＝組織は本音と建前を使い分ける——社会的な正当性を確保しながら一方で効率面でも業績を上げるために、decouplingが起きる

3．組織は信頼で成り立つ——本音と建前の使い分け＝decoupling が成り立つためには、組織内、そして組織と外部のステークホルダーとの間に「自信と誠実の論理（the logic of confidence and good faith）」が成り立たなくてはならない

「理由のある理不尽」と「理由のない理不尽」

まず「1．組織は理不尽である」を考えると、3つの示唆があると思います。

1つ目は新入社員、あるいは若手の社員が「うちの会社は理不尽だ」「俺がこんなに頑張っているのに評価されない」なんて言っていると多くの場合、周りの人たちは（実際に

どう言うかは別にして）「バカじゃないの」っていうことになるということです。それに気づかないと「こんな会社辞めてやる」っていうことになるわけですが、おそらく、会社をかわっても同じことが起きるはずです。「うちの会社は理不尽だ」と感じることはある意味、社会人としてやっと出発点に立ったということで、そこで思考停止になってはいけないのです。なぜそうなのか、どの点が、どのような条件だとそうなるのか、「うちの会社は理不尽だ」の次を考えることが、組織の仕組みを本当に理解するために役に立つはずです。

2つ目は上司、あるいは経営に携わっている経験豊富な社会人は「そうそう、組織は理不尽だ」ということでうなずいていただけると思うのですが、実はそこにも大きな落とし穴があるということです。論文が指摘するように「通説」なので、その形態、施策をとるということはあるのですが、知らないうちに何でもかんでも他社のやることは取り入れ、全く不要になってもそのまま残し、結果として「理由があって理不尽」な場合も「ただ理不尽」な場合もごっちゃになって存在する組織が多いのです。もし、若手社員が飲み屋で絡んできたら（最近はそういうことも少ないという話も耳にしますが）、実は「これは本当に理由のある理不尽か」を自らに問ういいチャンスではないでしょうか？　初めは「理不尽」と思う、でもいつの間にか当然になり、疑問も持たなくなるのです。

難しいから差別化につながる

3つ目を挙げれば、これはむしろ経営者に対してなのですが、社会の仕組みや通説のプレッシャーの強さについてということです。従って、ある意味、競争相手と「同質化」するのも仕方のないところはあるのです。しかし、それは「レッドオーシャン」への入り口であることも知らねばなりません。他社との差別化を図りたい、しかしそんなことをしたら規制官庁からにらまれるかもしれないし、流通も協力してくれないかもしれないし、あるいは顧客だって本当に評価してくれるかどうか怪しいものだ……。しかし、差別化するというのはそういうことなのです。ヤマト運輸の小倉昌男氏、ダイエーの中内切氏、あるいはドットコムバブルを生き抜いた米アマゾン・ドット・コムのジェフ・ベゾス氏は、それぞれ規制、慣習、あるいはアナリストの懐疑を乗り越えてきたのです。

これは「2．decoupling」とも関係するかもしれませんが、政府がこうしてくれと「要請」したり、マスコミが白とか黒とか勝手に貼ったりするラベルに対して、どう対応するかも経営者の覚悟が問われる場面です[注9]。

［注9］
そんなことを考えていると、Wall Street Journalの記事で「他の人と違う格好をすることが成功のカギになる（Success Outside the Dress Code）」という記事に出合いました（２０１４年3月17日）。「人間はグループの規律に従うようにつくられている」と指摘しながら、面白い調査結果を報告しています。

ミラノの高級ブランド店で行われた調査によると、「ドレスアップした顧客」と「スポーツジムに行くような格好をした顧客」を比較すると、通行人は前者のほうが金持ちで、たくさん買うと思うが、ショップのアシスタントによると、後者の顧客は自信があるからそうした格好で入ってくるし、購入する確率も高いのだそうです。

合理性偏重を見直すビジネススクール

欧米でもアジアでも、最近のビジネススクールの変化は大きなものがありますが、Wall Street Journalでちょっとショックな記事がありました[注10]。

Hult International Business Schoolという（国際的には無名の）ビジネススクールが90人のCEOにインタビューしたところ「MBAの学生はパワーポイントの使い方はうまいが、それ以外にたいしたことはない」という結果が出たというのです（その調査は当初200人のCEOを対象にしていたのに、あまりにも結果が同じなので90人でやめたということです）。

「理論やモデルに力点を置きすぎており、ビジネスの現実を教えきれていない」という声に対し、「カリキュラムを見直し、より経験できるもの、（対人関係やコミュニケーションなど）ソフトスキルを重視していきたい」というのがこのビジネススクールの答えでした。

「そうそう」と思われる方も多いかもしれません。逆に、特に欧米ではMBAの学費も卒業後の初任給も、私が行ったころの3倍以上になっていることを考えると、MBAをお持ちの方の反応も見たいものですが、ここでは個人的な意見を2つほど挙げるにとどめたいと思います。

[注10]
2014年3月19日

一つ目はソフトスキルという話です。これは、まさにその通りで、本論文もそうですが、ある意味経済学にしても経営学にしても、人間の「合理性」ばかりを前提にした結果、現実離れをすることがあったことは間違いないと思います。合理性＝数量的モデルで、より定量的で切り口は明確なのですが、その通りに組織が動くことはむしろまれです。結果として、より人間の不合理さ、バイアスに注意を払う「行動経済学」が注目されているのは当然の流れですし、ＭＢＡのカリキュラムでも、「コーチング」などのソフトスキルを核に据えたクラスを何年も前からトップスクールは始めています。

考えてみれば、合理性を前提にしたフレームワークや定量分析は、「分かりやすい」ばかりでなく、「教えやすい」のです。答えは結構客観的に出ますから、テストも採点しやすいです。一方で、ソフトスキル、あるいはここで取り上げた2つの論文が指摘するような「目に見えない影響」を学ぶことは、人によって解釈の幅が出てきますし議論も簡単にはまとまりません。テストなども１００％客観的というわけにはいきません。

例えば、私の専門とする組織・戦略などでも「ファイブフォースフレームワーク」なんていうのは教えやすいし、応用しやすいのですが、「なぜ企業は他社をまねするのか」なんていう話をしだすと、相当ややこしくなります。すべてがそうとは言いませんが、「合理性」というだけでなく、ある意味「教えやすさ」「客観性」という部分がビジネススクールで重宝されたことはあるのだろうと思います。

しかし、現実の経営は「合理性」「客観性」だけで成り立つものではありません。その意味で、ビジネススクールも、我々教員も「教えにくいのだけれど、教えなくてはいけないもの」（そもそも「経営は教えられない。学ぶことができるだけだ」なんていう指摘もあるわけですが）、つまりソフトスキルに対してもっともっと積極的に取り組む必要があると思います。

経営学は「答え」を出す学問ではない

そしてもう一つは「理論やモデルに力点を置きすぎており、ビジネスの現実を教えきれていない」という声に対しての反論です。こうした意見は、まえがきで申し上げた時々聞く「ビジネスの研究は象牙の塔にこもっていてはだめだ」とか「経営学の研究は本当に役に立つのか」という声とシンクロしているように思われます。

はっきりしておきたいのは「理論やモデル」の理解と「ビジネスの現実」の理解とは相反するものではないということです。否、「ビジネスの現実」をよりよく理解するツールとして「理論やモデル」があるはずなのです。それにもかかわらず、なぜこうした意見が大手を振って出てくるのでしょうか? Wall Street Journalの記事だけでなく、日本においても同じような声を聞きます。

Ph.D.とは研究の学位です。従って、Ph.D.のプログラムでしつこく言われるのはdescription、つまり現実の現象がどのようにして起きているかの理解をきっちりすることで、よく言われる問題解決のための処方箋、つまりprescriptionは、現状理解ができて初めて正しいものが考えられるのだという点です。特に、私はコンサルティング会社の出身だったこともあり、まずdescriptionだと何度も言われた記憶があります。

ところが、「経営学の研究は本当に役に立つのか」という議論がされるとき、そのほとんどが「問題の答え」つまりprescriptionを求めています。結果として、いつの間にか「経営学者」といいながら「成功企業の紹介」が主なりわいになっているのではないかと思われたりする現象が出てきます。様々な「こうするベキ」「これが決定版」という「問題解決」「答え」に関する書籍が多数、しかも毎年新しいものが出ていながら、実際に効果があったという話は極めて少数であるという事実を思い起こす必要があります。

「経営学」「理論」の本当の力

個人的な意見を言えば、多くの経営者・企業（あるいは社会全体と言ってもいいかもしれませんが）は「現実をよく理解する＝description」ことが不十分なまま「答え＝prescription」に飛びついているのではないかと思います。つまり、「理論やモデルに力点を置きすぎており、ビジネスの現実を教えきれていない」と言いながら、実は「ビジネスの現実を理解できるほどには理論やモデルが使いこなせていない」ということなのでしょう。

別のところでも言っていますが［注11］、理論やモデルは、汎用性が高く、使いこなすことができれば様々な問題への応用が利きます（九九を思い出してください）。しかし、理論を単なる記述の記憶として覚えても、使いこなせません。「理屈ではそうだけれど、現実は違う」というのは、自分はよく理論を理解していないという言い訳かもしれないのです。

さらに言えば、「基本的な理論はやさしい」と思っている方が時々いらっしゃいますが、大間違いです。基本こそ実は奥が深く難しいのです。従って、使う訓練をしっかりして自分の頭の中に染み込ませなくてはならないのです。経営だけでなく、将棋やスポーツにしても、達人が基礎を外さないのは、基礎がやさしいからではなく、何度も繰り返し使い身につけているからです（逆に言えば、そういう人が達人なのです）。「1日で分かるMBA」というような本は「1日で分かったつもりになるMBA」と言い換えたほうがい

［注11］
例えば拙著『戦略の原点』（日経BP社 2007年）

いでしょう。

本章で取り上げた2つの論文、そして「制度派理論」は、ある意味「組織は合理的でないことを合理的に説明する理論」でした。そうした視点で現実を見てみると、より納得のいくこと、そして同じ「理不尽」でも理由があることと、ないことがあると分かると思います。そして、さらに大きな示唆は、問題解決ができないのは、努力が足りないとか、いい解決案が見つからないからではなく、そもそも現実の基本的理解が十分でなく、「間違った問題」を解決しようとしているからかもしれないということでした。

こうした古典、あるいは理論をすべて理解しようとする必要はありません。しかし、例えば経営学の勉強、MBAの取得を考える方たちには、「現実をよく理解する＝description」の重要性、そのためにツールとしての基本的理論の力を少しでも感じていただければと思います。

組織は理不尽です。ただ、「だから俺も理不尽でいいんだ」かどうかは別の話です。人材コンサルティングの世界には、「社員は入るときは会社の魅力で決めるが、辞めるときは上司が嫌いで辞める」という有名な言葉があるそうです。上司の皆さんは注意しましょう。

第2章

「正しい」からではなく「interesting」だから心に残る

大学教授必読の論文「That's Interesting!」

Davis, M. S. 1971. That's Interesting! *Philosophy of Social Science*, 1:309-344.

欧米では社会科学系の博士課程の学生がほぼ必ず読まされる（つまり、Ph.D.を持った大学教授必読の）"That's Interesting!"（Murray Davis）という１９７１年の古典的な論文のポイントは、論文、理論のよしあしは「理論が正しいかどうか」では必ずしもなく、「interestingかどうか」で決まる。そして、interestingであるとは、とりもなおさず人が「なんとなく」思っている前提を否定することにある。言い換えれば「直感と違う（counter-intuitive）ことを言う」ことです。

まずはこの論文と研究者の仕事の関係から始め、さらに経営に関わる皆さんへの示唆を考えてみたいと思います。

経営学とデータ

経営学も含め、社会科学系の研究者がしている（したいと思っている）ことは、「世の中をもっとよく知る」ことです。経営学で言えば、企業がどのように行動するのか、業績の高い企業と低い企業は何が違うのかというメカニズムを理解することにほかなりません。もちろん「業績を上げるにはどうしたらいいか」といった質問に答えること（prescription＝処方箋）も役割ですが、その前に、そもそも企業とはどのようなメカニズムで動いているのか（べき論はありますが、様々なギャップがあります）という現状把握をしなくてはなりません（description）。「コンサルタントは問題を解決しようとするが、研究者は問題の体系を明らかにしようとする」と言われるゆえんです。

通常、それは多くのデータを集め、統計的に分析をし、ジャーナル（学会誌）に論文を投稿、審査、掲載／却下されることを通じて行われ、また研究業績として評価されることになります。

私も4誌［注1］の編集委員（審査員のようなもの）を務め、年間20本くらいのブラインドレビュー（誰の論文かも分からないし、レビューをされたほうも誰にされているか分からない）をしますが、論文に常に求められるのはcontribution、つまりどのような新しい

［注1］
Strategic Management Journal
Journal of Management Studies
Journal of International Management
Asian-Pacific Management Journal

重要な発見をしたかという点です［注2］。

そのcontributionの中核をなすのが、なぜ○○が起こるかという因果関係についての理論です。一般にAがBを引き起こすという因果関係を証明するには、

（1）AがBよりも前に起こっていること
（2）AとBには相関関係があること（Aが起こればBが起こる）
（3）A以外にBに影響するものがないこと

の3つが必要です。例えば薬の効果があるかどうかを見るとき、投与前と投与後の比較をすればよい（通常はさらにコントロールグループといって、プラシーボを投与したグループの効果とも比較をします）のですが、社会科学、特に実際の企業のデータを集めて分析する経営学ではそんな実験はできません。多変量解析とか、重回帰分析とか様々な統計手法によって（1）と（2）は説明できますが、（3）は決してできません（博士課程ではこの話だけで1〜2クラスを費やします）。

だからこそAがBを引き起こすのはこのようなメカニズムがあるからであるという理論（仮説）が必要であり、データ分析はその仮説と整合性のある（間違っていないという）

［注2］
ちなみに、そうした一流誌の編集委員に選ばれることが学会内でのステータスなため、レビューはすべてボランティア、何時間もかけて読んで、コメントを書いても経済的リターンはゼロです。

結果が出るだけです。時々「このデータが証明している」というような言い回しが使われる場合がありますが、「間違っている」ことはデータで証明できますが、「合っている」ことは証明できません。

それがひどくなると、成功企業数社（あるいは1社！）を分析して「これが成功の秘訣だ」と断言したり（もしかしたら失敗した会社も同じことをやっているのでは？）、生き残ったベンチャーを分析して「これがベンチャーの取るべき戦略だ」と発表したり（ベンチャーの多くは失敗してなくなってしまうのですが、そうしたベンチャーも同じことをしていたかもしれません）してしまいます。

現状把握をきちんとしていないにもかかわらず「ウケ」を狙うとそういうことになりがちだという指摘は随分前から、例えば日本でも有名なミンツバーグ教授は１９７９年の論文で指摘しています[注3]。

[注3]
An emerging strategy of "direct" research. *Administrative Science Quarterly*, 24: 582-589.

古い真理を否定する

少し話がそれました。「interesting」に戻ります。デービスは冒頭で「理論家が偉大といわれるのは、その理論が正しいからではなく、interestingだからだ」と言い、それは「当たり前だと思っていたことに改めて注意を向ける」さらに「新しい理論が注目を集める唯一の方法は古い真理（言い伝え、決まり文句、公理、格言、ことわざ、ありふれた常識など）を否定することだ」と言うのです。

実際、例えばダイエットの新しい方法（すぐに消えていくものが多いのですが）が説得力があるのは「これまでの○○は間違い。これが正しい」と言って「なんとなく思っていたことを否定する」からかもしれません。

また、私も、例えば計画を立てたはいいが想定外の市場の反応に対応できず機能不全に陥ってしまった組織の事例に対して「悪いのは計画を立てたことではない。計画にこだわりすぎて柔軟性を失ってしまったことだ」などと言うことがあります。

最初から「柔軟性が大切だ」と言うよりは、「悪いのは計画を立てたことではない」とまず指摘することで、「え、どういうこと」と、なんとなくそう思いがちな人たちの注意を引くことができ、より腹に落ちる指摘ができるからです。伏線を張って、最後にどんでん返しがくる推理小説なんかもそうでしょう。

「それって、単なるレトリック、言葉のあやじゃないの」と思われる方もいらっしゃるかもしれません。しかし、考えてみてください。映画だって、小説だって、突き詰めていくと「愛」とか「友情」とか極めて限られたテーマに行き着いてしまいます。それでも「素晴らしい映画」と「つまらない映画」があるのは、その構成が違うのであり、注意の引き方が違うからです。

言葉やレトリックは、そもそも正しい「真実」があって、それを言い表すツールにすぎないのではなく、どういう言葉を選んで、どのように伝えるかこそが「真実」をつくり、人を動かすのではないでしょうか［注4］。

デービスも本文でレトリックという点に触れており、例えば注意を引く方法としては「期待を裏切る」「驚き」などを挙げています。

interestingな仮説・理論のパターン

また少しそれてしまいました。デービスは、interestingな仮説・理論は、ほぼ「Xのように見えるが、実はXではない」、または「Xでないと思われてきたが、実はXだ」の2つだと言います。そして、そのパターンを12に分け、例を挙げて説明しています。

全部紹介するには紙幅が足りませんし冗長ですので、ご興味のある方は本文を見ていただくことにし（インターネットで検索すると、結構簡単に論文にアクセスできます）、ここでは私の好みで3つだけ触れたいと思います。

【注4】
このあたりの点については、例えば佐藤信夫『レトリック感覚』（講談社学術文庫 1992年）などをご参照ください。

（1）体系化（Orgnization）

（a）全くランダムだと思われていた事象に、実は一定の法則があった

（b）一定の法則があると思われていた事象が、実は何の法則もなかった

（2）相関（Co-variation）

（a）正の相関があると思われていた2つの事象間に実は負の相関関係があった

（b）負の相関があると思われていた2つの事象間に実は正の相関関係があった

（3）評価（Evaluation）

（a）悪いことだと思われていた事象が、実は良いことだった

（b）良いことだと思われていた事象が、実は悪いことだった

デービスの例は社会学の研究からとられており、素人には分かりにくいものも多いので、私が勝手に考えると、体系化の例では、高校の時に習った「コンドラチェフの波」「ジュグラーの波」、つまり一見何の法則もなさそうな景気変動にも一定のパターンがあるとい

うことが挙げられるでしょう。

相関ということでは一見、競争相手の数と業績は「負の相関」に思えます。しかし、新興地での外食業界の店の業績と競争との関係を見てみると、競争相手が増えるにつれてその場所で食事をするオプションが増えることが認知され顧客が集まってくるので、1店当たりの業績も上がる、つまり正の相関があることが報告されています（一定の数を超えると、過当競争になり業績は降下しだします）［注5］。

最後の評価という点で、デービスは評価を変える2つの方法を挙げています。一つはそもそもの事象の定義を変えること、もう一つは、評価の基準を変えることです。ゼネラル・エレクトリック（GE）のジャック・ウェルチ氏が広めた「業界1位、2位以外の事業は売却する」という方針も実はここに入ります。

当初は強い事業だけに集中するということで、GEの競争力強化に大変寄与したこの方針も、明らかに弱い事業がなくなると、現場によって「操作される」ことが出てきたとウェルチ氏はその著書で述べています。どういうことかというと、「業界1位、2位」というのは、業界の定義次第で結構変わるということです。

例えば「デジタルカメラ業界」で、携帯を入れるかどうかということで、市場規模は全く違います。さらに仮に携帯なしで業界5位の事業も、「50万画素以下」「1万円以下」

【注5】
エッチなホテルの経営者は、ちゃんと分かっているのです。

「関東」「白色」などと狭めていけば2位ぐらいになることもあるでしょう。そうしたことが頻発したため、「業界1位、2位」という方針をなくさざるを得なかったということです。

どのような前提を持っているかを理解すること

「interestingが大事なことは分かった。でもやっぱり、正しい理論のほうが重要なのでは」と思われる方もいらっしゃるでしょう。その通りだと思います。

ただ、結局、正しいか正しくないかということを考える出発点は「普通はAなのに、なぜBなんだろう」と思う、つまり疑問から始まることであるとすると、「普通はAなのに」と思う前提が大切であるということは間違いないでしょう。前提のないところに問題もないのです。

また、この点と関連して、デービスは繰り返し「なんとなく正しいと思っている前提(weakly held assumption)」を掘り下げ、否定することの大切さを指摘しています。確かに、正しい理論は大切なのですが、正しい理論がやっぱり正しいですねと言っても、誰もinterestingだとは思いません。「**当たり前だ!(That's obvious!)**」とスルーされることは間違いありません。

また、誰も気にしていないこと、つまり「前提」を持っていないことに対して何かすごいことを言っても、注目を浴びることはありません。**「関係ねーよ！（That's irrelevant!）」**と言われるのがオチです。

最後に、前提すべて、特に強く信じている前提をすべて否定、例えば日本式の経営手法はいいところは何もないから、すべて捨て去るべきだなんて言ったりしたら、**「ばか言うな（That's absurd!）」**と一蹴されてしまうでしょう。

ハーバード大学のクリステンセン教授も指摘するように［注6］、全体を捨て去るのではなく、何は正しくて何はそうでないか、どのような時は正しくどのような時はそうでないかといったコンティンジェンシー的な考え方も重要です。

そう考えてみると、相手の「前提」が分からなければ、コミュニケーションが成立することはありません。また、組織の中で明らかにみえる問題になかなか手がつけられなかったり、同じような失敗を繰り返したりするのは、こうした「前提」が共有化されていないことが原因になっていることも多いのです。

例えば、いろいろな会社でよく「セクショナリズム」という話が出ます。当社は部門間が対立しており、情報の共有化とか、協働とかがうまくいかないという問題です。「どう

［注6］
Chiristensen, C.M., & Raynor, M.E. 2003. Why hard-nosed executives should care about management theory. *Harvard Business Review*, 81(9): 66-74. 邦訳「よい経営理論、悪い経営理論」（ダイヤモンド・ハーバード・ビジネス・レビュー、2004年5月号）

やってセクショナリズムをなくすか」「どうやって対立しないようにするか」なんて一生懸命考えていたりするのですが、これはどう考えても「前提」が間違っています［注7］。

組織があり、部門が分かれていれば、セクショナリズムは生まれて当然なのです。それぞれの部門には使命、責任があるので、その責任を果たそうとすれば対立して当然ですし、しなくてはなりません。ですから、ここで考えなくてはならないのはセクショナリズムや対立を「なくす」ことではなく、それぞれのセクションが対立している問題の根っこを掘り下げ、全社的な視点からベストな解を出すことです。

そのためには対立をなくしたり、遠慮したり、あるいは言いたいことも言わないということでは、本来考慮すべき重要な論点を見逃すことにつながります。従って、逆説的なのですが、「セクショナリズム」の問題を最終的に解決する王道は、「とことん対立し、意見を出し合う」ことなのです。

そうした意味で、そもそも自分が論文を書いたり、発表したりするときに、誰を対象としているのか、そうした対象となる人々がどのような「前提」を持っているのかをきちんと理解しておくことが重要だとデービスは言います。そして、ターゲットがはっきりせず、結局誰もそんな前提は持っていないということになると「藁人形（straw man）」に話をしているんじゃないのと言われてしまうと警告します。

【注7】
拙著『組織を脅かすあやしい「常識」』（講談社プラスアルファ新書 2011年。『その前提が間違いです』の加筆、新書化）

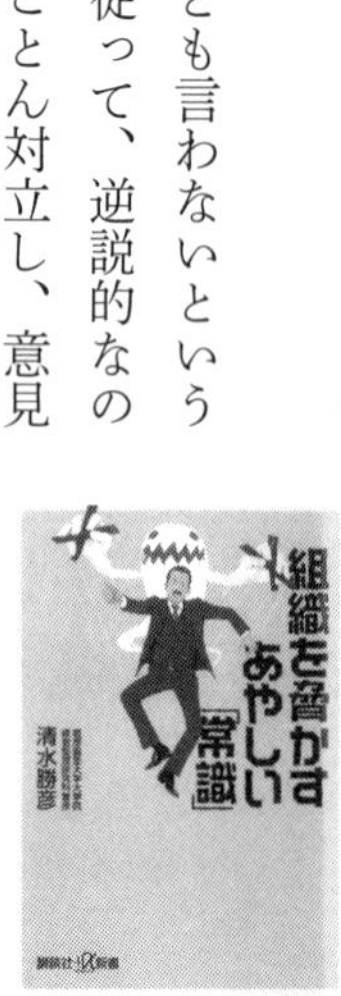

グレーサーとストラウスという、定性調査では必ず引用される大家の言葉「研究者は既存の理論の検証ばかりに夢中になっていて、新しい理論を考えることに注意を払っていない」「新しい理論を考えるためにはデータをよく知らなくてはならない」に「interestingな理論を考えるためには、データだけでなく（対象となる人々が）どのような前提を持っているかをよく知らなくてはならない」とデービスはつけ加えています。

「社長、それは無理です」と思ったらどうするか

経営の場面を考えた場合はどうでしょう。リーダーが部下の「前提」を知ったうえで、それを上手に「否定する」ようなメッセージを発するのはいいとして、部下が上司の「前提」を知ったうえでそれを「否定」するのは、なかなか難しそうだなと思われる方もいらっしゃるかもしれません。例えば、社長がどうしてもこの事業に進出したいとか、どうしても来期50店出したいと言うのに、部下である自分はそれはちょっと無理だろう、そんなことをしたら会社が傾いてしまう……と思ったりする場合です。

この場合の対処の仕方は3つあります。一番よくあるのは、まずいと思っても、社長の気持ちを変えるのは無駄だと（あるいは社長のご機嫌を損ねたら自分が損だと）社長に迎

合することです。そして、失敗してから「うちの社長はだめだ」なんて言うパターンです。

一見、自分の身を守っているようにも見えますが、結果として会社が傾いたとしたら、自分のボーナスどころか職も怪しくなるわけで、残念この上ない対処方法です。社長の言動は自分には関係ない、あるいは自分の身を守るほうが大事だという「間違った前提」に基づいた行動です。

もう一つは、意を決して社長に直談判、やめたほうがよいと諫言することです。これはなかなか立派で、ドラマにもなりそうですが、大体は討ち死にします。社長の信念を真っ向から否定している、つまりデービスの言葉を借りれば「strongly held assumption」に基づいた意見を否定しているわけですから、「ばか言うな（That's absurd!）」で終わりです。

さらに言えば、そうした強い信念を持つに至った背景にはそれなりの理由があります。結果として、意を決して社長に忠告するつもりが、逆に社長に言い負かされ、すごすごと帰ってくるといった事例もよくあります。失敗して「だから社長は……」と言うところは、最初のパターンと同じです。

唯一の方法は「weakly held assumption」を考えること

上司にたてつくとすれば、唯一の方法は「なんとなく正しいと思っている前提（weakly held assumption）」を考えるしかありません。新規事業に参入する、あるいは成長すること自体を否定することはまず無理です。それは、強い信念に基づいているというだけでなく、それ自体は決して間違っていないからです。問題は、どういうコンテクストでそれが行われるか、つまり成功の条件をきちんと踏まえているかということです。

新規事業にしても、成長にしても、これまでの成功とは異なっているかもしれません。自分の信念にこだわる社長は、そうしたコンティンジェンシーには疎《うと》くなっていることが多く、なんとなく「大丈夫なはずだ」「負けるはずはない」と思っている点があるかもしれません。そこを指摘するのです。

例えば「この事業に参入することは分かりました。ただ、当社がそこで成功するためには○○を必ずしてください」とか、「50店出すためには、××をまず達成しましょう」とか。真剣に事業のことを考えている社長や上司であれば、そこで「はっ」と気づくはずです。気づかなかったらどうするか？　あきらめるか転職先を探すしかありません。

リーダーへの示唆

人とのコミュニケーション、そして多くの部下を率いていくとき、自分がどのような前提（それはしばしば、価値観とか、目的とかという言葉と同じ意味であったりします）を持っているかだけでなく、自分のメッセージを聞く相手、部下がどのような前提を持っているのかを知ることが必要です。

特に、企業を大きく変えるようなときは、「○○だからできない」と思っている前提から変えなくてはいけないですし、またそうした「なんとなく」の前提を明確に否定されたとき、人ははっと気づき、interestingだと思い、やってみようという気になるからです。

大学院時代、恩師の一人は次の言葉を贈ってくれました。

> よい研究では、分からないことが分かるようになる。もっとよい研究では、分かっていたと思っていたことが実は分かっていなかったと分かる。

「研究」という言葉を「経営」や「リーダーシップ」と置き換えても全く同じことがいえるような気がします。interestingって、結構深い言葉だと思いませんか?

第3章

「戦略バカ」で日本に負けた欧米企業

MBAの古典的論文「ストラテジック・インテント」

Hamel, G., & Prahalad, C.K. 1989. Strategic Intent. *Harvard Business Review.* (May-June), 63-76.
邦訳：ダイヤモンド ハーバード・ビジネス・レビュー、2008年4月号

昨今、さまざまな業界で、新興グローバル企業の競争優位になんとか対抗しようと躍起になっている。人件費を抑制しようと海外に生産拠点を移し、グローバルに規模の経済を働かせるために製品ラインの合理化を推し進めている。

「戦略」が注目を集めるのに従い、活力を失っていった。

こうした記述で始まる論文「ストラテジック・インテント」は私がビジネススクールにいた1990年代はもちろん、今でも多くのトップスクールの教材として使われています。マッキンゼー賞を受賞し、著者である2人の出世作といってもいいでしょう。この論文は

のちに『Competing for the future』[注1]としてベストセラーになります。

ちなみに、C・K・プラハラードはその後、BOP(Bottom of the pyramid＝貧困層、あるいはそうした層を多く抱える新興国)でのビジネス展開でさらに有名になりましたが、2010年に肺がんで亡くなっています。ゲイリー・ハメルはコンサルタント、ロンドンビジネススクールの客員教授として今も活躍中です。

さて、それでは冒頭の引用の「主語」は誰でしょうか? 邦訳が出た2008年であれば「日本企業」でしょうが、この論文が書かれたのは1989年です。そうです、主語は「欧米企業」であり、「新興グローバル企業」とは主に日本企業を指していたのです。

それが20年後、主語を日本企業に置き換えても全く同じようなことがあてはまるのはどういうことでしょうか? そうした意味でも、この「クラシック」ともいわれる論文の示唆は、もう一度経営者が振り返り、かみしめてみる必要があるところが多いと思います。

「5フォース分析」の罠

なぜ資源、技術、規模いずれも劣っていたはずの日本企業に多くの欧米企業が負けてし

[注1]
邦訳『コア・コンピタンス経営』(日経ビジネス人文庫 2001年)

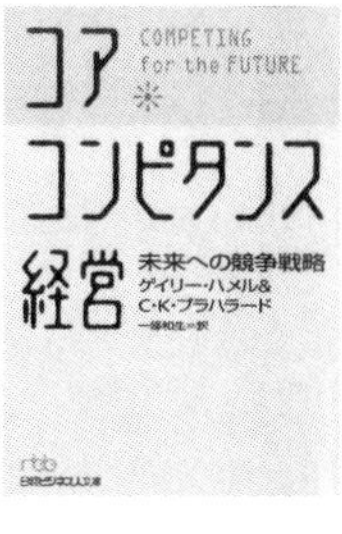

まったのか？　少し「超訳」かもしれませんが、著者の言いたいことを一言で言えば「**欧米企業は戦略バカ、分析バカになっていたからだ**」ということに尽きます。冒頭の「戦略が注目を集める」といった点に続けて、彼らは次のように指摘します。

「戦略のフィット」（経営資源とビジネスチャンスの適合度）、「基本戦略」（コスト・リーダーシップ、差別化、集中）、「戦略のヒエラルキー」（目標、戦略、戦術）といったコンセプトが、往々にして欧米企業の競争力低下に貢献した。

欧米型戦略というものが（エクセレントカンパニーで紹介された）8つのルール、（マッキンゼーの提唱する）7S、（ポーターの言う）5フォース分析、4つの製品ライフサイクル、3つの基本戦略、そして無数に使われる2×2マトリックスでまとめられてしまうというのはどこかおかしくないだろうか。しかし、過去20年そうした「タイプ分け」「簡便法」「だらだらしたリスト」が戦略の進化だとみなされてきた。セグメンテーション、バリューチェーン、ベンチマーク、ストラテジックグループ、移動障壁といったコンセプトを学び、多くのマネジャーは産業の地図づくりがうまくなった。ところが、このような分析に明け暮れている間に、（日本の）ライバル企業は大陸全体を動かしていたのだ。

こうした指摘は、いわゆる競争戦略の総本山であるハーバード・ビジネス・スクール、あるいはそのスターであるマイケル・ポーターの教えを真っ向から否定しているととられても仕方がないところがあり、ハーバード・ビジネス・レビューに掲載されるプロセスですったもんだあったという噂も本当かもしれないと思ってしまいます。

もちろん「基本戦略」や「5フォース分析」そのものが悪いわけではありません。しかし、こうしたフレームワークやコンセプトこそが戦略の中核だと思ってしまった瞬間、企業の中では「数字」「分析」「効率」が幅を利かせ、目に見えるもの、数値化できるものこそがすべてであると勘違いされます。ポテンシャルとかイノベーションとかは海のものとも山のものとも知れないと隅に押しやられます。当然ですが「夢」「希望」といった「合理的根拠」のはっきりしない人間の気持ちはこうした意味での「戦略経営」とは相いれないたわごと、ということになります。

結果として、自社の資源を分析し、その「強みを生かして」顧客により高い満足を提供することこそが本来の戦略であるにもかかわらず、「強みの範囲で」事業展開することが戦略である、つまり「ストラテジック・フィット」に偏った考え方に行き着きます。「ストラテジック・フィット」が悪いわけではありません。既存の「強みの範囲で」事業を行うわけですから、リスクは低いし、効率も上げることができます。しかし、そこには「成長」というものが見えてきません。また、「合理的」である分、予想も可能ですしまねもしやすい。

逆に、競合企業が「強みを生かして」新たなビジネスモデルをつくったり、リスクが高い商品開発などをしてきたときに、早晩太刀打ちできなくなってくる。競合分析とはいいながら、それは現時点での「スナップショット」にすぎず、今後競合がどのような仕掛けをしてくるか全く分からないから、どのように準備したらよいのかも分からない。それが現在の欧米企業の姿だと（１９８９年時点で）プラハラードとハメルは指摘するのです。

これを読み直して改めて思うのは、最近の日本企業のアジア進出に関してです。あるプロジェクトで、多くの日本を代表する多くの企業の役員、幹部の方にお目にかかりました。そこで、ほぼ異口同音におっしゃるのが「技術力を生かして高付加価値分野で収益確保を狙う」「地元のアジア企業との価格競争はしない」といった方針でした。

技術力が日本企業の強みであれば当然です。ただし、ボリュームゾーンで競争しないで生き残れるだろうかという不安も感じます。日本企業がかつてそうであったように、また最近の韓国企業の例を見ても、ボリュームゾーンを支配した企業は必ず高付加価値部門に進出してきます。一歩先をといっても、ピラミッドは上にいくほど小さくなるばかりです。「強みを生かす」と言いながら、「できる範囲」つまり現在のコンフォートゾーンにいつの間にか安住し、気がつけばアジア企業に追い込まれていた……歴史は繰り返します。

ストラテジック・インテントとは何か

それでは、「正しい戦略の核」となる「ストラテジック・インテント」とは何か？　彼らは「**グローバルリーダーになるという取りつかれたような執念（obsession）**」だと言います。言い換えれば、ストラテジック・インテントとは「野心的なゴール」を持つことと言ってもよさそうですが、決してそれだけではありません。

そうであれば、（日本企業でもよく聞く）例えば「イノベーティブな会社になる」「社会の発展に貢献する」といった、ただかっこいいビジョン、口当たりのいいミッションとあまり変わらなくなってしまいます。そうした「野心的なゴール」を本当に実現するためには「**経営の厳しいコミットメント**」が必要であり、その2つがそろって初めてストラテジック・インテントがあるというのだというのが著者の指摘です。

経営層の厳しいコミットメントとは、「勝つために何にフォーカスするかをはっきりさせる」「目標を明確にコミュニケートして社員を動機づけする」「個人やチームの貢献を生かす」「環境の変化に合わせて挑戦課題を再設定し社内のやる気をさらに引き出す」「常にストラテジック・インテントに基づいて社内の資源配分を行う」といったことにほかなりません。「言っただけ」「計画しただけ」で、あとは現場次第だと思っている経営者、あるいは本部は、企業に付加価値をもたらしているとはいえないのだと厳しい指摘もしています。

社員に浸透しなければ意味がない

当然のことながらストラテジック・インテントは「野心的な目標」なので、短期的にぶれるようなものではあってはなりませんし、逆に社員の行動や企業の施策に対して一貫性のある「軸」「判断基準」にならなくてはなりません。また、それは社員が個人として聞いても「やる気が出る」「本当にコミットしようと思う」ものでなくてはなりません。

よく企業の目的は「株主価値の最大化だ」といわれますが、「現場の社員はもちろん、ミドルマネジャーだって、朝起きて『株主価値を最大化するために今日も頑張ろう』なんて思うはずがない」のです。

ストラテジック・インテントの目的は将来のあるべき姿から逆算して、今何をすべきかを明らかにすることにある。
重要な質問は「来年は今年とどう違うだろう？」ではなく「ストラテジック・インテントに近づくためには、来年は何をするべきだろうか？」だ。
ストラテジック・インテントとは400メートル走のつもりでマラソンを走るようなものだ。ゴール付近がどうなっているかなんて誰も分からない。だから、経営者の仕事とは次の400メートルに組織を集中させることだ。

プラハラードとハメルが挙げるストラテジック・インテントの例は、「ソ連よりも先に、人類を月に送る」というケネディ大統領のアポロプログラムです。そして、コマツの「キャタピラーを包囲せよ」、キヤノンの「打倒ゼロックス」、ホンダの「第二のフォード、つまり自動車業界のパイオニアになる」があります。その他にもNECのC&C（Computer

＆Communication）、コカ・コーラの「世界中のすべての人の手に届ける」が挙げられています。

個人的に言えば、先の4つ（アポロ、コマツ、キヤノン、ホンダ）のほうが、あとの2つ（NEC、コカ・コーラ）よりもずっと強く、社員にも浸透しやすいのではないかと思います。その理由は、著者らも指摘するように、「あいつに勝つ」というライバルを特定できたことにあるでしょう。

その意味でいったんグローバルリーダーになってしまうと、ストラテジック・インテントの再設定は難しくなります。しかし、「株主価値の最大化」ではだめなことは申し上げた通りです。そこに、80年代後半の欧米企業、あるいはここ10年くらいの日本企業の落とし穴があったのかもしれません。しかし、今はまた違います。本当に「グローバルリーダー」と呼べる日本企業は限られています。そして、リーダーになった企業は同じ間違いを繰り返してはなりません。

「社員を信じる」ことが前提

プラハラードとハメルは、ストラテジック・インテントを持つだけでなく、それに向けて社員を動機づけし、引っ張っていく経営者のコミットメントと責任を強調しています。当時、競争力を失ってリストラをする欧米企業が多かったことと関連しているでしょう。

> 多くの競争に敗れた企業では、非難の矛先が社員の側に偏っているように思われる。あまりにも多くの場合、企業再生の痛みが最も責任が軽いはずの社員ばかりに押し付けられている。社員はゴール達成を厳しく問われるのに、経営側にはそれと同等のコミットメントが求められているように見えない。こうした一方的なやり方のために、現場の知的エネルギーが活用できていない。

「野心的なゴール」であるストラテジック・インテントは、現場を含めた社員全体のコミットメント、注意深さ、創造力がなければ実現できないものです。当然ですが、すべてを計画してその通りにやらせるということはあり得ず、明確なゴールは示しても、その手段については社員の創造に任せるよりほかありません。

その意味で、ストラテジック・インテントを持つとは、社員が全力を尽くせる環境を整えることでもあります。そして、その前提は、経営者が「社員を信じる」ということ、さらにその前提は「社員をよく知る」ということではないでしょうか。

会社の問題を自分の問題として考えられるか？

著者らは、そうした環境を整える、社員を導いていくためのいくつかのポイントを挙げています。

- 社内に危機感を醸成する
- 社内のすべての階層で競争相手に対する意識を持たせる
- 社員にパフォーマンスを高めるためのスキルを教育する
- 社員が1つのチャレンジを消化してから次のチャレンジを与える
- 分かりやすい段階目標を設定してレビューする

面白いのは2番目の「競争相手に対する意識」というところで、「自分への個人的な挑戦だと受け止めるようにする（personal）」と指摘している点です。私も別のところで

「企業の私物化のすすめ」をしていますが、やはりそうかと改めて思いました［注2］（大王製紙の御曹司が何百億円もギャンブルに使えたのは、それが会社のカネで自分のものではないと思っていたからだと思うのですが、いかがでしょうか?）。

「会社人間」という言葉がほぼ死語になり、逆に「ワークライフバランス」など、会社と一定の距離を保つことの大切さがしばしば指摘されています。しかし、自分の人生の大半を過ごす仕事場に対して愛着が持てないとすれば、その個人も会社もあまりハッピーなこととは思われません。

　時代錯誤だという声はあるのかもしれませんが、「自分の会社」「会社愛」は、実はその組織の競争力の根っこのところにあるのではないかと思われてなりません。「人がすべてだ」と軽々しく言われるようになって久しいですが、そうしたことの本質とチャレンジにもっと真摯に向き合うことが、経営者としても、社員としても必要なのではないでしょうか。

社員の潜在能力には無限の可能性がある

アップルのＣＥＯとして返り咲いたとき、Businessweekの記者に「あなたの魔法で会社

【注2】
『実行と責任』（日経ＢＰ社　2012年）

を変えられますね？」と聞かれたスティーブ・ジョブズの返事は有名です。「あなたは何も分かってない。これはワンマンショーじゃない。この会社には才能豊かな人材がいっぱいいるのに、市場からは『負け犬』と言われ自信をなくしかけている。彼らになかったのは、いいコーチといいプランだ」。

会社はトップの器以上には大きくならないなどとよく言われますが、それと同じ意味で社員の潜在能力が発揮できれば、その可能性は無限なのです。逆に言えば、能力の高い人材を持ちながら、その潜在力を発揮させるどころかやる気を失わせてしまい、顕在能力すら十分に発揮できていない企業が多くないでしょうか？　プラハラードとハメルはこう続けます。

> 結局のところ競争力とは、新たな優位性がどれだけあるかではなく、いかに短時間でその優位性を組織の末端にまで根付かせられるかにかかっている。既存の優位性についていくら評価を重ねたところで新しい優位性は生まれない。戦略の要諦は、既存の優位性が他社にまねされる前に次の優位性を生み出すことにある。

コミュニケーションの重要性

日本企業が優秀な現場力を持ちながら、組織全体として競争力が低下している現状に対して、私はコミュニケーションの欠如（そもそも、コミュニケーションが欠如しているという問題意識の欠如）が大きな原因であると考えています。ジャック・ウェルチもその著書『ウィニング 勝利の経営』［注3］で「競争相手のことなんかどうでもいい。社内でコミュニケーションが取れないことのほうが、よっぽど恐ろしい敵だ」であると強調していますし、そして、同じような指摘をプラハラードとハメルも20年以上前に欧米企業に対してしています。

コミュニケーションは、前述のように企業のストラテジック・インテントを共有し、社員の（潜在）能力を発揮させるために必要なことは言うまでもありません。社員がその組織やストラテジック・インテントをpersonalizeつまり、自分のものとして意識することで積極的に自分が貢献して会社をよくしようという意識が生まれてくるのですし、野心的な、一見無理と思われるような課題に挑戦しようという気持ち、さらに言えば「執念（obsession）」が生まれてくるのです。

【注3】日本経済新聞出版社 2005年

しかし、実はもっと根本的なことがあります。コミュニケーションがなければ、企業の「現状」が分からないということです。それは、企業という組織という問題もそうですし、そこにいる社員、あるいは経営者の一人ひとりが何を考えているのかという点でもそうです。

たとえそれぞれが一生懸命、会社のことを考えていたとしても、お互いの考え、気持ちを知らなければ不安であったり、疑心暗鬼が生まれたりします。何か問題があれば、自分は一生懸命やっているから、誰か他の人が手を抜いているに違いないと思ってしまう。「現場は危機感が足りない」「経営者は過去の栄光に安住している」と（陰で）言い合っているうちに企業の競争力はどんどん下がっていきます。信頼が失われた組織ではますますコミュニケーションが低下し、「えてして社内は沈黙が支配し、競争力が衰えている現実を共有できなくなる」のです。

ある企業の事業部長クラスを対象にインタビューしたところ、経営層が競争上の課題をオープンに議論しないため、大きな不安を抱えている様子が感じられた。経営陣がコミュニケーションをしないということは彼らが問題の存在に気づいていないのではないかと気をもんでいたのだ。

ところが、これら事業部長たちも、部下とオープンなコミュニケーションはしていなかった。自分たちは問題が分かっているが、部下たちは現実を正面から受け入れられそうもないというのがその理由である。競争上の問題を議論の俎上にのせるのは、(経営状況の悪化をもとに賃上げを最小限に求める)賃上げ交渉のときだけだったのだ。

残念ながら、みんなが脅威を感じていながら、誰もそれについて語らないと、不安だけが独り歩きし始める。


プラハラードとハメルは、そうした観察のもと、日本企業がストラテジック・インテントの共有を図っているだけでなく、TQCなどを通じて現場の声を吸い上げていることを称賛していました。「経営陣をカリスマ視する風潮」のあることを憂慮し、ジョブズが10年後に指摘したのと同じように、現場社員の力を発揮させることの大切さを説いていたのです。

翻って、日本（企業）の現状はどうでしょうか？　トップをころころ代えることで現状が打開できる、強いリーダーシップこそが凋落に対する唯一の解（あるいは打ち出の小槌）だと思っていないでしょうか？　リーダーが大切なのはもちろんです。しかし、それだけに頼って失敗したのが欧米企業だったのです。

> 荒波に押し流されそうだと感じると、藁にもすがる思いで「経営陣がすべて解決してくれる」と信じようとする。経営陣は、社内のモチベーション低下を恐れ、真実を明かすことができない。

「ユニーク」「オンリーワン」の勘違い

一時期「ベストではなく、ユニークが大事だ」「ナンバーワンよりオンリーワン」というようなことがよく言われ、ＳＭＡＰの「世界に一つだけの花」という歌がヒットしました。

これは経営学的に言えば非常に重要なポイントです。企業の「差別化」あるいは「優位性」とはそのユニークネスにある、いやユニークネスにしかないからです。例えば、昨今の「飲み放題」ではないですが、他社がやるから自社もやるということでは、防衛上仕方がないところはあるかもしれませんが「差別化」はできません。その結果は価格競争であり、はやり言葉で言えば「レッドオーシャン」です。

その意味で「ユニーク」「オンリーワン」というのは、戦略の本質をついていた概念であるにもかかわらず、それがいつの間にか曲解されて体《てい》のいい「言い訳」として使われていないだろうかと思います。「2番ではいけないのか」というのがまずそれです。個人的に言えば「ユニーク」「オンリーワン」と「2番」「負けてもよい」というのは全く相いれない概念なのですが、いつの間にか、そうした言葉がオーバーラップし「努力をしなくてもよい」「頑張ってだめだったから仕方ない」という言い訳になっているように思います。

この論文の5年後に出版され、その後もシリーズとしてベストセラーを続ける『Built to Last』[注4]では、ストラテジック・インテントと同じような意味でBHAG（Big Hairy Audacious Goals ＝社運を懸けた大胆な目標）というコンセプトが出てきます。BHAGは「理性的に考えればとてもまともとは言えないというのが賢明な意見であるが、それでもやってできないことはないと主張する意欲的な意見が出てくる灰色の領域に入るもので

【注4】
邦訳『ビジョナリー・カンパニー——時代を超える生存の原則』（日経BP社 1995年）

ある」、そしてだからこそ企業が進歩するのだと強調します。

そして、ここで大切なことは、ＢＨＡＧが企業の方向性を決める「時計」となるのであって、（時を告げる）リーダーに左右されないということです。カリスマ的リーダーのあとに停滞してしまった企業とそうでない企業の違いがここにあるというのが、この本の著者であるコリンズらの発見なのです。プラハラードとハメルも全く同じ指摘をしています。

経営陣が壮大な目標を掲げずにいるのは、活力ある成長に向けて全社を結集させる自信がないからだろう。その自信がないために、財務目標を引き上げただけでお茶を濁しているのだ。

難しい目標を達成できるという自信を社内に植え付け、モチベーションを高め、新しいケイパビリティを着実に身につけることこそ、経営者の真の挑戦課題に他ならない。このようなチャレンジに立ち向かう姿勢こそ、グローバル・リーダーを目指して全社を率いていく勇気を湧き立たせるものなのだ。

日本企業の潜在力は目覚めるか

ストラテジック・インテントとは「言うは易く、行うは難し」の典型かもしれません。生半可な覚悟では言うことすらはばかられるでしょう。しかし「難しい」から差がつくのです。グローバルな世界で競争に勝つというのは、そういうことなのです。

日本も、日本企業も、一度はそのような挑戦をし、勝利を収めてきたのです。その勝利は、例えば孫子の兵法やマイケル・ポーターの著作にあるような、明確な戦略が相手の裏をかいて鮮やかな大勝利につながる、ということではなかったはずです。

本来売るはずの商品が全く売れず、頭を抱えながら営業をするうちに、たまたま自分たちの乗っていたカブが売れるとか、徹夜を重ねた技術陣がギリギリのところで商品化をするとか、「血みどろ」とまではいかないでしょうが、これまでの日本の勝利はそんな泥臭い勝利であったのではないでしょうか。

特段泥臭さを称賛する必要はないとは思いますが、スマートな「戦略」「分析」でやすやすと勝てると思ってしまっているとすれば、どこかに間違いがあるのでしょう。結局、追い込まれなくては人間の潜在力の真価は分からないのではないかと思います。今、多くの日本の企業はその潜在力を試されているのです。

第4章

「ワクワクするビジョン」のパラドックス

経営とはジレンマへの挑戦

Garud, R., Schildt, H.A., & Lant, T.K. 2014. Entrepreneurial storytelling, future expectations, and the paradox of legitimacy. *Organization Science*, 25: 1479-1492.
Quinn, J.B. 1980. *Strategies for Change: Logical Incrementalism*. Irwin, Homewood: IL.

この章では、最近の論文、そして35年前の古典といってもよい名著の2つを通じて、経営とは切っても切れない関係にある「パラドックス」と「ジレンマ」について考えてみたいと思います。

「パラドックス」は一般に「逆説」と訳され、「一見、真理にそむいているようにみえて、実は一面の真理を言い表している表現」(デジタル大辞泉)などと解説されていますが、論文などを見ていると「よかれと思って行うことがかえってあだになる」といった意味合いで使われることが多いと思います。また「ジレンマ」は、もともとギリシャ語で「2つの前提」という意味らしいのですが、これは通常使われるように「板挟み」「こちらを立てればあちらが立たず」として考えていきたいと思います。

レジティマシー（legitimacy）とは

パラドックスとジレンマの話に入る前に、レジティマシー（legitimacy）という言葉を少しだけ解説しておきます。一般には「正当性」「社会的信用」などと訳され、あまり日本ではなじみがない言葉かもしれませんが、社会学や組織理論（Organizational Theory）では頻繁に登場するキーワードです［注1］。

信用がなければ、どんなにいいことを言っていてもそもそも聞いてもらえません。従って、世の中にない新しいことをやろうとする場合、例えばベンチャー企業だったり、あるいは組織の中で何か新しいことをしようとしたりする場合、どのようにしてレジティマシーを獲得するかは非常に重要です。以下、レジティマシーを「社会的信用」と訳して進めます。

「社会的信用」を得るには、世の中の決まり事、つまり「常識」に沿った言動が求められます。しかし、「常識通り」のことばかりをしていれば、企業経営で最も大切なこと、つまり「差別化」ができません。ベンチャーはもちろん、既存の大企業だって「社会的信用」を求めながら、一方で「常識外れ」を求めなくては、組織の成長はないのです。その

［注1］
一般に、経済学では「合理性」、もっといえば「正しい」ことが重要とされるのですが、人間の現実を踏まえる社会学的な視点では、「正しいかどうか」より以上に「社会的に認められるか」「もっともだと思ってもらえるか」が重要です。第1章で制度派理論（institutional theory）の古典を取り上げ「あなたの会社が理不尽な理由」の議論もしています。

あたりのところは、吉原英樹先生が書かれた書籍、もはや古典と言ってもいいくらいの『「バカな」と「なるほど」』〔注2〕に象徴されているでしょう。

ちなみに、「Dr．スランプ」「ドラゴンボール」で有名な漫画家の鳥山明氏を世に出したことで有名な元集英社専務取締役の鳥嶋和彦氏は、セブン&アイ・ホールディングスの鈴木敏文会長（当時）との対談で「みんなが賛成するものというのは、すでにどこかで見たことのあるものだから判断しやすいのだと思います。みんなの賛同を得にくいものは、何か新しいものを含んでいます。そういうものこそ、やってみる価値があるのです」〔注3〕と指摘されています。実際、あのお化けヒット漫画「ONE PIECE」も連載を決める際は随分もめたのだそうです。

【注2】
ＰＨＰ研究所　２０１４年

【注3】
セブン&アイホールディングス「四季報」２０１４年WINTER

コミットメントとは期待の裏返し

ベンチャー企業は、基本的にこれまでないサービス、技術、商品を提供します。当たり前ですが、どこかの大企業が提供しているようなサービスを提供しても誰も振り向いてくれません。しかし、新しいから振り向いてくれるかといえば、またこれもまた別の話です。新しいから「社会的信用」がないのです。安価な商品や料理であれば「飛びつく」新し物好きの顧客がいるかもしれませんが、ベンチャーにはもっと大きなハードルがあります。そう、やる気のある社員を集め、投資家を振り向かせ、コミットメントを得なくてはならないのです。

社員、投資家、あるいは広い意味のステークホルダー全般を考えたとき、ベンチャーが社会的信用を獲得するには2つの期待にこたえなくてはならないと著者らは指摘します。一つは「将来市場や技術がこうなるから確かにこんなベンチャーが必要とされるんだろうなという認識的な期待（cognitive expectation）」であり、もう一つは「このベンチャーに入ったらこんなキャリアが描けるんだ」とか、「投資したら儲かりそうだ」という実利的な期待（pragmatic expectation）です。

特に、前者の認識的な期待は、ベンチャーだけでなく、いろいろな企業の経営に関して「ワクワクするようなビジョンを持て」「夢を語れ」と言われることと関連します。コミットメントとは期待の裏返しだからです。

さて、そうした2つの期待にこたえるのがベンチャー起業家（あるいは新規事業を行う責任者）の使命と言ってもいいのですが、そもそも期待にこたえる前に、期待を持ってもらわなくてはなりません。どこの馬の骨とも分からない起業家が、聞いたこともないサービスを始める……まず注意を引き、期待を持ってもらうことが最初のハードルです。

パラドックス1：夢ばかりを語ってもお金（投資家）が集まらない

そこで最初のパラドックスです（論文ではこの点はトレードオフ、つまりあとで出てくるジレンマとして取り上げられていますが、少し敷衍《ふえん》してパラドックスの側面を取り上げます）。認識的な期待を持ってもらうためには「夢」を語らなくてはなりません。ワクワクするような将来像を物語ることができなければ、そんなわけの分からない会社に入ろうとか、投資をしてみよう、といった「注意」をそもそも引きません。

しかし、一方で「夢物語」ばかりを聞かされても、投資家は本気で乗ってはきません。本当にそうか、自分のプラスになるか、儲かるか、どんなビジネスモデルで収益を上げるのか、具体的かつ現実的なプランを提示できなければお金を集めることはできないのです。つまり、夢を語らなければリスクを負って頑張ろうという気宇《きう》を持った社員は集まらないのに、夢ばかりを語っていると、お金が集まらない。逆に実利を語ればお金は集まるけれど、それだけで集まるのは目先の利益を追う社員ばかり。パラドックスでありジレンマでもあります。

パラドックス2：期待が高まるほど失敗のリスクが高まる

それと関連して2つ目のパラドックスは、「夢」や「儲かりそうというシナリオ」を語って、ステークホルダーの期待を得、社員や投資家のコミットメントを得ることは大切なのですが、逆にその「高い期待」にこたえられるかという問題です。

素晴らしい夢、可能性を語れば語るほど「期待」は高まり、それをサポートしてくれるステークホルダーも増えるのですが、結果として期待のレベルも上がります。つまり、どんどん自分でハードルを上げていることでもあるのです。

つまり、期待、結果としてコミットメントを得るということは、期待を裏切る可能性を上げていることでもあり、さらに高い期待を裏切れば、一挙に奈落の底……という危険を冒すことでもあるのです。

日本にしても中国にしても実質GDPの成長率が「期待を裏切った」ということで、大騒ぎになったのはまだ記憶に新しいところです。株式市場でも、好業績にもかかわらず「アナリストの期待に届かなかった」企業の株が、20％、30％急落するのは珍しいことではありません。

パラドックス３：期待を高め社会的信用を獲得するための「関連付け」は「逆噴射」の可能性を高める

技術的にも市場的にもはっきりしないベンチャー企業がステークホルダーからの期待を集め、社会的信用を獲得する近道は、すでに社会的に認知され信用を持っている人、組織、あるいは技術をトレンドと関連付けることです。無名の企業が、有名タレントをテレビコマーシャルに起用するような話です。

しかし、そうした「関連付け」は、逆に関連付けた先が問題を起こせば逆効果です。せっかく起用した有名タレントが逮捕された……なんてことになれば、「あの会社はそういうことか」などという負のレッテルが貼られることにもなりかねません。ネットバブルがはじけたあと、多くのベンチャー企業が負のレッテルを貼られ、資金集めに苦労したのも全く同じ理由です。

繰り返しになりますが、ベンチャーの根本は「これまでにないこと」「新しいこと」です。従って、大きなトレンドに関連付けてサポート、期待を得ることは悪いアイデアではありません。しかし、将来のトレンド、見通しというのは往々にして狂うものです。これは単に技術だけの問題だけではなく、例えば中国進出というトレンドが、様々な政治問題によって大きく変更を迫られたりするのもそうです。著者らは、これを「レジティマシーの逆噴射（legitimacy jolts）」と呼んでいます。こうしたパラドックスに対してどうするべきか、著者らは次の3点を挙げています。

パラドックスへの対処策1：アナロジーを使う

まず、「夢」と「現実性」のパラドックスに関しては、著者らは他の研究をもとに「アナロジー」「メタファー（隠喩）」を用いることをすすめています。メタファー自体はよく使われる言葉かもしれませんが、要は「ある物事の名称を、それと似ている別の物事を表すために流用する表現方法」[注4]です。

アナロジーや隠喩を使ったストーリーは、聞く側が感情移入をしやすく、コミットしやすいのです。「夢」と「現実性」のかねあい、つまり、「抽象性」やその理解が、語る側（経営サイド）ではなく、聞く側（ステークホルダー）にゆだねられるからです。そして、ちょっと分かりにくいかもしれませんが、『レトリック感覚』には、次のような指摘があります。

［注4］
佐藤信夫『レトリック感覚』（講談社学術文庫 1992年）

隠喩は直喩に比べ誤解の可能性が高い。誤解されかねないとは、なぞに似ているということである。結論を導き出す仕事が読者にゆだねられていて、隠喩の読者は、いわば解法を見つけるゲームによって遊び、自ら発見した解答にささやかな驚きを感じる。

イメージの大切さ、そして人間の想像力を活用するということだと思います。ここで大切なのは、一部ではなく全体像を分かって（comprehend）もらうことだとも著者らは示唆しています。例えば、「顧客に喜んでいただく」だけでは十分でなく、「世の中の○○を変える」という大きくて、しかもビビッドなメッセージが必要なのです。「わだば日本のゴッホになる」なんて、いいビジョンだと思いませんか？

パラドックスへの対処策２：下手な言い訳をしない

課題や問題に対する対処策を考えるときに、何をするかは当然大切ですが、「何をしたらダメか」を理解しておくことも大切です。よかれと思って行ったことが、問題をさらに悪化させるケースは少なくないからです。

そもそも気をつけなくてはならないのは、当初の「夢」におぼれたり、しがみついたりしないことです。これは、ある意味でパラドックス2の裏側でもあるのですが、いい夢、ビビッドなビジョンを描き、高い期待を得れば得るほど、その夢を忘れられなくなってしまうことが少なくありません。

しかし結局、ベンチャーは「不確実」なのです（不確実だからベンチャーであるともいえます。確実に儲かるのであれば、どこかの企業がとっくに手をつけているはずですから）。そもそも、すべて想定通りにいっても本当にうまくいくのかどうかが分からないのがベンチャーの本質であるとすれば、環境などが変わって当初の夢、ビジョンを変えなくてはならなくなったら、さっさと方向転換をしなくてはならないのです。

また、著者らは、「下手な努力（clumsy efforts）はしないほうがいい」と戒めています。特に、ステークホルダーから見て「言い訳」「ねじ曲げようとしている」と見えるようなことは、かえって社会的信用を一層失うからやめたほうがいいと指摘します。

政治家などの質疑応答でよく見られるように、本人は厳しい質問に対してうまく切り抜けたつもりなのかもしれませんが、周りは「苦しい言い訳」だとみんな分かっているようなことです。あなたの組織の会議室ではどうでしょう？

パラドックスへの対処策3：期待を再定義する

環境が変わったり、正当性を上げるために関連付けたはずの大きなトレンドが逆噴射したりした結果、せっかく獲得できた、あるいはしかかった社会的信用が危機に陥ったとすれば、そもそもそのベースとなったステークホルダー（社員、投資家、顧客等々）の期待を設定し直すしかありません。

そのときに大切なのは3つだと著者らは言います。一つは、シンボリック、あるいは外見ではなく、より具体的な中身（具体的な目標、仕組み、施策）で勝負すること。最初は夢を語って期待を高め、コミットを得たのですが、それが失敗したから単に「別の夢」を提示することは、そもそも難しいことですし、なかなか信じてもらえません。その意味で、別の角度からより具体的な提案をするのです。

もう一つは、これまでの「過去」を完全否定しないことです。過去の否定はベンチャー自体の否定、ひいてはそのベンチャーに期待をしてくれたステークホルダーの否定にもつながるからです。

しかし、かといって「失敗」は「失敗」ですので、そのまま済ますわけにはいきません。

従って、著者らが指摘するのは「物語を書き換える」ということです。環境が変わったわけですから、コンテクスト、そしてアウトプットは変わる。しかし、同じ登場人物を使うことによって、これまでの継続性を担保するということです。

著者らは、その違いを別の論文〔注5〕からの引用を使って次のように説明しています。

> スタートアップがフォーカスを変えるというのは、これまでの伝統的ビジネスが方向転換する、例えばハイエンドのファッションビジネスからゼネコンになる、のとは全く違う。それは、むしろレストランの料理の変更に近い。料理は大きく異なったとしても、同じシェフとスタッフが提供していることには変わりはない。
>
> 有名なツイッターの源流は、（ポッドキャストで失敗した）「Ｏｄｅｏ」。ビジネスは違えど、同じプログラマー、デザイナー、マネジャーで成り立っている。

〔注5〕
Bilton, N. 2013. *Hatching Twitter: A True Story of Money, Power, Friendship, and Betrayal.* Portfolio/Penguin: New York.

そして3つ目は、「関連付け」で失敗したときはその関連付けを断ち切ることが必要だということです。このときには、どのような「言葉」「専門用語」「スローガン」を「新しく使う」のかも大切です。

1980年代に人工知能（Artificial intelligence）をうたって多くのベンチャーが始まりました。しかし、パラドックス2で指摘したように、人工知能に関してはあまりにも期待が高くなりすぎ、結果として失敗に終わる企業が続出したのです。そのときにどうしたかといえば、人工知能という言葉でなく、「エキスパートシステム（Expert system）」という言葉に乗り換えたのです［注6］。最近日本では「FinTech」という新しい言葉が台頭しています。大きな期待を背に大勝したアベノミクスも、その大きな期待ゆえに苦戦しているようにみえますが、今後はどうでしょう？

［注6］
最近は過去の記憶も薄れ、再びAIがブームになりつつあるようです。

ビジョンと現実のジレンマにどう立ち向かうか

ここまでの議論では、ベンチャーに絡めて3つのパラドックスとそれに対する3つの処方箋をご紹介しました。すでにお気づきのように、3つのパラドックスに対応するための前提とは、「夢と実利のバランスをとらなくてはならない」「ステークホルダーのコミットメントを得るには高い期待を持ってもらう必要があるが、高すぎると期待を裏切る結果になる」「社会的信用（legitimacy）を得る近道は、すでに社会的に認知されたトレンドとの関連付けにあるが、そのトレンドが逆噴射するかもしれないから、あまりむやみに関連付けをしないほうがいい」という、「最適なバランス」の話です。

処方箋3でも、「過去はある程度否定しなくてはならないが、全否定はだめで、うまくコンテクストを変えて期待を再定義しなくてはならない」と著者らは指摘していましたが、まさにこれも「バランス」の話です。「常識と差別性」も全く同じことです。

その意味で、「パラドックス」と「バランス」、さらに言えば、どのようにして相反するような問題に最適のバランスをとるかという「ジレンマ」は、ベンチャー企業はもちろん大企業においても経営判断の難しさの本質です。

明確な戦略こそが大切 vs. 実行こそが大切

将来へのビジョンと現実的な施策実行をどう両立させるか？　これは戦略経営の古くて新しい課題であり、いまだにいろいろな人が（私を含め）、いろいろなことを言っています。単純に言えば「分析に基づき戦略をまずきちんとつくって、実行していく」派と、「大まかな方向さえ決めたら、あとは実行と修正の繰り返し」派に大きく分かれると言っていいでしょう。前者は経済学的なアプローチでハーバード的と言ってよいかもしれませんし、後者で有名なのはマギル大学のミンツバーグ教授、あるいは私もあちこちで引くＧＥのジャック・ウェルチ氏などが挙げられます。

まだ環境変化が今ほど激しくない時代、いち早く後者の論陣を張ったのが数年前に亡くなったジェームス・ブライアン・クイン教授（通称ＪＢＱ）です。晩年の彼は技術経営に特化していましたが（自然科学のトップジャーナル「Nature」を「聖書のように読んでいた」とおっしゃっていました）、それまではダートマスのビジネススクール卒業生が声をそろえて「最もタフなプロフェッサー」と呼ぶ、伝説の戦略担当教授でした。

彼が方向転換をしたにもかかわらず、いまだに戦略系の論文で引用されるのは１９８０年に上梓した書籍『Strategies for change: Logical incrementalism』です。この「Logical incrementalism」とは、言ってみれば「漸進的改善のすすめ」であり、一般に大きいこと、改革的なことをよしとする戦略の世界で、あえてマイナスのニュアンスをもつ「incremental」という言葉を使った刺激的な本です。

ビジョンと現実のバランスを求める「ロジカル・インクリメンタリズム」

プロフェッサーＪＢＱは今から35年近くも前、次のような指摘をしています。

1つの詳細な戦略をつくり上げ実行していくという考えは危険ですらある。結果として、硬直になりがちであり、コミットメントも薄まり、反対者を生み出してしまうからだ。

「ビジョンやゴールが共有化されることは、社内の資源配分の基準および業績評価の基準を共有するという意味で極めて重要である」としたうえで、詳細なビジョンを「前もって」決めることのリスクを挙げています。

・明確な方向性を決めると、それ以外の情報は価値がないというメッセージを出すことになる
・明確なゴールは社内の政治的な対立を助長しやすい
・ゴールをいったんトップがはっきり示すと、なかなか変更できない

逆に言えば、よいゴール、ビジョンとは次の3つの要素がなくてはいけないのです。

・全社を巻き込み、現場知識を持った様々な社員のあらゆる情報を生かし
・実行を担うそうした社員の純粋なコミットメントを奨励し
・効果的な戦略に不可欠の機会を捉える柔軟性を確保できるもの

従って、優れた経営者とは、意見の相違がある社員間でも共有でき、チャンスや環境変化に対して柔軟性を持てるよう、わざとゴールを曖昧（ambiguous）にし、最終的な決定はできる限り先延ばしにするというのです。あの有名な孫正義ソフトバンクCEOも、トップダウンで「ずばずば」決めそうに見えるのですが、実は「本当に決めなくてはならなくなるまで決めない」と言われています。しかし、当然ながら曖昧すぎたら何の意味もなくなります（これもジレンマの一つです）。

その意味で、プロフェッサーJBQは企業においてゴールを設定するとは、「ビジョンと、起業家的精神と、政治の微妙なバランスを考慮した繊細なアートである」というのです。

身近にあるゴールとプロセスのジレンマ

こうしたゴールとそれに至るプロセスのジレンマ的な話は結構、身近にもあります。新聞の夕刊で、高橋秀実氏と眉村卓氏が同じようなテーマのコラムを書いていらっしゃいました［注7］。

高橋氏は田舎の道の経験、さらには山登りやマラソンで「目標が見えると疲れる」が、「そこの電柱まで頑張ろう」と思えば走れるといった例を挙げます。さらには、「ビジネスでも目標設定は重要とされているが、むしろ些事をきちんとこなすことに没頭した方が結果的に目標を達成できるのだ」というパラドックスを指摘するのです。

眉村氏のコラムは「過程と全体」と題し、「格好だけそれらしく作った模型飛行機」は「ライフルの弾丸みたいに回転しながら宙に突っ込んでいき」、「一段階また一段階と進めていった」見かけのよくないプラモデルの戦車はちゃんと「動いた」という話でした。

［注7］
日本経済新聞 2014年10月24日、11月24日

さじ加減

ニュースになるような企業の成功、失敗だけを見ていると、「すごいビジョナリーな経営者」「全くだめな経営者」あるいは「能力があっても、全く実行できない組織」が目につきます。しかし、パラドックス、ジレンマを突き詰めて考えると、結局、そうした「大

成功」「大失敗」は一部の世界で、それ以外の大半は「ビジョナリー」と「現実」の間にある様々なジレンマに対して、どれだけうまくmanageできたか紙一重の場合が結構多いと言ってもいいのではないでしょうか。天秤を考えてみればよく分かります。51対49でも、90対10でも、答えは同じです。バランスをさせるには50対50でなくてはならないのです（これは、あくまでバランスの難しさの話をイメージで言っているだけですので、現実は例えば90対10が求めるバランスのときもあると思います――念のため）。

その意味で、先述の「リーダーの仕事とは、ジレンマをmanageすることだ」ということを極めて簡単に言ってしまうと、「経営とはさじ加減だ」ということであり、ＪＢＱの言葉では「繊細なアート」であるわけです。

いや、そんなこと分かっている。学者のように言うことは簡単だが、実際にその「さじ加減」が難しいんだ、とおっしゃる方は多いでしょう。私もそう思います。

サイバーエージェントの人事制度

話は一瞬変わりますが、今やベンチャーというよりは一流企業と言ったほうがいいかもしれない、サイバーエージェントの主な人事制度をいくつか挙げてみます［注8］。

［注8］
曽山哲人・金井壽宏『クリエイティブ人事　個人を伸ばす、チームを活かす』（光文社新書　２０１４年）

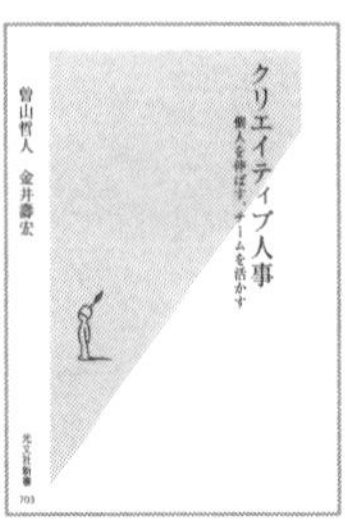

・ジギョつく（内定者を含む全社員が応募できる新規事業プランコンテスト）
・あした会議（本社役員が自ら選抜した社員とチームを組み、新規事業を考えて提案する）
・詰め切りセンター試験（有望だが課題のあるアイデアに対して各チームが具体的なプランにまで詰め切る合宿）
・モックプランコンテスト（サービスアイデアを試作品に落とし込んで提案するコンテスト）
・CA8（本社役員会。定員は8人で、2年に一度1〜3人が必ず入れ替わる）
・キャリチャレ（社内異動公募制度。上司にことわる必要なし）
・社内ヘッドハンティング（人事本部内のキャリアエージェントグループが適材適所のために面談を行って異動案を提示、役員会で決議する）
・2駅ルール（勤務オフィスの駅から2駅以内に住む社員に対し月3万円を支給する家賃補助制度）

まだまだ他にもありますし、細かい内容については書籍のほうをご覧いただくとして、いかがでしょうか？

ネット系のすごい会社として、とてもユニークなものもある一方、どこの会社でも一度は考えたものも多いのではないでしょうか？

ただ、サイバーエージェントの例でも、どれも最初からうまくいったわけでは決してなく、様々な反対や課題を踏まえ、いろいろ調整し、現在のかたちになっています。実際、本書の著者の一人であるサイバーエージェント人事本部長の曽山哲人氏は、自らの失敗経験をもとに次のように述べています。

> 制度は細かくつくり込んではダメなのです。もちろん、しっかりとした軸は必要ですが、制度自体はなるべく軽めにつくり、現場が運用しやすいようにしたほうがいいのです。
>
> 運用しやすい制度は社内に浸透します。逆に、いくらよくできた制度でも、現場でうまく運用されなければ長続きしません。「制度は計画が二割、運用が八割」。そのことを私はこのときの経験から学びました。

かと思うと、サイバーエージェント社長の藤田晋氏は、日本経済新聞電子版のコラム［注9］で、10年続いた「ジギョつく」を効果が薄いため廃止したとおっしゃっています。ただし、いつでも社員がアイデアを挙げるために人事本部副部長を「ジギョつく大使」として任命したと話していらっしゃいます。

［注9］2014年11月26日

「実行」があるから「さじ加減」ができる

話があちこちしているようですが、本当にここで申し上げたいのは、「人事っていろいろ課題が多くて、難しいよね」ということではありません。「当初の計画通りいくような戦略や施策はない」ということであり、「さじ加減」の不可欠さについてです。

そして、もう一つ重要なことは、結局**「さじ加減」は「やってみて初めてできる」**という当たり前のことです。「こういう課題があるから難しい」「誰々が反対しているから無理だ」「本当に費用対効果がプラスなのか分からない」……新しいことをやろうとするときには、いくらでも問題を指摘することができますし、その意味で「やらない」という決断をするのは簡単です。しかし、それでは決して「さじ加減」をすることはできませんし、

「さじ加減」の難しさを経験することもできません。「management」の本質を知る人材を育てることはできないでしょう［注10］。

社会的信用（legitimacy）は大切です。ベンチャー企業は社会的信用を得るために、ステークホルダーに対し夢を語り期待を持たせ、結果として環境変化に翻弄されます。一方で、大企業は社会的信用を守るために、危ないこと、リスクの高いことにはできるだけ手を出さないようにします。

しかし、社会的信用は、あくまで会社の成功、あるいは社員の幸福、社会への貢献といった「目的」に対する一つの「手段」、あるいは「必要条件」です。経営者にとって本当に必要なのは、企業の大きさ、社会的信用のレベルにかかわらず、経営とは「ジレンマへの挑戦」であるという原点に戻り、「さじ加減」に対して正面から取り組むことの大切さを認識することではないでしょうか。

そして、「さじ加減」とは、「実行」がまずあって初めて可能になるということも。

【注10】
実は、「management」とはもともとラテン語で「手」を意味する「manus」とイタリア語で「馬を調教する」ことを意味する「maneggiare」を起源とするそうです。馬に乗るというイメージ（私を含めあまり乗ったことのない人にも）、様々な、ときには相反するような状況に対処することが求められるという本質を、よりビビッドに理解できるように思います（これも前に触れた「隠喩」の一つです）。

第5章

意思決定のスピードを決める意外な要因

シリコンバレー企業の勝因と敗因

Eisenhardt, K. M. 1989. Making fast strategic decisions in high-velocity environments. *Academy of Management Journal*, 32:543-576.

この論文は、私の人生を変えた「運命の論文」です［注1］。１９９６年に前職のコンサルティング会社をやめ、６月29日に生まれたばかりの次男を含め８月に家族４人でテキサスに渡った時の、もともとの博士課程のアプリケーションには「企業の戦略的アライアンスの研究をしたい」と書いてありました。

実際、１９９４年にＭＢＡを終えてダートマスを去るときに、戦略系の先生、例えば『リバース・イノベーション』［注2］を上梓したビジャイ・ゴビンダラジャン先生（通常ＶＧと呼ばれています）にも「アライアンスはまだまだ研究されてない余地だから研究してみれば」と励まされ、帰国のあいさつにも「戦略的提携の研究を進めていきたい」なんて書いた記憶があるほどです。

［注1］
この論文が発表されたAcademy of Management Journalは、経営学会の中でも1、2を争うトップ学術誌です。

1年目の2学期にあった博士課程の授業（生徒は同期のたった6人）でこの論文を読んだとき、ああ、こういう研究をしたいと心から思いました。結果として、私の博士論文は「アライアンス」ではなく（実は90代後半はアライアンスが学会での大人気テーマになります）「意思決定」に近いですが、それからさらに一歩踏み出し「意思変更」、つまり、いったん行った重要な戦略決定がうまくいかない、間違っていると分かったときに企業はどのようなきっかけで、どう軌道修正を行うかを主題としました。M＆Aを行ったあとに売却する事例を集めて、売却しなかった事例と統計的に比較分析しながら論じたものです。

この論文の著者であるキャシー・アイゼンハート教授（当時assistant professor）は、この論文を皮切りに、次々とケースインタビューをベースにした「定性的論文」を（博士課程の学生と共著で）一流の学術誌に発表し続けます。定量的、つまり多くのサンプルを集め、統計処理をすることが主流の（つまりより科学的であるとみなされることが多い）学会では、異彩を放っています。

ちなみに、スタンフォード大学でも、彼女の所属はビジネススクールではなく、エンジニアリングスクールです。私もその著作を訳したことがあるボブ・サットンなど、組織や戦略分野で有名な教授がエンジニアリングスクールにいるというのはシリコンバレーにあるスタンフォードならではといえるでしょう。

【注2】
ダイヤモンド社 2012年

That's Interesting!

“That's Interesting!”（Murray Davis）という１９７１年の古典的な論文を第２章で紹介しましたが、この論文のポイントは「理論家が偉大といわれるのは、その理論が正しいからではなく、interestingだからだ」であり、それは「当たり前だと思っていたことに改めて注意を向ける」さらに「新しい理論が注目を集める唯一の方法は古い真理（言い伝え、決まり文句、公理、格言、ことわざ、ありふれた常識など）を否定することだ」という点でした。

このアイゼンハート教授の論文の基本構成は、まさに“That's Interesting!”を地でいくもの、つまり「一般的にはXといわれているが、実はYである」にほかなりません。本論文ではシリコンバレーのマイクロコンピューター企業8社（従業員50～５００人規模）のインタビューを通じ、意思決定のスピードの違いを生み出す要因を挙げています。一つひとつは以下で見ていきますが、意思決定のスピードに関して取り上げられている「一般的にはXといわれているが、実はYである」は以下の通りです。

1. 情報を広範に集めないほうが早い意思決定ができると思われているが、実際は多くの情報を活用している企業ほど意思決定が早い
2. 多くの案を考えないほうが早い意思決定ができると思われているが、実際は多くの代替案を検討している企業ほど意思決定が早い
3. 経営者が一人だけで決めたほうが早い意思決定ができると思われているが、実際は「アドバイザー」を活用している企業ほど意思決定が早い
4. 対立意見がないほうが早い意思決定ができると思われているが、実際は対立意見を出し、それをうまく解決する企業ほど意思決定が早い
5. 重要な意思決定は一つひとつ行ったほうが早い意思決定ができると思われているが、実際は大小複数の意思決定を関連させて検討している企業ほど意思決定が早い

あとでもう一度触れたいと思いますが、「一般的にはXといわれているが、実はYである」と言っていますが、よく見るとYというよりはX'と言っていいものばかりです。つまり、似ているけれど実は微妙に違う、XとX'の違いに気づいているかどうかが、企業の意思決定スピード、ひいては業績につながるのです。

では、1～5について、一つひとつ見ていきましょう。

1. 情報を広範に集めないほうが早い意思決定ができると思われているが、実際は多くの情報を活用している企業ほど意思決定が早い

日本企業、あるいは政府・官庁などでもよくいわれる「意思決定の遅さ」の原因の一つに、「もっと情報が欲しい」という点が挙げられます。そもそも、正解などあり得ないのに、これでは不十分だ、もっといい解があるのではないかと情報を求め続けるため、意思決定がどんどん延びていく、場合によってはその結果、さらに環境が変わってしまい、過去の情報が役に立たなくなり、だからもっと情報を……といった悪循環に陥ってしまうことも少なくありません。ですから、情報を集めすぎないほうが意思決定のスピードは早まるというのは一般的な考えであると思いますし、そうした少ない情報で意思決定のできる「胆力」が日本人のリーダーに必要なのだという声もよく聞きます。

これは、半分は正しいのだが、半分は間違っている……同じスタンフォード大学のフェファー、サットン両教授流［注3］に言えばそういうことをアイゼンハート教授は指摘します。そもそも、「情報」って何だ？　というところからその投げかけは始まります。例えば、

将来の市場の成長性とか、今後の計画とか、そうした「予測情報」ではなく、「リアルタイムの情報」こそが本当に大切な「情報」だというのです。

サンプルの8社の中で、意思決定の早い企業と遅い企業を注意深く比べ、アイゼンハート教授はなぜ「リアルタイム情報」が重要か、3つの理由を挙げます。まず、現在の問題とチャンスが明確になること、リアルタイムの情報に触れ続けることで「経営者は自分の直観を進化させ続けることができる」、さらにリアルタイム情報を交換し続けることで経営層の中に一定の共通した見方が生まれることを挙げています。これは、拙著［注4］で強調したコミュニケーションの大切さとつながる点でもあります。

2つ目の「直観（intuition）」の話は、科学的に説明しにくいですし、ちょっと怪しくなりがちなので学者としては触れにくい点ですが、実際の経営者の方はよく分かるのではないでしょうか。少し話は違いますが、天気予報の精度が向上した大きな理由は、コンスタントにフィードバック、つまり当たったか外れたかがすぐ、しかも毎日分かり、それに対して対策を考えたからだといわれています。リアルタイム情報に頻繁に触れることを通じて、「直観（intuition）」あるいは「仮説」を進化させることができ、早い意思決定につながるのです。一方で、将来の予測、プランニングは「何が本当に起こっているかというビジネスの実感を経営層がつかむには役に立たないことに注意しなくてはならない」とも指

［注3］
Hard Facts, Dangerous Half-Truths, and Total Nonsense（邦訳『事実に基づいた経営』東洋経済新報社 2009年）

［注4］
『戦略と実行』（日経BP社 2011年）

摘しています。

最近日本のある企業の幹部研修をしたときに、「これまで営業会議を2週間に一度、3時間とってやっていたが、実は朝10分毎日やったほうがはるかに効果的だということが分かった。なぜ今までそうしなかったんだろうと思う」という話がありました。リアルタイム情報の重要性、そしてそれが迅速な意思決定につながるもう一つの例ではないかと思います。

以前、産業再生機構にいた後輩に慶應ビジネススクールのクラスにゲストとして来てもらったときに、こんなことも言っていました。

> 社長が1年前にやると言ってできなくても、みんなああそうか、仕方がないかと思う。でも、1週間前にやると言ってできなければ、「うそつき」と言われる。
> 経験則で言えば、業績なり進捗なりを管理し、施策を考えていくのは1週間というのがいいと思う。

2. 多くの案を考えないほうが早い意思決定ができると思われているが、実際は多くの代替案を検討している企業ほど意思決定が早い

いろいろな案がありすぎると、それぞれの案の評価に手間取るし、場合によってはどれがいいのか迷いすぎてしまう。その意味で、1つか2つの案に絞って深く検討したほうが意思決定が早くできるのではないか……。これまた一般的にはそうだと思いやすいのですが、「半分は正しいのだが、この教えも半分は間違っている」のだとアイゼンハート教授は言います。

意思決定の遅い企業は1つ2つの案を深く検討し、それがだめだとなって初めて別の案を検討する傾向があり、それがだめな理由として、4つの理由が挙げられます。

まず、案というのは1つだけでは評価できないこと[注5]。つまり、他の案と比較して初めてよい点、悪い点が明確になるのです。「よさそう」に見えても、他にもっとよい案があったりするかもしれませんし、「だめ」と思っても、それが最善の案であるかもしれません。また、1つの案に絞ると、どうしてもその案を生かそうとして「escalation of commitment」(例としてベトナム戦争などがよく挙げられますが、だめだと分かっていても、抜き差しならなくなってコミットし続ける、投資し続けること)になりやすいことも

[注5]
この点は、オリンピックの選手選考でも同じことがいえます。

あります。

3つ目の理由は、同時に複数の案を検討することで、どれかの案がだめと分かっても別の案が待っていることです。4つ目としては、検討のために必要な時間は代替案の数と正比例しないということです。つまり、1つの案を深く検討して結論を出すより、複数の案を浅く検討したほうが、前述の3つの効果と相まって、より早くかつよい決定ができることが多いのです。

実際、こうした意思決定の前提となる企業自体の強み、弱みの評価についても同じことがいえそうです。自社の技術、自社の強み、弱みを評価するのに、自社の経験しかない、あるいは現場の経験は10年以上前のことだ……といった役員が集まって一生懸命考えても、世の中、あるいは競合から見た姿とは全く別の像を描いてしまうかもしれません。

3. 経営者が一人だけで決めたほうが早い意思決定ができると思われているが、実際は「アドバイザー」を活用している企業ほど意思決定が早い

最近の日本の電機業界はサムスンやLGと比較されることが多いと思います。そして、（おそらく家電業界だけではないのでしょうが）繰り返し指摘されるのが「強いリーダー

シップ」への願望、あるいはその欠如への嘆きです。意思決定にしても、トップがガッと決めて、それを一斉に実行することが企業の早さであり、強さなのだというのです。

注意しなくてはならないのは、「1人で決める」ことと「一人だけで決める」ことは同じように聞こえますが、全く違うということです。XとX'が異なるように。

原文では「counselor」という言葉が使われていますが、ちょっとピンときにくいので日本語では「アドバイザー」と訳しています。要はその業界、あるいはシチュエーションに関して経験を持っている人のアドバイスを参考にして「一人で決める」ということです。アイゼンハート教授はそうしたアドバイザーの重要性について、(1)代替案を与えてくれること、(2)未経験だったり、非常に不確実であったりする状況に対して意思決定の支えになることを指摘します。「自信」を与えてくれるというのです。そして、それは必ずしも「正確」だからではないというのです。

「正確」でもないのに、なぜ「自信」が与えられ、かつ早い意思決定につながるのか?

未来を完全に見通せる人はいません。であるとすれば、過去の経験が豊富だからといって、必ずしもその経験が未来で使えるとは限りません(よく、成功体験の罠ということが言われます)。そうした局面の意思決定で最も大切なことは「自信」なのです。どこまで調べても、情報を集めても、結局「確かな答え」はないとすれば、意思決定をして、先に進み、そこで情報を集め、よりよい方向に軌道修正をしていくしかないのです。「情報を集めて決断する」のと同じかそれ以上に「情報を集めるために決断する」ことが重要なのです。

ビジョナリーだ何だといわれている経営者も、試行錯誤の中で切り開いているにすぎないことは多いのです。ミシガン大学の社会心理学の大家、カール・ウァイクがよく引用する、ハンガリー軍がアルプスで遭難したときの話がそのあたりのことをよく表しているでしょう。ある一人の兵士のポケットに地図が入っており、その地図を使って一隊は無事下山できたのですが、あとになって、その地図は全く違うピレネー山脈のものだったことが分かったという話です。

「経験」は多くのもの、代替案だけでなく「自信」「心理的な拠り所」を与えてくれるのです。「根拠のない自信」なんて時々言われますが、結局「根拠」であるのは「過去の実績」である場合がほとんどであるとすれば、新しい局面で「根拠のある自信」は存在しません。しかし、企業は、経営者は進まなくてはなりませんし、そこで進めるかどうかが競争での勝者と敗者を決めるのです。

アイゼンハート教授はさらに「不安、情報不足、そして時間がないために意思決定がしばしば遅れる」と指摘し、例えばＣＥＯが「一人だけで」意思決定をしようとするとき、情報が届かなかったり孤立感が深まったりして、逆効果になることに警鐘を鳴らしています。

4. 対立意見がないほうが早い意思決定ができると思われているが、実際は対立意見を出し、それをうまく解決する企業ほど意思決定が早い

アイゼンハート教授の論文には組織内のポリティクスを扱ったものもあり［注6］、その意味で同じ組織といえども、いろいろな利害の対立、駆け引きがあることは百も承知です。当然ですが、そうした対立があればあるほど、意思決定のスピードは遅れそうです。

ここでXとX'の違いは何でしょうか？　そうです、「対立がない」ということと「対立意見を言わない」ということはXとX'どころかXとZくらい全く違うということです。「対立意見が出ない」ということは、「対立がない」からかもしれませんが、おそらく世界中の企業の99％は「対立意見を言わない」「対立を隠す」からではないでしょうか？

従って、「対立があるかどうか」は、実は意思決定のスピードとはほとんど関係ないのです。時々「意見の対立があるから決まらない」と嘆く経営者の方がいらっしゃいますが、それは「顧客がわがままだ」と言って嘆くのと同じです。組織には対立が必ずありますし、

［注6］
Eisenhardt, K.M., & Bourgeois, L.J. III 1988. Politics of strategic decision making in high-velocity environments: Toward a midrange theory. Academy of Management Journal, 31: 737-770.

顧客はわがままなものに決まっています。それを言い訳にするのは、手が使えないからサッカーの試合に負けたというのと同じです。

話が少しそれましたが、意思決定の早い企業はほとんど次のステップを取っているとアイゼンハート教授は指摘します。（1）すべての関係者の意見を出したうえでコンセンサスを得ようとする、（2）もし得られない場合は、すべての人々の意見を踏まえたうえでCEOあるいは担当役員が決定する［注7］。

一方で、意思決定の遅い企業はコンセンサスが「生まれるのを待っている」ケースが多いのです。そもそも意見が違うからコンセンサスが得られないのに、待っていても何も起こらないのが普通です。結果として、多くの場合「締め切り」、例えば決算発表だとか、社長交代だとかに押されて、「仕方なく」「足して2で割るように」決めているのです。

面白いことに、私が博士課程で調べた「意思変更」については、この「締め切り」「関係ない外部的イベント」が大きな役割を果たしていることが分かっています。例えば、買収した企業の業績が悪いから失敗だとして売却する、というのは一見もっともなのですが、1回赤字になったらすぐ売却するという企業はほとんどありません。「今期は特殊だ」「統合が進んだら黒字になる」などと考えるからです。その赤字が、2期、3期と続いた場合、いったい「いつ」売却を決めるか？　私の研究では「CEOの交代」「新任外部取締役の

［注7］
柴田昌治氏の名作『なぜ会社は変われないのか』（日経ビジネス人文庫　2003年）で、「衆知を集めて1人で決める」という言葉があったことを思い出します。

参加」「業績悪化のスピード」などが買収企業の業績悪化と相まったときに、売却の比率が大きく上昇することが統計的に証明できています[注8]。

面白いのは、**「役員連中は自分で決めないでいいのならいろいろな意見を言う」**という指摘です。つまり意思決定には参加したい、でも自分が本当に関係あることを自分が決定するのはいやだという思いを、アメリカでも役員は思っているのです。

いろいろな意見を言わせ、そのうえでCEOなり担当役員が決定をすることは、様々な角度から論点を議論できるだけでなく、役員の「参加感」を十分満たすこともできるのです。実際、心理学の研究では「自分の意見が通らなくても、意思決定に参加をしたという意識がある社員は、決定の実行により積極的に関与する」ことが明らかになっています。

5. 重要な意思決定は一つひとつ行ったほうが早い意思決定ができると思われているが、実際は大小複数の意思決定を関連させて検討している企業ほど意思決定が早い

「重要な案件を絞って、その決定に集中すること」「枝葉のことは、幹が決まってから考えればよい」ということで、重要な意思決定を一つずつやっていったほうがよさそうなものですが、アイゼンハート教授はまたもそうした「なんとなく正しいと思っている前提

[注8]
Shimizu, K., & Hitt, M.A. 2005. What constraints or facilitates divestitures of formerly acquired firms? The effects of organizational inertia. *Journal of Management*, 31: 50-72.

(weakly held assumption)」は間違いだと言います。意思決定をする重要な案件ばかりか、細かな戦術的な案件も考慮に入れたほうがより早い意思決定ができるのだというのです。

そう言われると本当かという感じですが、次のような実例を聞くと「はっ」とされる方もいらっしゃるのではないでしょうか。

オムニコン（仮名）の役員たちは、具体的にどのような戦略にするのかも考えず、戦略の変更が必要かどうかだけを1年かけて議論した。変更が決まったあと、新たな戦略をさらに6カ月かけて立案した。しかし、戦略ができたときにはまだ、どのような商品を具体的に開発し、どのように実行していくかはまだ白紙のままだった。

複数の案件を同時並行的に、関連付けながら意思決定をすることのメリットはいくつもあります。1つは、いろいろな角度から案件を検討できること。さらに、実行という具体的な視点を持ち込むことで、できるかどうかの曖昧さが減ることです。先に述べた「自信」という点とも関わってきます。そうした関連付けがないと、「重要な意思決定」は往々にして「抽象的な意思決定」になってしまい、議論や解釈がどうしても曖昧になってコンセンサスが取りにくくなりますし、仮に取れても実際の実行でつまずく、あるいはさらに時間が必要になることが多いのです。

意思決定スピードと業績

本論文で唯一、あまり"That's Interesting!"でないのが最後の結論です。意思決定の早い企業は業績がよく、遅い企業は業績が悪いというのです。デービスの言葉を借りると"That's obvious"ということになります。ただし、その理由は「環境変化が速いから」という表層的なものではありません。

まず大切な理由は学習です。すでに「情報を集めて決断する」のと同じかそれ以上に「情報を集めるために決断する」ことが大切であることを指摘しましたが、不確定な環境下では早く決定し、その結果を次のよりよい決定につなげていくほうが、一生懸命情報だけ集めて考え込んでいるよりもはるかにいいということです。そして、もう一つの理由として挙げられているのは、よく言われるように「チャンスの女神に後ろ髪はない」ということ、つまり環境変化の激しい中でタイミングが一層大切だということです。

日本企業への示唆

この論文が発表されたのは今から30年近く前です[注9]。そのころから「意思決定のスピード」に対する問題意識はこれほど高かったのです。最近では日本でもスピードの重要性が指摘されるようになりましたが、それでも、例えばシンガポールや上海で現地駐在の方と話すと「華僑のスピードは日本の3倍速だ」「いや10倍速だ」などとびっくりするような話がいくらでも出てきます。日本企業が日本の本社にお伺いを立てているうちに、競合となる海外企業ではどんどん話が決まってしまうとすれば、日本企業はチャンスに乗り遅れるでしょうし、仮に決定が失敗に終わっても得られる「学習」も得られることはありません。試合に出て負けるならともかく、試合にすら出られないのです。結果として、差がつくばかりだということです。

おそらく日本の経営者の多くは、どこかで「スピードに対する概念」と「正確さに対する概念」を見直さなくてはいけないのだと思います。電車の時間の正確さ、工業製品の品質の高さに代表される「緻密さ」を求める文化は、環境と目的がはっきりしていればものすごい力を発揮できます。しかし、環境が不確実でどんどん変わるし、技術も競合もどう

[注9]
実際、Academy of Management Journalにアクセプトされる場合、一発でOKということはなく、レビュー(査読)をする審査員が一度コメントをして差し戻しているはずですし、アクセプトしてから若干のタイムラグもあるので、論文自体に実際にインタビューをした時期などは書いてありませんが、さらに1~2年くらい前だと考えてよいでしょう。

なるか分からないといったとき、「正確さ」を求めてもそれは「ムービングターゲット」でしかありません。

つまり、ターゲットがどんどん変わるので、ターゲットをまずとらえて取り組もうという姿勢では、いつまでたっても決まらないし、事は起こせないのです。早く始めて、早く失敗すれば傷も浅くて済みます。正確さを求めることは、往々にして決定の先延ばしにつながり、さらに世の中に遅れて乾坤一擲の投資をして失敗したときの痛手の大きさはプラズマテレビの例がよく示しています。

「そうだ、そうだ、だから日本の経営者は変わらなくてはならない。正確さよりもスピード重視だ！」よく聞くそういう話の行き着く先は「胆力のあるリーダー」「失敗を恐れないリーダー」ということで、スーパーリーダー願望です。そういうカリスマリーダーが現れればすごいのですが、実はもっと基本的で、スーパーリーダーでなくてもできるより大切なことが2つあります。

一つは「タイミングの感覚」を磨くことです。確かにスピードは大切ですが、必ずしも常に早いほうがよいわけではありません。ジム・コリンズの『ビジョナリー・カンパニー4――自分の意志で偉大になる』[注10]でも「早く行動しすぎるとリスクが高まる。遅く行動しすぎてもときリスクが高まる」と指摘し、次のような経営者の言葉を挙げています。

【注10】 日経BP社 2012年

確かに、不確実性を取り除きたいと願うのは人間の習性だ。でも、そう願うことで早急に判断を下してしまうこともある。時として早すぎることも。……だから、状況を見守る時間があるならばそうする。何が起きているのかもっとはっきりするのを待てばいい。もちろん、そのときが来たら一気呵成に行動できなければならない

そしてもう一つ同じかそれ以上に重要なことは「準備をしておくこと」です。「先ほどから環境変化が激しい、不確定だと言っておいて、準備などできるわけないじゃないか」と思う方もいらっしゃるかもしれません。おっしゃる通りです。「完璧な準備」など決してできません。しかし、「準備」をすることはできます。

例えば、M&Aでいえば、ある魅力的な会社が売りに出ると、なかなか踏み切れずにせっかくのチャンスを見送ってしまうか、あるいは「競合が買うかもしれない」などと投資銀行にせかされて、勝算もないまま高値で買ってしまうかのどちらかが多いのではないでしょうか。

しかし、事業を考えたとき、グローバルで勝ち残るためには何が必要かはある程度分かるはずです。それは、中核技術かもしれないし、流通網かもしれません。そうした中長期的な戦略の考え、つまり「準備」があったとき、ある会社が売りに出れば、それが自社にとって必要なピースかどうかは迅速に判断できるはずです（買収価格のネゴシエーションなどはまた別にあります）。そうした「準備」なしに、「○○会社が売りに出るらしい、どうしよう」と考えていても、迅速でよい意思決定ができるわけはありません。もっと積極的に「世界のモーター関連会社を視野に入れ買収候補をリストアップし、タイミングを見ながら当社からアプローチする」とおっしゃるのは日本電産の永守重信社長です［注11］。

不確実な環境で勝ち残るためには、意思決定のスピードが必要なことは明らかです。アイゼンハート教授が指摘した5つのポイント、そのために必要なすでに挙げた「タイミングの感覚」「準備」にもう一つ足すとすれば、CEO、経営者の仕事とは難しい意思決定をすることであり、そうした人材を選ばなくてはならないということではないでしょうか。

時々、新聞記事などでリーダーの言動が「反対意見を押し切って決めた」と形容されることがあります。個人的には「アホか」と思ってしまいます。反対意見がないのなら、リーダーなんて必要ないのです。コンセンサスがあるに越したことはないのですが、それを待っていて、いったいどれだけの時間やチャンスを無駄にしたことでしょう？　リーダー

［注11］
日本経済新聞　2013年3月1日。

の仕事とは、そもそも「反対意見を押し切って決める」ことであり、人望とかはその次の話です。

第6章

「分析」で人間組織は動かない

ポーター理論への痛烈なアンチテーゼ

Mintzberg, H. 1994. The fall and rise of strategic planning, *Harvard Business Review* (Janurary-Februray): 107-114.
邦訳：ダイヤモンド ハーバード・ビジネス・レビュー、2003年1月号

マギル大学のヘンリー・ミンツバーグ教授の名前は、日本でもご存じの方がかなり多いのではないでしょうか？　ハーバードのマイケル・ポーター教授のような業界分析やポジショニングを戦略策定の中心と考える「ビジネスに強い関心を抱いている経済学者」とは一線を画し、早くから経営者の人間としての現実的な側面、戦略の創発性（emerging strategy）の重要性について指摘をされてきました［注1］。統計的な分析を使った定量的な論文が主流の経営学会でも、インタビューなど定性的な手法で多くの優れた論文も発表しています。

ちなみに、学術業績ではもちろん、企業への影響力もポーター教授に負けないほどだと思うのですが、世の中的にはポーター教授に圧倒的に差をつけられているのも事実です。

［注1］
おそらく本論文以上に有名なのは1975年、やはりハーバード・ビジネス・レビューに書いた「The manager's job: Folklore and fact」（邦訳「マネジャーの職務」2003年）。また、1991年にStrategic Management Journal上で交わされたアンゾフ教授との論争も有名です。

いかにも「エリート教授」然としたポーター教授に対し、「さえないおっさん」を絵に描いたようなミンツバーグ教授の風貌によるのかもしれません。ただ、そのあたりもまた彼の主張と切っても切れない感じもします。

戦略プランニング（strategic planning）と戦略思考（strategic thinking）

さて本題に入ります。「戦略プランニングと戦略思考は異なる」というのが本論文のポイントです。この論文はミンツバーグ教授の同名の本のエッセンスをまとめたものです（本の宣伝を兼ねてよく使われる手法です）が、現在の日本企業を含めて、多くの企業に対して「今のやり方でいいのか」という本質的な問いを投げかけているように思います。問いの重要性は経営学者として最も重要なところだと私も固く信じており、第2章でもふれましたが、よくクラスや講演で私も次のように言います。

> よい（good）クラスは、分からなかったことが分かるようになる。
> もっとよい（great）クラスでは、分かっていたと思っていたことが実は分かってい

なかったと分かる。

なぜなら、「分かっていない」ことが分かっていれば、人も企業も失敗することはまずないからです。分かっていなければ、人に聞いたり、調べたり、慎重になったりするでしょう。失敗するのは（あるいは、失敗し続けるのは）、自分が「分かっていると思い込んでいる」「分かっているはずだと深く考えない」ときに起こります。

その意味で日本でも海外でも「戦略プランニング」なんていうと、それさえしっかりとできれば企業の業績も上がりそうだし、業績が上がらないのは「戦略プランニング」がしっかりしていないからだ――と分かったつもりになっていないかというのが、ミンツバーグ教授の問題指摘です。そもそも「戦略プランニング」自体を正しく理解していなければ、できているもできていないもないだろう、とその前提が間違いなのです。

結論から言えば、以下のようになります。

これまで（原文では１９９４年までということですが、今でも結構そうなのではないかと思います）「戦略プランニング」と思われていたのは「戦略プログラミング（strategic programming）」であり、本来の経営、つまり戦略策定に必要な「戦略思考」とは似て非なるものである。「戦略プランニング」は、（すでに存在するデータや部門の）分析（analysis）であるのに対し、「戦略思考」の本質はそうしたデータはもちろん、経営者がこれまでにしてきた経験や自らの考えをフルに使って新たな洞察を生み出す統合（synthesis）にあるのだ。そして、その「戦略思考」が最も必要とされるのは新たな事業を生み出すときである。戦略思考を通じて生まれた戦略にコミットし、実行を通じて新たな情報を学習し、戦略をさらに進化させる継続的なプロセスこそが戦略経営なのだ……とこんな感じです。

例えば、エドウィン・ランドが生み出したポラロイドカメラについて、「（なぜ撮った写真が今見られないのという）娘の質問に触発されて頭に浮かんだ洞察と、彼の頭の中にある膨大な専門知識が統合された結果」と指摘するのです。分析や理屈が大切なことは言をまちませんが、新規事業というのは「理屈だけ」では決して成功しません。

分析の限界と日本企業

ミンツバーグ教授も指摘するように、そして多くのビジネスパーソンが経験をするように、新規事業というと「市場の成長性はどうか」「利益率はどうか」などというデータ分析から始まることが多いのが現実です。あるいは「○○という企業がこうして成功している」といった成功事例を求めることもあるかもしれません。

そして、成長性が高く、利益率も高く、成功しそうな事業に新規参入した結果はどうなっているでしょう？　ほとんどの場合、猫も杓子も参入し、過当競争になって、赤字、またはギリギリの採算で、「次の柱」にするんだという当初の掛け声はあっという間に（わざと）忘れられ、撤退だ、原点に戻るんだという話になっていないでしょうか（赤字事業から撤退ができないという声もよく聞きますが）。結局、客観的な分析に基づく＝どの企業が考えても同じ結論に行き着くわけですから、儲からないのは「理屈」です。そして、それこそが「戦略プランニング」と「戦略思考」を混同したときに起きる最も大きな問題なのです。

実は、２００８年4月に同じくハーバード・ビジネス・レビューに書かれた、ハーバード大学のシンシア・モンゴメリー教授の論文「Leadership back in strategy」（邦題「戦略の核心」）で同じようなポイントが指摘されています。

かれこれ25年ほど前から、戦略は分析的な問題解決の方法であり、左脳型の作業としてみなされるようになった。このような認識から、また「戦略は金になる」ということから、ＭＢＡホルダーや戦略コンサルタントといった一種の専門家が現れた。彼ら、彼女らはフレームワークやテクニックで武装し、業界分析や優れた戦略を指南し、経営者の良き参謀となった。
戦略は大局的な目的から遠く離れ、競争ゲームの計画に矮小化されてしまった。

こうしたポーター教授に対する批判ともとれるようなコメントが同じくハーバード大学から出てくるのもなかなか面白いのですが（章の冒頭の「ビジネスに強い関心を抱いている経済学者」もこの論文からの引用です）、実はそうした考えは過去から綿々と続いているのです。そうです、第３章で取り上げた論文「ストラテジック・インテント」が１９８９年に「戦略が注目を集めるのに従い、活力を失っていった」と指摘したのも同じです。

さらに少し飛びますが、一橋大学を随分前に退任された野中郁次郎先生は、日本メーカーが世界を席巻していた１９８７年にハーバード・ビジネス・レビューで、「日本企業は欧米企業のように大規模なマーケット調査というものをしない。トップやミドルが現場に行って直接得られるソフトデータを大切にして判断している」と指摘されています［注2］。

［注2］
Johansson, J.K., & Nonaka, I. 1987. Market research the Japanese way. *Harvard Business Review*: May-June, 16-22

これは、まさにミンツバーグ教授が言う「戦略思考＝strategic thinking」、つまり経営者がこれまでにしてきた経験や自らの考えをフルに使って新たな洞察を生み出す統合（synthesis）ということです。

こう考えてくると、日本企業が元気がなくなったといわれるのは、ポーター教授が指摘するように「戦略がなかった」[注3]のではなく、「戦略プランニングと戦略思考」を混同してしまったことにあるのではないかと思われてなりません（もちろん他にもたくさんの理由があるでしょうが）。

アメリカ型経営、MBA、戦略コンサルティング……そうした「分析」型の経営を取り入れていくうちに、本来の目的であった「戦略思考に基づく統合（synthesis）」が失われ、過去（の栄光）にこだわり、未来（のリスクと可能性）を忘れてしまったのではないでしょうか[注4]。

プランニングの3つの誤解

それではなぜ間違えてしまうのか？　ミンツバーグ教授は「プランニングの問題は分析を重視し、コミットメントを伴わないことだ」と強調します。計画、プランニングは出発

[注3]
Porter, M.E. 1996.What is strategy? *Harvard Business Review:* March-April, 61-78.

[注4]
ちなみに、ミンツバーグ教授は、ポーター教授の指摘に対して「日本企業は戦略を学ぶより、ポーター教授に戦略的学習を教えたほうがよいだろう」と批判していることも付け加えておきます。(Mintzberg, H.& Lampel, J. 1999 Reflecting on the strategy process. *Sloan Management Review:* spring, 21-30.）残念な

点にすぎず、それに対して経営者も社員もコミットをして変更を加えながら実行しようとしなければ、結果が出るわけはないということです。戦略というものが将来のプランであれば、過去のデータの分析がそのままあてはまるわけはないのですが、いつの間にか「戦略らしきもの」をつくることで何か達成した気になってしまうのです。「仏作って魂入れず」です。

ミンツバーグ教授はそうなってしまう原因として3つの誤解（fallacies）を指摘します。戦略プランニングにしろ何にしろ「計画を作る」ことにはいくつかの前提があり、それがあてはまる場合とあてはまらない場合があるわけですが、そうした当たり前の点が見逃されてしまっているというのです［注5］。

まず、1番目は「予測可能という誤解」です。「戦略プランニングは、ある計画が策定されている間、世界は変化をせず、その計画が実行されている間も想定通りに進むことが前提となっている」ということです。「そうでも考えなければ、毎年6月1日に戦略案が提出され、15日に役員会で承認されるという決まったプロセスが存在するのを説明できない」と言います［注6］。

さらに、返す刀で大御所アンゾフ教授の「プラスマイナス20％の確度で予測が可能な期間をその企業のプランニングの期間とすべきだ」という提唱を「ばかげている」（What an

がら、どうもそうはならなかったようです。「和魂洋才」がいつの間にか「角を矯めて牛を殺す」結果になっていたのではないかと思います。

［注5］
このあたりの点については、私も全く同意見で、こうしたミンツバーグ教授、他の先生や経営者の意見に自分なりの考えを付け加えてまとめたものが拙著『なぜ新しい戦略はいつも行き詰まるのか？』（東洋経済新報社2007年）になります。

extraordinary statement!）と一蹴します。

2つ目の誤解は「detachment」つまり、「別々のものだと思ってしまう誤解」です。ミンツバーグ教授は切り離されて考えがちなコンセプトとして「戦略とオペレーション（あるいは戦術）」「策定と実行」「企画策定者と実行者」「戦略家と戦略の目的」を挙げます。その背景にあるのは戦略プランニングという仕組みさえつくれば、あとはうまくいくだろうというこれまた誤解です。

だからこそ戦略には、意図的に、データに基づいてつくられる（deliberate）部分と、実行の中で新たに発見された事実をもとに創発的、偶然的につくられる（emergent）部分とがあるのです。「ビジョンは見ようという意思がなければ見えない。同様に、戦略は自らの手を汚してよりよい戦略を求めようとする中で生まれてくるものだ」とミンツバーグ教授は言います。

これと関連した3つ目は「定式化・システム化の誤解」です。システム化すれば情報処理は効率化するという思い込みです。確かに、それは、例えばオペレーションレベルではいろいろあるでしょう。しかし、戦略レベルでは決して効果がないどころか事態を悪化さえさせるというのがミンツバーグ教授の意見です。

システムは客観的情報を「処理」することはできても、それ以外の情報を（人間がする

［注6］
実はこのポイントはコンサルタントたちからも「（本来機動的であるべき）戦略策定がカレンダーにのっとった年中行事になっていることが問題である」と指摘されています。Mankins, M.C., & Steele, R. 2006.Stop making plans: Start making decisions. *Harvard Business Review*: January, 76-84.

ように）内部化し、理解し、統合する（synthesize）ことはできないからです。「プランニングは学習することがない」のです。さらに言えば、（これは社会学者のカール・ヴァイク教授もよく言いますが）、人間は行動するために考えるだけではなく、考える（情報を得る）ために行動することもあるのです。

プランの根本的な問題は、過去のデータに基づいているため、新しい出来事や情報、特に非連続な将来についていけないことです。その意味で一般に「戦略プランニング」と呼ばれている作業は「戦略プログラミング」というのが正しく、次で述べるよう誤解のないように使うことが大切です。

リーダーは戦略スタッフを使いきれているか？

ここまで戦略プランニングと戦略思考は異なる、戦略思考に基づく統合（synthesis）こそ戦略の魂であるという話をしました。それでは、戦略プランニング＝戦略プログラミングの本当の役割を考える前に、もう一度本当の戦略策定のあり方についての確認です。事業の責任者（リーダー）とプランナー（戦略スタッフ）は違うことを前提に、２つのことが重要であるとミンツバーグ教授は指摘します。一つは事業の責任者が戦略策定にコミットすること。

そして、見落とされがちなもう一つは、すでに何度もふれてきたように、リーダーはフォーマルなプロセスに頼っているだけでは決して意味のある戦略を立てることはできないということです。

実はこの点についても、先述のモンゴメリー教授の指摘と非常に似たところがあります。彼女の論文には、大変分かりやすい比較をした表がありますので示します。

ここで、ミンツバーグ教授が触れていない大変重要な点は「企業のゴールとは価値の創造である」（確か、ドラッカーは「顧客の創造」と言ったと思いますが、同じような意味でしょう）というところです。ハーバードのエグゼクティブプログラムで参加者に問われる「あまりにも基本的でなかなか経営者が答えられない質問」として、次の3つが挙げられています。日本の経営者・幹部にも考えてほしい質問です。

1. もしあなたの会社がなくなったら、だれが困るか？　それはなぜか？
2. 同じく、一番困る顧客はだれか？　それはなぜか？
3. どれくらいの時間であなたの会社の代わりとなる企業が現れるだろうか？

	よく聞くアプローチ：戦略＝問題解決	見失われた考え：戦略＝ダイナミックなプロセス
企業のゴール	長期的な持続的優位性	価値の創造
戦略策定のリーダーシップ	CEOとコンサルタント	CEOこそが戦略策定者：アウトソースしてはならない
戦略の「形」	左脳的分析に基づいた、変更してはならないプラン	新たな情報を取り入れ、進化していく有機的プロセス
時間軸	短期集中の戦略策定後、比較的長期の実行フェーズが来る	毎日が戦略策定と実行の繰り返しで、「終わり」はない
取り組み方	長期にわたって現在の戦略を守り抜く	長期にわたり優位性を強化し企業を進化させる

戦略プランニングの本当の役割

戦略プランニング（本当の意味では戦略プログラミング）、プラン、そしてプランナー（戦略スタッフ）の価値、役割とは何か？　戦略スタッフはリーダー＝意思決定者がよい意思決定をすることを助けることが仕事です。分析から戦略が生まれるわけではありませんが、分析は良い戦略策定に貢献するのです。

よく「うちのトップは意思決定が遅い」などと言って自社の経営者をこき下ろしている「優秀」なスタッフがいますが、「トップが迅速に意思決定をできるような情報をトップに提供できているのか」という質問に答えきれない場合が多いように思います。ミンツバーグ教授はそれぞれの役割と価値としてそれぞれ次のように指摘します。

・戦略プログラミングとしてのプランニング

リーダーのビジョンや経験の統合である戦略を明確化し、なぜそれが機能するのかをはっきりさせ、さらに深掘りをして実行可能な課題とスケジュールに落とし込むこと。ただし、環境変化が激しかったりして戦略自体の進化が予想される場合には、プログラミングは逆効果もある。

・コミュニケーションやコントロールの手段としてのプラン

プログラミングによる戦略の明確化によって、組織全体での共通の方向として共有が可能になる。さらに、明確化によって外部のステークホルダーにも説明が可能になる。

・戦略発見者［注7］、分析家、そして触媒としてのプランナー（戦略スタッフ）

戦略策定をする経営者、事業の責任者は時間や業績のプレッシャーのために、熟慮する時間がなかったり、これまでの経験に引っ張られたりする。戦略スタッフの役割は、そうした過去の延長線上にない情報を集め、これまでにないオプションを提供し、意思決定が硬直化しないように刺激を与えることである。言い換えれば、戦略スタッフの役割は「プ

【注7】

プランナーは戦略策定者ではないので、ミンツバーグ教授が使っている戦略発見者（strategy finder）という言葉は正直言ってミスリーディングだと思います。よく読めば分かるのですが。

ランをつくることではなく、意思決定者の見方を変えること」と言ってもよく、そのためには「難しい質問を投げかけたり、これまでの前提が本当にそうかと問いかけたりするようにして」意思決定者にショックを与えなくてはならない。

特に3番目の戦略スタッフの本当の役割については、スタッフ部門にいるビジネスパーソンについてはよく考えてほしいですし、また経営者、事業部門の長も「自分が本当に価値ある方法でスタッフを使えているか」と自問してほしいと思います。「おっしゃる通り」なんていう言葉を頻繁に使っているスタッフは、今すぐ替えたほうがいいと思います。もちろん、そうした、自分を心地よくしてくれる部下を替えるのはつらいのですが、他の部下は（あるいは上司も）見ています。自分としては、いろいろ理由をつけていても、周りは冷ややかに決断できないあなたのことを見ています。

組織と人間と言葉

「人間は定式化するのが好きだが」と言いながらミンツバーグ教授は、この論文を次のように締めくくっています。

戦略プランニングの話をいろいろ考えると、フォーマルなテクニックだけでなく組織がどのように機能しており、経営者がその中でどのように行動しているかが分かる。特に、我々人間がどのように考え、あるいは考えるのをやめるのかという点について。

結局、組織とは人間がつくるものであり、組織図や制度、データをそろえただけで戦略ができたり、それが実行されたりすると考えるのは大間違いであるというあまりにも当たり前で、逆に忘れられがちな指摘です。何度も本文で強調されていますが「制度は学習しない。学習するのは人間だ」ということです。いかにも「科学」できそうな戦略策定、組織運営ですが、実はとても泥臭いものなんだという指摘はミンツバーグ教授の風貌にとってもマッチする思うのですが、どうでしょうか？

考えや方針がメンバー間で共有されて初めて組織が組織として機能し、「組織力」を生み出すのです。一人ひとりが頭がよかったり、勉強していたり、とても大切な気づきを持っていても、それが共有されていなければ組織力にはつながりません。創造とは反対意見の中から生まれるにもかかわらず、足して2で割ったり、声の大きさで決めたりするのであれば、組織としては不良品です。

そして、「共有」ということに関してもう一つ大切なのは、本文でも戦略プログラミングと関連して出てきた「言語化」、つまりどのような「言葉」を使うのかです。会社であれば決まった言い回しがある……ように思われていますが、それは定型の仕事の話です。新しい気づき、学習とは、ある意味これまでにない語彙を増やすことにも等しく、ありふれた言葉を使っての共有は、一番大切な「ニュアンス」「微妙な違い」を捨て去ることになりかねないことに注意をしなくてはなりません。

実は行動経済学の祖といってもいいノーベル経済学者、ダニエル・カーネマン教授も次のように指摘しています[注8]。

> 結局、建設的な批判とはどれだけ深みのある言葉遣いができるかにかかっている。医学と同じように、判断ミスを見つけるのは注意深い診断が必要であり、そのためには適切な言葉が欠かせない。

【注8】
Kahneman, D. 2011. Thinking, Fast and Slow. *Farrar, Straus and Giroux.* NY.

人間が考える葦であるとすれば、その考えとは言葉を紡ぐことでしか生まれません。さらに、その考えを適切に伝えるには、適切な言葉を選ばなくてはなりません。「意味は分かる」というのは、「大体の想像はつく」ということであり、「あまり分かっていない」ということかもしれないのです。人間が、そして組織が学習し、よりよい戦略を策定、共有していくこととは、実は適切な言葉を考え、選ぶ作業と切っても切り離せないことなのだと思います。

最後に、本論文の日本語訳は、誤訳とまでは言わないまでも、中途半端で意味が通らないところが随分あり、原文をひっぱり出してきて参照しながらこの文を書きました。私の解釈も、「超訳」になっているところがあると思いますので、ミンツバーグ教授に興味を持たれた方は、ぜひ原文を読んでみてください。

第7章

「知識」がないから失敗するのではない

失敗から学ぶための質問は「Why」ではなく「How」

McGrath, R. 2011. Failing by design. *Harvard Business Review* : (April), 77-83.
邦訳：ダイヤモンド ハーバード・ビジネス・レビュー、2011年7月号

Schoemaker P.J. H. & Gunther, R.E. 2006. The wisdom of deliberate mistakes. *Harvard Business Review* : (June), 109-115.
邦訳：ダイヤモンド ハーバード・ビジネス・レビュー、2007年4月号

野中郁次郎先生の「知識創造」「暗黙知、形式知」、あるいは畑村洋太郎先生の「失敗学」などはこれまでも注目を浴び、研究も進んでいるテーマですし、また実務の世界でもいろいろな試みがされています。しかし、その割には「うちの会社は何回も同じ失敗をしている」とか「学習がない」といったコメントをよく聞きます。

原発問題を見ても、技術的な問題はともかく、危機管理の対応などいろいろやっていることは分かりますが「本当に失敗から学んだのか」という質問を海外の友人にされたとき、正直言って答えられないという気がします。

本書で取り上げるテーマはほぼすべてそうなのですが、ここでも「組織学習」「失敗か

ら学ぶ」という「古くて新しい問題」をもう一度しっかりと掘り下げてみたいと思います。

「失敗」から学んでいるか？

あなたの組織ではどれほど効果的に失敗から学んでいますか、1〜10の尺度では何点ですかと経営幹部に尋ねると、おずおずと「2点、いや、3点ですかね」という答えが返ってくる。
経営幹部はミスを隠すか、最初から基本計画の一部であったかのようなふりをする。失敗は口にしてはならないこととなり、出世の妨げになるのを恐れるあまり、次第にリスクを取らなくなる。

リタ・マグレイス（個人的にもよく知っていますので、あとはファーストネームで）の論文はまずこう始まります。「失敗を恐れていてはイノベーションはない」。当たり前のように聞こえますが、実はリスクを取る会社、リスクを負うことを奨励する会社はアメリカであっても少ないのです。日本だけではありません［注1］。

もちろんギャンブルをすればよいというものではありません（そうであれば、今ごろ大王製紙は世界一の会社になっているでしょう）。ただ、堅く立てた計画でさえ、外部環境や競争、あるいは新技術によって達成できないことはいくらでもあります。リスクを取らない会社はじり貧になることは誰もが納得をするところでしょう。だとすれば、失敗を次に生かす、つまりより前のめりに挑戦をし、そこから次につないでいく姿勢こそが企業の中長期的な成功につながるのではないでしょうか。

実際、「失敗から学ぶ」ことの大切さは過去からもよく言われ、名著『失敗の本質』［注2］など日本軍敗戦の研究は様々なものがありますし、雑誌「日経ビジネス」の長寿コラムにも「敗軍の将、兵を語る」なんていうのがあるわけですが、一般企業の失敗についても、例えば成果主義やＥＲＰの導入の失敗、あるいは戦略やＭ＆Ａの失敗など、失敗の事例は枚挙にいとまがないように見えます。しかし、実は失敗から学ぶことについて学術的に深くなされた研究は極めて限られているのが現状です。

失敗を認められない企業

［注1］
ちなみに、日本企業とアメリカ企業、日本企業と韓国企業を比較する議論をマスコミでよく見ます。国を超えた違いはもちろんあるのですが、むしろ同じ国の中でも企業によって違いはあり、そのほうがより大きいのではないかというのが、最近の国際経営研究の流れです。

［注2］
中央文庫　１９９１年

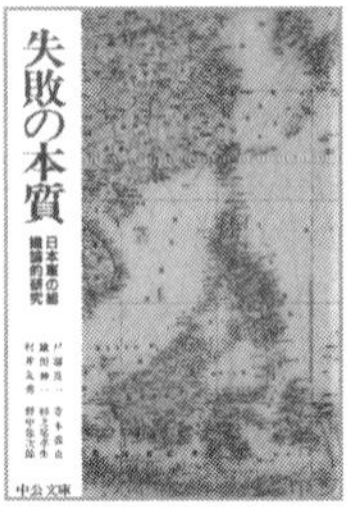

失敗から学べない、さらにそれが研究すらされていない大きな理由は、「失敗」という言葉を使っただけで組織内の空気が凍ってしまい、誰もが下を向いて何も語らない、あるいは話してはいけない雰囲気になることではないかと思います。これはアメリカでも全く同じでした。ですから、私が博士論文を書くとき、当初は「企業は重要な戦略意思決定が失敗したときに、どのように対応するのか」というテーマだったのですが、「企業は重要な戦略意思決定をどのように変更するのか」と言い換えてインタビューをしたのです。

また、MBAのクラスなどでも、そうした議論がしたいのでケースを探すのですが、いいケースがなかなかありません。仕方なく、チャレンジャー号の打ち上げの失敗だとか（これは大変よいケースです）、エベレストの遭難とか、「企業の失敗」以外のケースをたくさん使っています。幹部研修をしていたある企業で、その企業のある失敗について深く議論をするために、内部用のケースをつくろうとしたときに、担当部長からは「そうした議論は重要だ」とOKが出たのにもかかわらず、その失敗に直接関わった担当役員が難色を示し、担当部長が降格になるというような経験もしています。

失敗を認めなくても学ぶことはできるのではないか？　理屈で言えばその通りでしょう。しかし、（少なくとも私の知る）多くの場合、失敗を失敗と認めないで学ぼうとしても、「誰かのせい」にして終わる場合がほとんどのように思います。景気が悪い、為替の問題、規制がありすぎる……それは失敗したいくつかの理由ではありますが、自分たちがコントロールできた要因に対して内省する、つまり「学ぶ」というところから視点が（いつの間にか）それてしまうのです。上司、あるいはマスコミなどの「過剰な非難」に対してよりフェアな対応を求めていたはずが、いつの間にか「上司が悪い」「自分の責任ではない」などと思い込んでいる企業、メンバーはいないでしょうか。

逆に、２０１０年、ドミノ・ピザは、急成長に伴い商品管理が悪化したとき、失敗をわざわざ認めるテレビコマーシャルを流しました。そこでは社長自らが登場し、「こういう失敗をしたので、こういうふうに改めた」ことを説明したのです。ハーブを4割増しにしたとか、チーズの質を一段階上げたとか。それを見たBusinessweekのコラムニストは「失敗を認めることは弱さのしるしのように思われるが、その逆で強さの表れだ。メンバーが弱さを認め、助けを求めあうようなチームは、１つにまとまって強い」と指摘します。

ＤｅＮＡの南場智子さんの本［注3］にも、若くしてチームリーダーを任され七転八倒する社員が出てきます。散々苦しんでいるのに業績が上がらず、あるときぱたりと指示をやめ、「自分はよいリーダーになれず苦しんでいる、助けてくれ」と言ったときから風向きが大きく変わって半年後に社内で１、２を争う結束の固いチームが育った話という話です。

弱さを認める、失敗を認めるというのは、実は「だめ」なのではなく、「強い」「真摯に

【注3】
『不格好経営』（日本経済新聞出版社 ２０１３年）

成長しようとする」ことの象徴と考えてもいいのではないでしょうか？　失敗をしてもそれを隠す、弱みがあっても見ないふりをする……短期的にはそれでもいいかもしれませんが、それで社員が成長したり、組織が強くなったりするとはとても思えません。

アトリビューション・バイアス

心理学や経営学で広く研究されている人間のバイアスに「アトリビューション・バイアス」というものがあります。経営者にあてはめて言うと、会社が成功すれば自分のおかげ、失敗すれば外部環境のせいと（無意識に）思い込みがちだということです［注4］。さらに言えば、他社が成功するとそれは運や外部環境のせい、失敗すると経営者のせいと思うと言われています。身の回りにそんな人たくさんいませんか？

1つ典型的な例を紹介しましょう。あくまで外部者が見た個人的な解釈ですが、2011年に日立がハードディスク部門子会社（HGST）をウエスタン・デジタルに売った話です。実は、日立は2003年にIBMのハードディスク部門を買収していましたが業績不振が続き、売却が決まったとき、日本経済新聞は「『最大の課題』決着」という見出しをつけたほどです。しかし、当時の日立の経営者の反応は少し違っていました。日

［注4］
例えばStaw, B.M., McKechnie, P.I., & Puffer, M. 1983. The justification of organizational performance. *Administrative Science Quarterly*. 28: 582-600.

本経済新聞から直接引用します［注5］。

「今回の売却でHGSTのトータル収支はドルベースではかなりプラス。円換算でもプラス」。中西社長は会見の冒頭からこう強調し胸を張った。
HGSTでは海外企業の経営がいかに難しいかを日立は学んだ。「現地の事情に精通した人材に経営を任せる大切さを痛感した」（三好崇司副社長）。

そもそもIBMへの支払額と、そのIBMから買収した部門に自部門をくっつけて売却した額とを比べて胸を張るのもどうかと思うわけですが、より根本的な問題は三好副社長の言葉に象徴されているように思います。

「現地の事情に精通した人材に経営を任せる大切さ」を学んだことは大事だとは思うのですが、これは国際経営の教科書を見れば、第1章に書いてあることです。日本を代表する企業が、わざわざ何千億も使い、何年も経営がコミットしてやっと分かることではないは

［注5］
2011年3月8日朝刊

ずです。それでも、公の席でそう言ってしまうのはなぜでしょうか？

最近はやりのグローバル化もそうですし、私がずっと研究をしているM&Aもそうなのですが、世の中にはごまんと本がありますし、セミナーやらなんやらでコンサルタントも学校の先生もいろんなことを言っています。グローバル化で言えば「文化の違いに気を付ける」「現地のマーケットを十分理解する」「現地に根付く経営を進める」といったようなことですし、M&Aで言えば「払いすぎない」「シナジーが確実に実現できるかに気を付ける」「買収先の人材の流出を防ぐ」などなどです。

ところが、これは日本だけでなく、欧米企業でもそうですが、グローバル化にしてもM&Aにしても、一部の企業を除いて失敗したり、苦しんでいたりするところがほとんどです。そこで何と言うか？　中国市場で失敗すると「中国市場は、やはり文化の違いが大きかった」と言い、M&Aで失敗すると「シナジーが実現できなかった」なんて言うわけです。え、それって最初から難しいって分かっていたことじゃなかったの？

「現地の事情に精通した人材に経営を任せる」ことは失敗の原因の一部であったかもしれませんが、全部では決してないし、おそらく大半でもなかったでしょう。先述のグローバル化、M&Aでもそうなのですが、うまくいかないと、本に書いてあることを引っ張ってきて「文化の違い」「シナジーが発揮できない」と言う。もっともなので、それで皆満足してしまう。

しかし、そうした「本に書いてある」原因は、実際には企業の成功や失敗（つまり業績）のほんの少し、たかだか2割か3割を説明できるにすぎないのです（もっと低い場合もあります）。残りの7割か8割は、「本に書いてある一般論」で説明できないこと、つまり個別企業の要因なのです［注6］。しかし、一般論のほうがもっともらしいし、個別要因を詳しく分析しようとすると大変なので（「傷口に塩を塗るようなことをするな」とか「後ろ向きだ」とか言われたりします）、空気を読んで結論をつけてしまうことは多いのです。

役員会議事録は「宝の山」というアイロニー

結局「なぜ＝Why」という質問をすると、頭のどこかにある、あるいはどこかに書いてある一般的な原因が「Because」ということで出てきて、納得してしまうのです。それは原因を解明しているというよりは、大切な論点をすっ飛ばして世間に受け入れられやすい説明をしているにすぎません［注7］。

おそらく、本当に理解しなければならないのは「なぜ成功の論点が分かっていながら失

【注6】
このあたりは説明すると長くなりますので、拙著『失敗から「学んだつもり」の経営』（講談社 2008年）をご参照ください。

【注7】
第1章で指摘した「もっともらしさ」の重要性はここでもあてはまります。

敗したのか」ということであり、そのためには**「Why」と聞いたらだめ**だろうと思います。そうではなくて「どのような経緯で意思決定をしたのか」つまり**「How」をはっきりさせる**ことこそが、その企業固有の要因を突き詰める一番いい方法なのです。

どのような論点が、いつの段階で議論され、どのようにそれが右ではなく左と判断されたのか？　それはやむを得なかったことなのか、それとも重要な視点が抜けていたのか？　それとも自信過剰だったのか？　あるいは誰の意見に皆が引っ張られたのか？　役員会の議事録というのは、そうした「How」を明らかにし、失敗した意思決定の経緯から学ぶためにあると思うのですが、あまりそのために使われたという話は聞いたことがありません。それはまさに「失敗を認める」「失敗から学ぶ」ことに対する企業の姿勢を象徴しているように思います。

「顧客の苦情」「役員会議事録」……「宝の山」といわれるものほど宝が掘り当てられることが少ないのは皮肉なものです。

「失敗をせずに成功はできない」という前提

ここで取り上げた2つの論文は、片方が「知的な失敗」（intelligent failure）と言い、もう片方が「意図した失敗」と言っており、ニュアンスおよびメッセージは若干違います。ただ、一致した前提は、「今の世の中で、失敗をせずに成功はできない」ということです。

もちろん常に2番手で、どこかが成功してからまねをするという「コバンザメ」的方法がないわけではないですが、それとてうまくいくかどうか分かりません。さらに言えば、結局他者のまねをするだけだとすれば、社員は面白くないはずです。意欲が欠け、緊張感が欠ければ、安全な戦略であったとしても緻密に実行されることはなく、どこかでもっと大きな失敗をしてしまうかもしれません。

リタの言う「知的な失敗」とは、1992年に当時テキサス大学、現デューク大学のシム・シットキン教授の論文からきています[注8]。彼の指摘は、「小さな失敗」のほうが因果関係が単純だったり、社内の軋轢、プレッシャーも少なく学びやすい「知的な失敗」だという点でしたが、リタの論文では必ずしも「小さな失敗」には限らず、失敗を生かす7つの原則を指摘しています。

[注8]
Sitkin, S.B. 1992. Learning through failure: The strategy of small losses. In B.M. Staw and L.L. Cummings (Eds.) *Research in Organizational Behavior*, 14: 231-266. Greenwich, CT: JAI Press.

1．プロジェクトの開始前に、成功と失敗（のイメージ）を定義する

彼女も指摘していますが、成功と失敗の定義をはっきりせずにプロジェクトや新戦略を始める会社は結構多いと思います。定義をはっきりすると責任が明確になってしまうとい

うことかもしれませんし、決めようとすると「こういう場合はどうするんだ」ってなことを言いだす役員さんが必ず１人か２人いて、同調者もいて、曖昧なまま進めるということもあるのでしょう。

結果として「ＰＤＣＡ」と言いながら、「ＰＤ、ＰＤ、ＰＤ」になっていないでしょうか？　もちろん、最初の定義をかたくなに守りさえすればよいというものではないのでしょうが、「基準」を決めておかなければ、何がよかったのか、悪かったのか、そこから学べるものも極めて曖昧にならざるを得ません。「失敗」かどうかはっきりしなければ、言い訳も含めみんなが勝手なことを言うだけで、あとで述べるような「学びの共有」なんてこともできません。

2. 前提を知識に変える

これまた重要なポイントです。『その前提が間違いです』などという本［注9］を書いた私としてはこの点は強調しすぎても、しすぎることはありません。

あとで触れるシューメーカーとガンサーのもう一つの論文と同じように、「基本的に先が読めない課題に取り組んでいる場合、最初に置いた前提はほぼ確実に間違っている」とリタは言います。しかし、前提はあからさまに議論をされることがあまりないために、間

【注9】
現在は加筆、修正のうえ『組織を脅かすあやしい「常識」』と改題され、２０１１年に講談社プラスアルファ新書になっています。

違った前提に触れぬまま一生懸命戦略を立てたり、実行したりということが平気で起こってきます。中期計画などで、とりあえずと思って誰かが適当に置いた数字がいかにも既定事実になってしまうこともあります。リタが言う「推定から事実への飛躍」です[注10]。

目的が曖昧なまま迷走しないためには（あるいは、手段と目的が入れ替わったりしないためには）「前提を書きだして、チームと共有する」ことが重要だとリタは言うのです。さらに気を付けなくてはならないのは、これもあとで触れますが「確証バイアス」つまり「人間は誰でも信じていることを裏付ける情報にひかれる傾向があること」です。

3. 失敗は早めにする

早い段階で失敗をすることの重要性として、リタは4つのポイントを挙げています。

1. 見込みのない案にさらなる資源を投入しないで済む
2. 行動から結果までの時間が短ければ、因果関係を特定しやすい
3. 早い段階でだめなオプションを外すことができればその分、可能性のあるオプションに集中できる
4. 早めに失敗すれば損失額が膨らんでいないので、なんとしてもそのプロジェクトを続

【注10】M&Aなどはいい例で、別に買収は目的でもなんでもないのに「2018年までに1000億を海外買収に充てる」なんてぶち上げて、にっちもさっちもいかなくなっている企業を時々見かけます（だからといって、株主から追及されているようにも見えませんが）。

行しようという圧力（エスカレーション・オブ・コミットメントなどと言われます）は少ない（2、4はシム・シットキンのポイントとも重なります）

大きなポイントとしては、学ぶためには「なぜ失敗したか」本当の因果関係が分からなくてはならないという点だと思います。プロジェクトや戦略を始めて、時間がたったり、広がったりするほど、いろいろな要因が複雑に絡まってきて、本当の原因が分からなくなったり、逆に自分の過失を隠すために外部要因のせいにしたり……ということに気をつけろということでしょう。すでに述べたように、「一般的な理由」で納得するのも当然アウトです。

ただし、何でもかんでも早く見切りをつければいいというものではありません。ゼロックスがせっかく発明したマウスとGUI（グラフィカル・ユーザー・インターフェース、これをスティーブ・ジョブズが盗んだとか盗まないとかいう話がいまだにあります）を生かしきれなかったように［注11］、せっかくのいい技術やアイデアを捨て去る例は、だめなアイデアに拘泥してしまう例と同じくらい多くあります。

従ってそうした判断で重要なのは、「基準」と「担当者」を明確にしておくことではないでしょうか。責任も関係もない10人の反対者よりも、1人のほれ込んだ支援者のほうが

［注11］
Smith, D.K., & Alexander, R.C. 1988. *Fumbling the Future: How Xerox Invented, then Ignored, the First Personal Computer*. NY: Harpercollins.

重要な気がします（責任逃れのためにやめないというのは別の話です）。また「基準」も単に赤字、黒字だけでなく、定期的に進捗プロセスを見ることが重要だとベンチャーキャピタルの世界ではいわれています。

4．「安く」失敗し、損失を抑える

これは、3の「失敗は早めにする」ことのメリットでもあります。特に、実験をする場合には、一方でその結果が次につながるように必要な要素をきちんと入れ込むことが大切なのですが、もう一方でどれだけコストを抑えられるかも重要です。時々、いきなり大きなM&Aをする会社がありますが、本来は提携とか、JVとかで練習、経験を積んでからのほうがいいでしょう（ただ、一方で練習ばかりしていると指摘される企業もありますが）。

小さな損失であれば、新しいことに挑戦もしやすいはずです。しかし、逆に言えば「損失が小さければ挑戦してもいいんだ」という文化がなくてはなりません。GE出身のジム・マックナーニが米スリーエム（3M）のCEOだったとき、得意のシックスシグマを研究所を含め、全社に普及させようとした結果「予想可能な結果を出すことが重視されていたため、社員は実証されていないアイデアを思い切って試すことに消極的になってしま

った」ということが指摘されています（リタは3Mのアドバイザーをしていたはずなので生々しい情報です）。

ネット系の事業は、そうした実験が極めて安価にできることが多いのが一つの特徴でしょう。ただ、そうした実験に関しても設計をよく考えなくてはなりませんし、ついつい凝っていろいろなものを盛り込んだ結果、因果関係がよく分からない、コストがかかりすぎるなんていうこともあります。ソーシャルゲームで成長したドリコムの内藤社長はこんなことを言っています［注12］。

> 自動販売機をどこかの国で実験しようとしたら、まず1台持っていって様子を見るとするのが普通の考え方でしょう。しかし、それを本当に安価でやろうとしたら、箱の中に人が入って、お金が投入されたら商品を出すってことでもいいですよね。

［注12］
株式会社ドリコム 慶應ビジネススクールケース（2013年）

5. 不確定要素をできるだけ少なくする

この点は、グーグルのラジオ広告事業への進出の失敗の例で語られています。一般に多角化全般としてそうですが、現在の事業からあまりに遠い事業に参入して失敗しても、あまり学習できないということです。もちろん、いろいろな知識を得ることはできるのでしょうが、知らないことばかり（不確定要素満載）なので、何が大事か、そうでないか、判断がつかないのです。経営学では、新しい知識を吸収し、自社の既存知識・能力と統合できる組織力をAbsorptive Capacity［注13］と呼んでいます。

少し気を付けないといけないことは、遠い「事業」に進出することのリスクと、遠い「商品」に進出することのリスクは必ずしも同じではないということです。これは、多角化のシナジーに関しても同じことがいえると思いますが、大切なのは事業特性であり、どのような能力・資源が必要なのかということです。

全く違う商品でも同じビジネスモデルを使えるもの、そうです、アマゾンがあれだけ多様な商品を売っているのはウェブ、顧客管理、ロジスティックスなどの資源を共用できているからなのです。逆に、銀行が金融の一部であるはずの投資信託を販売するのに苦労しているのは、リスクのある商品を販売するという事業に関してのノウハウという「資源」が異なるからでしょう。

［注13］
古典的な論文はCohen, W.M., & Levinthal, D.A. 1990. Absorptive capacity: A new perspective on learning and innovation. *Administrative Science Quarterly*, 35: 128-152.

6. 知的な失敗をたたえる文化を育む

リタが指摘するように「自分が担当するプロジェクトで何かがつまずくと、出世の見込みがなくなると心配しがちだ」というのは確かだと思います。ただ、そのために「当てにいく」ことを繰り返していれば、あるいはそのような空気が蔓延すれば、おそらく企業の業績はじり貧でしょうし、社員だってつまらなくて仕方がないと思います。ジャック・ウェルチはその著書『ウィニング』[注14]でこの問題に対して次のように指摘しています。

> 部下が過ちを犯した時、最も避けなければいけないのは厳しい懲罰だ。この時こそ本人を励まして自信を取り戻させるべきだ
> 私の口癖になっている「フルスイング」をして空振りした人にも同じことが言える。大企業の利点の1つは、大きな可能性を持った大きな規模のプロジェクトに取り組めることだ。そのせっかくの利点を失う最も簡単な方法は夢を積極的に追いかけ、失敗してしまった人のクビを切ることだ。そんなことをしたら、リスクに消極的な文化がのさばるだけだ。

【注14】日本経済新聞出版社　2005年

知的な失敗を奨励する文化を表す言葉として、リタはある事業部長はチームメンバーの業績評価の際に「君がボツにしたゴミの山を見せてもらおうか」と言っていたことを挙げています。こう聞くということは、優秀な人材ほどうまくいかないことにも取り組んでいるという考え方が社内で共有されているということなのです。

7．学んだことを形式知化し、共有する

当たり前のことかもしれませんが、学んだことを共有しなくては組織の知識、知恵になりません。ただ、組織において「失敗から学ぶ」ことが難しい理由はどうも「失敗から学ぶ」ことと「失敗の責任をはっきりさせる」「責任を取らせる」こととが同一視されやすいことにあります。もちろん失敗をすればよいというものではないし、失敗した人を何でもかんでもほめていたら、会社はあっという間になくなってしまいます。

ハーバード大学のエイミー・エドモンドソン教授の提唱した「Psychological safety」という考え方があります。これは彼女が病院を舞台に組織学習の調査を行ったときに見つけたコンセプトです。

「顧客満足度の高い病院ほどミスが多い」という調査結果が出たことに驚いた彼女はさらに深掘りをして「ミスを報告しても大丈夫だと思える文化」の重要性に気づきます。組織

は、そして特に病院はそうなのですが、下の人間ほど失敗を報告すると責められることが多いものです。しかし、その失敗の中には本人のミスではなく、例えばプロセスが複雑すぎるとか、間違いやすいといった、組織的な対応によって大きな改善の見込める失敗もあるのです。人は失敗を公表したり報告したりするのは嫌なものですし、できるだけ隠したいのです。まずそう思って、それでは上司が何ができるかを考えたコンセプトが「Psychological safety」なのです。

つまり、組織の中で失敗が報告されなかったり、意見が出なかったりするのは、本人以上に、そうした報告を可能とする環境をつくる上司の責任が大きいのです。失敗を公表・共有する組織は強い、あるいは強くなるのです。

リタが言うように、変化が激しい環境では「失敗をしない」というオプションはないと言っていいと思います。だとすれば、失敗をどう生かすかが大事だ……ということになりそうですが、学会である日本人の先生と話していたら、こんなことを言っていました。

ある部長さんが、会社から「100億予算を用意したから、自由に使え」と言われたそうです。ただ、一つだけ条件があると。それは「損をしないこと」だったそうです。

わざわざ失敗することが必要な4つの理由

「知的な失敗」よりさらに進んで「意図した失敗のすすめ」を説くのがシューメーカーとガンサーです。ただ、リタの「知的な失敗」のところでもそうですが一つ注意しておかなくてはならない点があります。「失敗が許される領域と、許されない領域を決めておく」ことです。例えば、UPS(アメリカのヤマト運輸と思ってください)の場合「失敗しても、顧客には絶対に影響が及ばないようにする」ことがこの境界線になっているといわれます。

さて、それでは、なぜわざわざ失敗することが必要なのでしょうか？　2人は4つの理由を挙げます。

1．人間はそもそも自信過剰であるから

未熟なときは、いろいろ努力をして自分を磨こうとしますが、成功すればするほど、人は慢心し、細部や変化に注意を払わなくなります。そのいい例が、部下の報告を途中で遮り「分かった、もういい」と言う上司でしょう。自分のほうがよく知っている、何でも分かっているという「思い込み」が「分かったつもり」「油断」につながり、あとで大失敗

してから「なぜあのときちゃんと話さなかったのだ」なんて部下を責めたりするタイプです。

ただ、この「自信過剰」の難しさは、気を付けていても無意識のうちに人の頭を侵食します。マスコミなどに取り上げられたり、ほめられたりするうちに「俺はすごいのかも」と思ってしまい、会社が傾くベンチャー企業の例はよくあります。そうなる前に致命的でない失敗をし、自分の限界を知る（気づく）ことはとても大切です。

ミシガン大学の社会心理学の大家カール・ウァイク教授のハーバード・ビジネス・レビューの論文「不測の事態の心理学〔注15〕」には、原野火災専門の消防士が一番、死亡したりけがをしたりするのは、大体何でも分かってきたと思う10年目であるという指摘があります。

ちなみに、この前私のクラスに来てくださったメガネの「ＪＩＮＳ」の田中仁社長は自らの失敗の経験を踏まえ次のようにおっしゃっていました。

成功に油断しないための一番の方策は、挑戦し続けることだと思います。

【注15】
原題：Sense and reliability 2003年

こう考えてみると、セブンイレブンが「仮説・検証」と繰り返しながら、成熟したといわれるマーケットで成長し続け、一方で多くのスーパーマーケットチェーンが傾いていった理由も分かる気がします。

2．人間はリスクを取りたくないから

これはすでに何度も触れていますし、普段からお感じの方も多いと思うのですが、自ら間違いの可能性のあることをしたい、リスクを取りたいという人は少数派です。ある意味、これまで成し遂げてきた実績だとか、信頼、プライドを傷つけることにもなるからです。しかし、新しいことに挑戦しなくては、人も企業も成長はありません。

ビジネススクールでもよく言っているのですが、世の中で求められるのは「できる」人であり、「できる」人間の養成が慶應ビジネススクール（ＫＢＳ）の使命でもあるのですが、「できる人」が「できること」をやっても何の成長もありません。「できなかったこと」が「できる」ようになる、つまり成長の前には「する」という行動がなくてはならず、そこでは失敗をしたり、恥ずかしい思いをしたりする場面が出てきます。

そうした挑戦（つまり、リスクテイク）こそが次につながっていくのであり、その意味

で、ホンダでよく言われていた「No error, no play」(「No play, no error」が正しいらしいですが、あえてこちらを採用しました)、つまり、失敗していないのは、挑戦していない、仕事をしていないことだ、という言葉はとても重要な示唆を含んでいると思います。

確かに、現状でそこそこ成功していれば、新たにリスクを取る必要はないように見えます。これは企業の戦略でもそうですし、もっと現場レベルの仕事のやり方でもそうでしょう。しかし、現状で満足してしまった瞬間、現状よりもっとすごい戦略、もっとよくなる可能性から目をそらしてしまうことになるのです。

映画『ヒッチコック』を見て、改めて彼がすごいと思ったのは、ヒット作品を連発したからではなく、ヒット作品を連発したあとで、全く別の実験的作品をしかけ、ワーナーなど多くの反対の中で、自宅を抵当に入れてまでやりきったことでしょう。それが最大のヒット作『サイコ』です(ちなみに、映画で初めてトイレが出てきたのがこれだそうです)。

最後にもう一点だけつけ加えるならば、保守的でなければ、人間も組織もたちゆきません。そうでなければ世界中の人がギャンブラーになってしまいます。勇気とは単にリスクの高いことをするのではなく、リスクの高いことを認識しながら、もし失敗したらどうなってしまうだろうかと心配し、それでも自らを奮い立たせて立ち向かう気持ちのことをいうとすれば、「意図した失敗」は勇気を出す練習台にもなるのではないでしょうか。

3．人間は自分に都合のいい証拠を選ぶから

人には、自分が信じることを証明するデータだけ見て、反対のデータは見ない、あるいは都合のいいように解釈する傾向があります。これは、ずる賢い人が多いというわけではなく、自分では本当に客観的に解釈しているつもりですから、かえってたちが悪いともいえます。「それはおかしいだろう」と言っても、話はまず通じません。前提が違うのです。よく「百聞は一見にしかず」（Seeing is believing）といいますが、現実には「Believing is seeing」であることのほうが多いのです［注16］。

シューメーカーとガンサーが紹介しているのは、月の起源に関する論争です。決着をつけるために、ＮＡＳＡが主張の異なる研究所に月の石を送ったのですが、分析の結果どの研究所も自分たちの主張の正しさを前にもまして確信するようになったそうです。

これと関連して、意外に見逃されているのが「仮説思考」の罠です。仮説の重要性は、例えばＫＢＳ出身でボストン・コンサルティング・グループ（ＢＣＧ）で活躍された内田和成氏の『仮説思考』［注17］がベストセラーになったことでも分かります。

リタの論文のところでも「基準」の大切さに触れましたが、インターネットなどの発達で情報がいくらでも取れる現在では、仮説という地図がなければ情報の山で遭難してしま

［注16］
これはもともと、先述のウァイク教授が指摘したものです。

［注17］
東洋経済新報社　２００６年

うことは間違いありません。一方で「仮説」は「仮の説」なのですが、いったん仮説をつくってしまうとそれがbelievingになってしまい、自分の仮説におぼれたり、仮説に対して「ちょっとおかしいのでは」といった反対意見を言われると怒るような人もいたりします。

仮説思考の価値を生かすために本当に重要なのは「仮説を証明する」という態度ではなく、「もっといい仮説があるのではないか」「この仮説は間違っているのではないか」という態度なのです。仮説が素晴らしいのは、いつでも捨てられ、新しく、より良い仮説を取り入れることができることなのです。

シューメーカーとガンサーはこの点にも本文の別のコラムで触れており、「正解を出す一番の早道は、仮説を反証する実験を繰り返すことである」と強調しています。

4. 人間はフィードバックを過信するから

先ほど触れたばかりの仮説に関してもそうですが、仮説を進化させたり、因果関係などについて学習したりするために、自分の行為に対してどのような結果が出たかという「フィードバック」が欠かせません。「ＰＤＣＡ」と言いながら、「ＰＤ、ＰＤ、ＰＤ」となっている組織は、その点で根本的な問題があります（あるいは、学習をしなくても十分やっていけるうらやましい組織なのかもしれませんが）。

さらに問題は、シューメーカーとガンサーが挙げているように、「フィードバック」の環境には2種類あることです。正しいフィードバックが得られる「親切な環境」と、そうでない「意地悪な環境」です。天気予報は前者で、企業は後者にあてはまります。

例えば、新規事業を始めて、すぐに白黒つけばそんな簡単なことはありません。成功する事業でもタイムラグがあり、当初は投資がかさむことが多いものです。フィードバックの解釈が難しいからこそ、前に触れたゼロックスのように、せっかくの可能性をつぶしてしまうことが起こるのです。

また「フィードバック」というと、顧客からのフィードバックであることが多いのではないでしょうか。例えば、現在の顧客に「当社のサービスはどうですか」と聞いて、5点満点で4・5だとか言って喜んでいてはいけません。企業のサービスが好きな人が顧客として残っているのですから、当たり前です。本来は、一時期顧客であったが今はそうでない人、そもそも一度も顧客になってくれない人の声こそを聞く必要があるのです。

統計学では、こうした見誤りを「サンプリング・バイアス」といいます。本来とるべきサンプルではなく、偏ったサンプルで調査をしているため、意味のないデータが出るということです。4・5というのは間違いではありません。事実です。しかし、それは「一部の事実」でしかないのです。「一部の事実」を「全体」と思い込んでしまうとき、大きな間違いが起きるのです。

サンプリングバイアスが起きる理由は、単に知識がないとか、気を付けていないということだけではなく、もう一つ大きな理由があります。それは、そもそも顧客（そして競争相手も）が変わるということです。例えば、ハーバードのクリステンセン教授の「イノベーターのジレンマ」では、顧客の声を聞きすぎて世の中の流れに取り残される大企業が取り上げられています。「大丈夫だ」「顧客ニーズは十分分かっている」と思ったときに、あえて失敗をすると、実はそれ以外の世界もあることが分かったりすることもあるのです。

「失敗から学ぶ」ことの本質

シューメーカーとガンサーが繰り返している点は、リタが強調した点と重なります。結局失敗を意図的に、あるいは知的にするのは自らの「前提が正しいかどうか」を繰り返し試すことであるということです。

失敗（そして学習）には2種類あるといわれます。一つはやり方がまずくて、あるいは知識がなくて目的を達成できないという失敗です。そのためには、何が原因かを解明し、それに対策を打つ。これは一般にシングルループラーニングなどといわれます。エンジンのリコール、あるいはエアコンを28度に設定して、気温が上がると28度になるように冷気が出るのと同じです。

見逃されがちなのは、そもそもその「目的」や「戦略」、さらには、そうした考え方をする「前提」が正しいかどうかです。先述のイノベーターのジレンマのように、そもそも違う前提（例、古い技術）を前提にどのように競争相手と戦うかを考えていても、効果的な戦略は生まれてきません。エアコンの例でいえば「28度」が正しいのかどうなのかという点であり、これはダブルループラーニングなどといわれます。シューメーカーとガンサーは「システム3」という言い方をしていますが、基本的に同じ意味と考えていいでしょう。

実はこの点は、繰り返しになりますが、いつも私がクラスの初めに言う「分かっていたと思っていたことが実は分かっていなかったと分かる重要性」と重なってきます。

自分が本当に何が分かっていて、何が分かっていないのか、それを試す意味でも新しいことにチャレンジし、失敗をしてみる必要があるのです（つまり、ビジネススクールとは失敗をする場所なのです）。

失敗するのは「知識」が足りないからではない

ここでのテーマであった「組織学習」の「学習」という点を考えると、新しい知識を手に入れる、共有すると思われる方が多いと思います。そうした新しい知識を得ることはもちろん大切なのですが、その知識や資源をそもそも意味のない目的に使っているとしたらどうでしょう?

企業では、多くの優秀な人々が戦略を練り、実行するわけですが、それでも「失敗」が起きるのは、そうした優秀な人々が「こうしたら成功するはずだ」という「成功方程式」が間違っていたからである場合がほとんどで、その要素である知識が足りなかったというのはどちらかといえばマイナーな原因である場合が多いと思います。

その意味で「失敗から学ぶ」とは、「自分たちの持っている成功方程式のどこがどう間違っていたか」を知ること、もっと言えば「前提を見直すこと」なのです。前提をそのままにして、理由をいろいろ考え、株主や社員に説明するとき、「学んだつもり」になっていることが多いことを知らねばなりません。

第8章

50年前のアメリカ企業の失敗の轍をより深く踏む日本企業

「グローバル・マインドセット」とは何か

Perlmutter, H. 1969. The tortuous evolution of the multinational corporation. *Columbia Journal of World Business*, 4 : 9-18.

「書籍篇」の第６章でもご紹介した１９７２年に出版された中根千枝氏『適応の条件 日本的連続の思考』[注1]を読むと、日本人・日本企業のグローバル化の今日的課題が40年前に指摘されています。この本はいくつかの企業の幹部研修でも使ったのですが、ある大手金融機関では国際業務部の部長クラスの方からも「非常に参考になった」とフィードバックを受け、うれしいような悲しいような気持ちを持ちました。

１９６９年に始まった「グローバルマインドセット」論

そうした日本企業のグローバル化について、学会（Academy of International Business）

[注1]
講談社現代新書 １９７２年。

に出す論文を書いていて出合ったのが、ここでご紹介するパールムッター教授の論文です[注2]。『適応の条件』よりもさらに3年前、1969年の発表です。

私の論文のテーマは「Quasi Global Mindset」つまり「グローバルマインドセットを持ったつもり」についてです。あるプロジェクトで行ったグローバルと言われる様々な日本企業の国際担当役員や担当部長さんのインタビューを「グローバルマインドセット」という理論的枠組みから見直してみたものです[注3]。

経営学者がする「グローバルマインドセット」の定義は、マスコミで「グローバルな視野」「グローバル時代の経営者」というときに前提としている内容とほぼ同じであると思います。一般には文化面と戦略面の2つの要素があるといわれます。文化面とは、多様な文化・価値観にオープンでそこから学ぼうという姿勢であり、戦略面とはそうした様々な文化的あるいは国の違いを生かしながら、一方で企業として一貫したアイデンティティや戦略を持つことです。お分かりのように、言うは易く、行うは難しの典型ですが、そうしたマインドセットが今後ますます求められることは間違いないでしょう。

この「グローバルマインドセット」の嚆矢がパールムッター教授です。彼はそもそも企業の「グローバル度（the degree of multinationality）」を考えるときに、様々な基準があり、一概に定義できないとしながら、経営幹部のマインドセットが重要であり、おおむね3つ

[注2]
ちなみにColumbia Journal of World Businessは1997年よりJournal of World Businessと名前を変えています。

[注3]
この点は「書籍篇」の第6章でも少しふれました。
Shimizu, K. 2014. Perils of quasi global mindset: Why Japanese MNEs struggle in emerging economies? *Annual Meeting of Association International Business*. Vancouver, Canada.

に分けられると指摘します。

「グローバルマインドセット」という言葉は使っていませんが、その3つとは**ethnocentric（エスノセントリック**――本国中心の視点）、**polycentric（ポリセントリック**――進出国中心の視点）、そして**geocentric（ジオセントリック**――世界的な視点、グローバルマインドセットと同じ意味合い）です。

> 我々企業Xの母国の人間は、どの国の人間よりも信頼でき、頼りになる。

はっきりそうは言わないものの、そういう態度がエスノセントリックな経営者であるというのがパールムッター教授の指摘です。エスノセントリックな企業は、それが多くの国に進出していたとしても「スイス企業」「アメリカ企業」と本国と結びつけて考えるとも指摘しています。しかもそういう企業の経営者に限って次のように言うそうです。どこかで（最近）聞いたことはありませんか？

我々は本国中心の視点からよりグローバルな視点で経営する過渡期にある。苦労はしているが、確実に前進している。

ポリセントリックなマインドの経営者は「郷に入っては郷に従えだ。その国のビジネスに関してはよく分からないが、現地のマネジメントを信頼しなくてはだめだ。利益が上がっている限り、あまり口出ししないでおこう」という態度です。ここでの重要な指摘は、次のポイントです。

多くの経営者はポリセントリックであること（現地への権限委譲）とグローバルであることを取り違えている。

なぜか？　各国のビジネスがあたかも独立しているかのように運営されることはよさそ

うですが、それでは企業全体のアイデンティティも生まれませんし、それぞれの国のマネジャーはその王様として満足してしまう、そしてそれぞれの国の視点だけを持ったエスノセントリックなローカルマネジャーの集合体になってしまうからです。グローバルである意味が失われてしまいます。

ジオセントリックのプラスとマイナス

ジオセントリックあるいはグローバルマインドセットを持った企業の代表例として、ユニリーバが挙げられており、トップの次のコメントが引用されています。

> 私たちはインド人社員をユニリーバ化したいし、インドのユニリーバ社員はインド化しなくてはならない。

こうしたグローバルマインドセットを持った企業では、「世界中の現在、そして将来の顧客のニーズを満たすためには、世界中のどこで資金を集め、工場をつくり、R＆Dを行い、新商品を発売するべきか」を常に問い続け、本社と子会社間だけでなく、世界中の子会社が横の連携を持つことでグローバルな規模と知識の活用ができるのだとパールムッター教授は言います［注4］。

論文ではフランス人のＩＢＭエグゼクティブの次の言葉も引用されています。

> ジオセントリック経営で重要なことは、どのように経営資源を世界中に配分するかということだ。人にしろ知識にしろ、本社が資源を独占するべきではない。

グローバルマインドセットを持ったジオセントリック経営を目指すべきではありますが、一方でそれに伴うコストについても指摘があります。実際、エスノセントリックのほうが組織もその運営もよりシンプルで、短期的に結果が出やすいという研究もあるくらいです。一方で、ジオセントリック経営はコミュニケーションに伴う旅費や時間、さらには組織が階層化しやすく、意思決定に時間がかかりがちです。また、世界を股にかけて頑張る人材

【注4】マイケル・ポーター教授の言う「Configuration & Coordination（最適場所の選定と統合）」、あるいは慶應ビジネススクール（KBS）の同僚である浅川和宏教授、そして浅川教授のINSEAD（欧州経営大学院）時代の指導教官であったイヴ・ドズ教授らが唱える「メタナショナル経営」とほぼ同じことです。

が、いつの間にか本社のスコープから外れ、全社的なキャリアパスから抜けてしまうというリスクもパールムッター教授は指摘します。

「Window Dressing（見せかけ）」をする企業

さらにパールムッター教授は多くの企業はあたかもグローバル化しているかのように「Window Dressing（見せかけ）」をしていると鋭く突きます。それは、例えば「1人、2人の外国人を取締役に指名すること」であったり「外国人であるというだけで、使えなくてもキーとなるポジションを与える」ということであったりします。そして「グローバル」と言いながら、実態は次のような「本音」がみえみえのエスノセントリック以外の何物でもないアメリカ企業が多いと苦言を呈します。

> 出世をしたければ、海外子会社の社員はアメリカ化しなくてはならない。それは、単に態度ということだけでなく、どのような服装をするかとか、どのようにしゃべるかという点も含めてだ。

これもどこかでよく聞く話です（ここでは深く触れませんが、グローバル化とダイバーシティの共通点でもあります）。

日本企業とグローバルマインドセットという点に戻ります。歴史的にみると、多くの日本企業、特に欧米に打って出てそこで大きく成長した企業は、エスノセントリックからジオセントリックに近づきつつあったと言っていいと思います。欧米の文化や顧客ニーズ、あるいは商習慣からオープンに一生懸命学ぼうとしたのが成功のベースになったことは間違いありません。そこでは、戦争に負けたという事実に、謙虚に学ばざるを得ない現実があったと思います。

しかし、近年の日本企業のアジア進出に関して言えば、あれだけ厳しい欧米市場の競争を勝ち抜いたにもかかわらず、パッとしない企業が多々あります。さらに言えば、技術も経験も（日本企業が欧米市場に参入したころと比べ）地元の競合相手よりははるかに上であるにもかかわらずです。

思うに、そうした技術的優位、そして欧米市場での成功体験が、ジオセントリックになりかかった視点を知らないうちにエスノセントリックに戻してしまっているのではないでしょうか。グローバルマインドセットは持っているし、アジアでもそのように行動しているはずなのですが、それはあくまで「**日本の本社からみたグローバルマインドセット**」ではないかと思うのです。

50年前に指摘された原点を見直す

現地の事情も理解し、グローバルなアプローチで取り組んでいるにもかかわらずうまくいかないとすれば、「市場が成熟していない」とか「商慣習がおかしい」とか、どうしてもその理由を自分ではなく外部、あるいはその国の環境に求めてしまいがちです。前職でボストン・コンサルティング・グループ（ＢＣＧ）にいた先輩から１９７０年代に日本に進出した欧米企業が苦労し、「日本は特殊だ」と言われていたという話を聞いたことがありますが、本論文でも指摘する「１９６０年代後半から70年代にかけてのアメリカ企業（のマインドセット）vs日本市場」の構図が、そのまま「現在の日本企業（のマインドセット）vsアジア市場」にあてはまってはいないでしょうか？　50年前の指摘は今でも有効だと思うのです［注5］。

考えてみれば、50年前だから古い、陳腐化した、今年の論文だから新しく有効だ、と思

［注5］
若干時代は違いますが、第3章の「ストラテジック・インテント」と重なるところがあります。

うのも変な話です。2×2を誰が考えたか知りませんが、答えは千年前も今も4であることに変わりはありません。一方で、経営の分野でも毎年新たなはやり言葉やコンセプトが出ますが、例えば2年後に生き残っているものがどれほどあるでしょうか？

結局、持続的に成功する企業とそうでない企業の違いは「原理原則」「原点」をしっかり押さえられているのかどうかだと思います。「複雑な問題は、それ自体が複雑なのではなく、簡単な問題が複雑に絡み合っているだけだ」「枝葉を飾るのではなく、幹をしっかり押さえろ」……そんな言葉を、MBAのクラスでも繰り返している私ですが、こうした「古典」ともいえる論文を読んで、改めてその意を強くした次第です。よくも悪くも、人間はバイアスの生き物です。グローバルマインドセットと言うとき、「自分はどんなバイアスがかかっているだろうか」と常に問い続けることが必要です。

第9章

いまどき5年計画をつくっているのは旧ソ連くらい？

不確実性に対する「リーン・スタートアップ」という考え方

Blank, S. 2013. Why the lean start-up changes everything. *Harvard Business Review* (May): 64-72.
邦訳：ダイヤモンド　ハーバード・ビジネス・レビュー、２０１３年８月号

Eric Ries, 2011 *The Lean Startup: How Constant Innovation Creates Radically Successful Businesses.* Portfolio Penguin.
邦訳：『リーン・スタートアップ』（エリック・リース、日経ＢＰ社２０１２年）

企業の新規事業参入や多角化は「終わった」テーマと思われていた時期があります。１９８０年代にピークを迎えたあと、いわゆる「コングロマリット」はほぼ姿を消し、一世を風靡したＢＣＧマトリックス（木や動物が４象限に配置されているあれです）、あるいはポートフォリオマネジメント（ＰＰＭ）も、１９９０年代後半には私がアメリカで教えているときに使っていた教科書から外れてしまいました。

学会でも多角化の研究は確かにありましたが、一時期の活況からは打って変わり、一世代前のテーマという感じでした。１９９０年代から２０００年にかけては多角化の反対で

「原点に返ろう（Back to basics）」を合言葉に、多角化部門（ほとんどの場合赤字）を売却したり、撤退したりして、本業回帰、結果として収益の回復を達成した企業がたくさん出ました。

理由は2つあると思います。1つ目は、そもそも新規事業への参入は難しく、「鳴り物入り」で発表したはいいが、鳴かず飛ばずになることが多いことです。2つ目は、それと関連して、企業の既存資源を生かす＝シナジーという「多角化の大義名分」は、実現されることがほとんどないという現実です。

例えばソニー。「ハードとソフトの融合」などとかっこいいことを言って、米ＣＢＳレコード（現ソニー・ミュージックエンタテインメント）、米コロンビア・ピクチャーズを大枚をはたいて買収したのはいいですが、「シナジー」はいったいどこにいったのかと聞かれて答えられる人はいないと思います。最近ではそうしたソフト部門がソニーのハード部門の赤字を頑張って減らしているというのも皮肉な話です。「（1人で会社を背負って）スパイダーマンもお疲れだ」とWall Street Journalは指摘しています。

今をときめくユニ・チャームも結婚紹介業、幼児教室、あるいは観光事業へと多角化して失敗した経験があります。合併し、さらに鉄鋼業界でのグローバル化を進める新日鉄住金が、半導体やらテーマパークに精を出していたことをご記憶の方も多いでしょう。

新規事業参入という「振り子」

このように、新規事業や多角化は「確かにやりたいし、うまくいけばいいけれど、難しいからやらない、やるべきではない」というのが、少し前までは日本でも欧米でも企業の基本スタンスでした。ところが、ここ数年、大企業にとって新規事業、多角化の話はとってもホットです。現在、私が立ち上げの担当を務めて進めている慶應ビジネススクール研究所でも、いくつもの企業から新規事業をどうしたらいいかといった話がきています。

なぜ、声高に叫ばれていた「新規事業、多角化は無駄」が、「新規事業で多角化しなければだめ」になるのでしょうか。このように振り子が大きく振れる理由はいくつもあるでしょうが、次の2つはいえるでしょう。

まず、本業の「本当の」成熟です。確かに、「原点回帰」は必要な企業も多く、多角化はバブルに踊った側面も大きいです。しかし、そうはいっても、現実的に市場のパイは限られています。高付加価値化をしたからといって、無限に成長できるわけではありません。特に、国内の市場はより高齢化、人口停滞が進み、技術革新と相まって、成長どころか衰退産業になってしまっている業界もみられます。このままではだめだ、過去にもそう言われながら、なんとか生き残ってきた企業も、そろそろ追いつめられているように思います。というか、まだ何年かは大丈夫なのでしょうが、原資が残っている今、新しい事業を立ち上げなければ将来はないということに、今後10年以上まだ会社にいる中堅幹部がやっと気づいたということかもしれません。

そして、もう一つが、新規事業への参入は結構盛んであるという現実です。それは、シリコンバレーを中心としたベンチャー企業が、様々なイノベーションを生み出しているということだけではなく、例えば米グーグルが検索事業とは全く関係のない無人自動車を手がけたり、あるいは米アマゾン・ドット・コムが（これまではやるべきでないと言われていた）ソフトからハードへの垂直統合を進め、クラウドではトップ、Kindle（キンドル）を出したかと思えば、配送業に進出するのではとすら言われているということです。こうした企業がこれだけ果敢にやっているのだから、当社もやらなくては……と思っていらっしゃる経営者の皆さんも多いのではないでしょうか。

上がる新規事業の難度

しかし、だからといって、新規事業がより成功しやすくなったとか、多角化がうまく進んでいるというわけでは全くありません。新たな柱ということで、世の中でよく言われる「成長業界」、例えば医療、インフラ、農業というところに参入したものの［注1］、話が違うというというケースは相変わらず多いようです。

コンサルティング会社を雇い、データを集め、精緻華麗なシミュレーションを行い、ここだっとばかりに参入したのはいいのですが、考えることは皆同じ［注2］。思ったより市場が伸びない、さらには過当競争になって全く利益が出ないといったことがあちこちで起きています。三菱重工のリチウムイオン電池事業からの撤退などがこれにあたるでしょう（法科大学院もそうかもしれません）。

三菱重工の例で言えば、「ヤマカン」で参入したわけではないはずです。明らかに自動車の燃料は今後はガソリンからハイブリッド、あるいは電気に移行するといわれ、技術力のある世界を代表する企業が大きな投資をしても成功していないわけです（パナソニックやＮＥＣのように、頑張っている企業もありますが）。先述のグーグルにしても、様々な事業に進出していますが、結局利益は検索事業の広告収入頼みであるのが現状です。

その意味で、多くの企業にとって、新規事業の立ち上げ、あるいは多角化の重要度は上がる一方で、競争の激化、あるいは技術革新のスピードアップ、結果としてそうした将来の方向の予測難度も上がり、経営者は頭を抱えているというのが現状のように思われます。

【注1】
野村証券グループが農業ビジネスに参入しているって、ご存じでした？

【注2】
シーナ・アイエンガー『選択の科学』（文藝春秋　２０１０年）。日本経済新聞のコラムでは２０１４年5月6日から4週にわたって紹介しました。

スタートアップだけ取ってみれば、75％は失敗するのです。

専門家の予想は当たらない

時々「リーマンショックを予測した」「円安を当てた」ことを見出しにして株価や景気の将来を大胆に予測している人々がいますが、そういう人たちは長い目で見て最も当てにならないというのが研究者の指摘です[注3]。「泡沫アナリスト」は、特段失うものがないので、びっくりするような大胆な（つまり根拠のない）予言をして、100のうち1つでも当たると「俺は予言したんだ」と有名になることが多いのです（それを持ち上げるマスコミもどうかと思いますが）。「一発屋」というのは、それなりの理由があるのです（実はこの点は「あの」島田紳助氏も指摘されているのですが、それはまた別の機会に）。

これは随分前に本で紹介したのですが[注4]、カリフォルニア大学バークレー校のテトロック教授は「プロの予測・予想」は当てにならないと言いきります[注5]。彼の集めた8万2000以上の政治動向に関する「予測」「予想」の分析によれば、「プロ」といわれる人たちの予想は単純に過去のデータを引き伸ばしたものよりもさらに精度が低いことが分かりました。プロと素人の差は予測・予想の内容や精度ではなく「自信を持っているか

[注3]
Denrell, J. 2013. "Experts" who beat the odds are probably just lucky. *Harvard Business Review*, 91(April): 28-29.

[注4]
拙著『なぜ新しい戦略はいつも行き詰まるのか？』（東洋経済新報社 2007年）

[注5]
Tetlock, P.E. 2005. *Expert Political Judgment: How Good Is It? How Can We Know?* NJ: Princeton University Press. アマゾンでご覧になれば分かるように、この本はいくつもの賞を取っています。

どうか、理由がたくさんあるかどうか」なのです。さらに面白いのは、そうした「専門家」の多くは自分の予想が間違っていても、考えを変えようとしないということです。テトロック教授は7つの「言い訳」を指摘します。

1．予測の前提とした条件が変わった
2．予想外の事態が起こった
3．ほとんど紙一重で間違った
4．今回は予測した通りにはならなかったが、予測の基本は間違っていない。いつかはそうなる
5．そもそも政治問題（経営、教育……なんでもいいと思います）は複雑で簡単に予測がつかない
6．いい間違いだった（例：ロシアを過小評価するより、過大評価するほうがまだましだ）
7．確率の低いことが奇跡的に起こった

どこかで聞いたこと（あるいは言ったこと）はありませんか？　ちなみに、これらの

「言い訳」の理屈は予測が間違ったときだけでなく、当たっていたときにも通用するはずですが、当たっていたときには決して使われません。

不確実性への挑戦

いかにもっともそうな成長市場が予想されていても、そこでの成功はもちろん、成長そのものだって本当にどうなるかは分からないという意味で、新規事業、特に成長市場への参入や全く新しいサービスを提供する事業への参入とは不確実性への挑戦なのです。さらに言えば、実は新規事業に限らず、既存の事業においても、新戦略を実行するということは「不確実」「予想外」にどう対応するかであると言っても過言ではありません。

経営学では様々なコンセプト、フレームワークが提唱されてきており（先ほどのBCGマトリックスとかPPMというのはその代表例です）、過去の事実や一定の前提を置いたあとの、資源配分・戦略立案についてはよりロジカルな分析ができるようになっています。しかし、その「前提」の確かさ、あるいは過去のデータがどれほど将来の指標になるかについては何の根拠もないのです。

そう考えてみると、環境変化が激しい今の時代、経営の舵取りをすることは大変難しいことが改めて認識できるのではないでしょうか。インターネットの業界などを見ると、あるとき「時代の寵児」だったのに、いつの間にか消えていく企業も少なくありません。フランク・ナイト[注6]が数値的に確率を計測できない事柄を「本当の不確実性（true uncertainty）」と呼んで「リスク」と区別し、利益（あるいは競争の勝ち負け）の源泉とは不確実性であると指摘したのはそういう意味です。難しいから差がつくのです。

[注6]
Knight, F.H. 1965. *Risk, uncertainty and profit* (c. 1921). New York : Harper & Row.

新規事業に参入する「前提」とは何か？

随分前置きが長くなってしまいましたが、もう少しおつき合いください。なぜなら、この点こそ新規事業、あるいは新戦略を考え、取り組むときの大切な「前提」であり、本論文の「肝」だからです。つまり、この（トヨタ生産方式から名前を取った）「リーン・スタートアップ」という考え方の前提にあるのは、「完璧な事業計画をつくらなければならないという通説」はうそだという点です。

確かに、5年間の売り上げ、利益、キャッシュフローが精緻華麗なスプレッドシートにあると、なんだか成功できそうですが、そもそもその前提が「予測」なのですから、それは砂上の楼閣にすぎないことをきちんと認識することが必要なのです。（一時期の日産も含め）「戦略立案に90％の時間をかけて、実行には10％しかかけない」企業は結構たくさんありますが、無残な結果に終わることがほとんどです。
実際、本論文では次のような指摘があります。

事業計画の大半は顧客に出会ったとたん破綻する。プロボクサーのマイク・タイソンの言葉を借りれば「敵はいろいろ作戦を考えてくるが、顔面に一発パンチをお見舞いすれば終わりだ」。
いまどき5年計画をつくっているのは、ベンチャーキャピタリストと旧ソビエト連邦くらいなものだ。こうした計画は、大体夢物語で、時間の無駄だ。

つまり「やってみなければ分からない」のです。多くの経営者、コンサルタントは「いや、確かにそうかもしれないけれど、そんなことを言ったら終わりだろう」ということで、なんとかうまく予測する方法を考えてきたように思います。逆に言えば、第1章（「あなたの会社が理不尽な理由」）で「経営学の価値」と関連して少し触れたのですが、現実をしっかりと直視しないまま、解決案を考えていたところが多かったのではないでしょうか。結果として「華麗な解決案」はできたかもしれないのですが、現実がよく分かっていないのですから成功するはずがありません。「本当の不確実性」「やってみなければ分からない」という現実をまず認めて、それではどうしたらいいのかを考えることが本論文の言う「リーン・スタートアップ」のアプローチなのです。

新規事業にとって計画や分析は必要十分条件ではない

結局分析とは「過去」のデータであって、分析で未来を予測するといっても、過去のデータに味付けをするにすぎず、未来に対する「新しい」洞察は生まれてきません（この点につき、くらたまなぶ氏は「市場調査は過去のデータの分析、つまり算数。マーケティングとは未来の人の気持ちを考えること、つまり国語」と鋭い指摘をされています［注7］）。

それでは分析が不要なのかといえば、それはやはり違うわけです。分析とは、未来へのビジョン・戦略を生み出すために欠かせない原材料を与えてくれるとともに、思い込みで偏りがちな経営者の見方・考え方に冷徹なデータを提供してその修正を迫ります。

［注7］
くらたまなぶ『リクルート「創刊男」の大ヒット発想術』（日経ビジネス人文庫 2006年）

　また、戦略が明らかになったあと、具体的にどのようなステップ、タイミングで展開していくかを考えるためには、分析を踏まえた戦略計画が必要です。だからこそ、ミンツバーグ教授は戦略とその実行には「計画」と「創発」の両側面があるのだというのです［注8］。その意味で、計画や分析とは、新規事業、あるいは新戦略を成功するための必要条件ではあるのですが、必要十分条件では決してありません。それがどこかで誤解されているように思われます。

　実は、不確実性という点は、私もコンサルタント時代から問題意識を持っていたところです。すでにご紹介したようにいくつかの学術論文も書きましたし、本も書きました［注9］。ただ、この問題提起は、時代が早かったのか、中身がいまひとつだったのか、その両方だったかで、日本では極めてニッチな世界でしか認められませんでした。その意味で、この「リーン・スタートアップ」論文は「わが意を得たり」という感じです。

　以下では、本論文はもちろん、それと関連してアメリカでベストセラーになった『リーン・スタートアップ』、そして私のこれまでの問題意識を合わせて、「リーン・スタートアップ」の本質、つまり「やってみなければ分からない」戦略について議論を進めていきたいと思います。

［注8］
このあたりの点は、第6章でも触れましたし、慶應ビジネススクールの同僚である岡田正大教授が「不確実性と企業」というタイトルで2013年末に日本経済新聞で紹介されてもいらっしゃいました。

［注9］
例えば前述の『なぜ新しい戦略はいつも行き詰まるのか』

脅威をチャンスに変える方法論

ここまでは、新規事業、そして新規戦略を立てるときの「本当の前提」として、未来を予測することが不可能であるという「現実」を直視することが必要だという点を挙げました。確かに、数字がきれいに並んだ事業計画があり、華麗なパワーポイントで戦略を説明されると「なるほど」と思ってしまうわけですが、世の中はなかなか思い通りにはいきません。

さらにこの問題が悪化するのは、緻密な事業計画や戦略を作ってしまうと、「あれだけ分析したんだから間違いない」などと、安心してしまうことです。本書でも何度か触れている社会学の泰斗、ミシガン大学のカール・ヴァイク教授の言葉には次のようなものがあります［注10］。

> 私が経営者たちによく言うのは、なんでも計画したいという誘惑に勝てということだ。ほとんどのプランは、細かすぎるし、そうしたプランを立てると、ここまで細かく見たのだから大丈夫だという幻想に陥って、計画外のことが起きても気づかなくなって

［注10］
Weick, K. & Coutu, D.L. 2003. Sense and reliability. *Harvard Business Review*, 81(April): 84-90.

しまう。

さて、そうした点を確認したうえで、いよいよリーン・スタートアップ、つまり「やってみなければ分からない」戦略についての具体的な方法論に入りたいと思います。

端的にその核心を言えば、

事業計画にそって事業を展開するのではなく、(粗削りのアイデアをベースに) 失敗を次々と経験し、絶えず顧客から学びながら、当初のアイデアの修正を続けること。

です。そしてそのためにキーワードは、ＭＶＰ、顧客からのフィードバック (実験)、仮説検証と学習の３つです。

Minimum Viable Product（ＭＶＰ）

一般に、Minimum Viable Product（ＭＶＰ）とは「実用最小限の製品」と訳されているようですが、分かったような分からないような言葉ではないでしょうか。だって「最小限」って、サイズが大きいとか小さいとかって思ってしまいませんか。

要は、本当に必要な機能だけを持った商品という意味です[注11]。実は、同じようなコンセプト（Minimum Viable Ecosystem）が、私がゼミ生と訳した別の本にも出てきて[注12]、そのときは、いろいろ議論した末「必要最少限の要素によるエコシステム」と訳しました。本稿ではＭＶＰを「必要最少限の機能を持った商品」という意味であるとして続けたいと思います。

なぜＭＶＰがそれほど大切か？　それには3つの大きな理由があります。

1つ目はすでに何度も触れているように、新しい商品なりサービスなりを提供しようと思っても、完全に成功する計画など立てられません。であるとすれば、完全なものにしようとするだけ無駄なのです。本当に必要な最少限の機能があれば、それが顧客に受け入れられるかどうか分かるのです。つまり、スピードを上げるために無駄な手間を省くのです。

もう一つ、似ていますが、同じくらい重要なのは、失敗を重ねて学習をするためには、

[注11]
「必要最低限」と言ったほうがいいかもしれませんが、やや「最低」というのは語感が悪いし、ワープロソフトでの変換では「さいしょうげん」は「最小限」としか出ません。

[注12]
ロン・アドナー、2012年『ワイドレンズ』（邦訳は東洋経済新報社 2013年）

1回1回の失敗が高価なものであってはだめだということです。そもそも、そんなに資源を無駄遣いしていたら企業が続かないという問題はもちろんですが、手をかけて完成度を（無駄に）上げてしまうと、やめてしまおうとか、全く違うものにしようというときに、心理的な抵抗感が生まれてしまいます。

そして、本文では当たり前ということでか、あまり深く議論されてないもう一つ重要な点があります。それは、MVP、つまり必要最少限の機能を考えるという作業を通じて、この商品・サービスの顧客にとっての「本質的価値」とは何かを考えることにつながるということです。無駄なものをどんどんそぎ落とすことで、顧客に提供できる本質的な価値とは何かを突き詰めるということです。「戦略とは何をやるか、だけでなく何を（やりたくても）やらないかを決めることだ」と相通じるものがあります。

次の「実験」とも重なりますが、このプロセスなしに、あれもこれも、あるいは競合があれをやっている、これもつけなくてはいけないと機能満載（結果として時間もコストもかかる）商品を作り上げて失敗したときはもちろん、成功したときでさえ、なぜ失敗したのか、なぜ成功したのか分かりません。「実験」が意味を持ってできるためには、「何を実験しているのか」が明確でなくてはならず、その意味で実は機能は少ないほどいいのです。

時々「こんなにいい製品なのに、なぜ売れないのか」と悩んでいる担当者がいたりしますが、「こんなにいい製品だから」売れないのかもしれません。つまり、その製品はいろいろな機能がてんこ盛りで、顧客のニーズをぐっとわしづかみにする本質的な価値が見えにくいということです。さらに言えば、「いい製品だから」何が本当にいいのか、悪いのか、どう変えたらいいのかも見えない。そして「いい製品だから」なかなかあきらめきれず、赤字を垂れ流して、結局何の学習もなく幕引きになったりするのです。社内では伝説になるかもしれませんが。

顧客からのフィードバック（実験）

リーンスタートアップのもう一つのカギは、計画を一生懸命精緻華麗につくるのではなく、粗削りでもいいので（つまりＭＶＰ）、実際に顧客に見てもらって、フィードバックを受けることです。本文では、これを顧客開拓（customer development）と呼んでいます。

お客様は神様なので、当然だろうということかもしれませんが、注意しなくてはならないのは、ここでは実際の商品なり、サービスなりを見てもらってフィードバックをもらうということです。単に「何がいいですか」「どんなサービスが欲しいですか」と聞いても、意味のある答えはまず返ってきません。課題とは現状とゴール（あるいは理想）とのギャップだなんていいますが、そもそも理想が分からなければ、何が不満か、何が欲しいかなんて分からないのです[注13]。

また「言っていることと、やっていることが違う」ケースもよくあります。「顧客は（見栄や、場合によっては無意識に）うそをつく」というのは、マーケティング担当者なら誰でも知っていますし、「録音のできないラジカセなんて誰が買うか」という調査結果を出した顧客がこぞってウォークマンを買ったのは有名な話です。iPhoneだってiPadだって、顧客が欲しいと言ったからアップルが開発したわけではないのです。

だからこそ「やってみなければ分からない」のです。お客様は神様ですが、積極的に、こうしろ、ああしろなんて言ってはくれない受け身の神様です。何を提案するかで差がつくのです。それがイノベーションです。

エリック・リースの『リーン・スタートアップ』にはこんな指摘があります。

> リーン・スタートアップモデルにおける実験は、単なる理論の探求ではなく、最初の製品でもある。

【注13】
過去にコンサルタントとして化粧品会社の製品開発のお手伝いをしたことがあります。「どんな化粧品が欲しいですか」というグループインタビューにも随分参加したのですが、結局そこでの結論は「安くて良いもの」ということでした。

我々が解決しようとする問題に消費者は気づいているか？
解決策があれば消費者は買うか？
我々から買ってくれるか？
その問題の解決策を我々は用意できるか？
製品開発では途中をとばして4番目の問いに行き、顧客自身が問題を抱えているかどうかを確認する前に解決策を作ってしまうことが多い。

解決の前に現状をしっかり認識すること、そうでなければ、間違った問題を一生懸命解くのと同じです［注14］。

ただ、こういう議論をすると、「競争相手にアイデアを盗まれる」と心配する人が出てきます。その可能性は十分あるのですが、現実的にはこれだけ不確実性が高い中で、顧客のフィードバックなしに完成度を上げたとしても、実はお金をどぶに捨てている可能性のほうが高いのです。

エリック・リースはバッサリと指摘します。

［注14］ descriptionとprescriptionの違いはすでに何度も触れました。

どの企業のどのマネジャーも素晴らしいアイデアなら腐るほど持っているのが現実だ。彼らの課題はそのアイデアに優先順位をつけて実行すること——だからこそ、スタートアップに生き残れる希望があるのだ。アイデアを知られたら他社のほうがうまく実行できるのであれば、いずれにせよそのスタートアップに生き残れるチャンスはない。

仮説検証と学習

最初の2点と関係しますが、MVPをつくり、実験をするのは、顧客の声を聞くことで仮説を検証し、そこで得られた学習をもとに本当に価値のある商品・サービスを開発するためです。繰り返しになりますが、そのためには実験は素早く、できるだけ低コストで行われなければなりません。「いい実験をしよう」とばかり、細かいところに一生懸命手をかけると、そもそも何を実験しているのか分からなくなったり、ここまで手をかけたんだから、もう少しやってみよう……なんていう泥沼にはまったりします。

ですから、ここでまず大切なことは、1回できるだけ早く、安価にサイクルを回してみることです。そこで得られることがどれだけ多いことか。エリック・リースは、これもトヨタ方式に触れながら「バッチサイズの縮小が大切だ」と強調しています。

アマゾンに買収されたザッポスの例はそのあたりのところを端的に示しています。ご存じの通りザッポスはインターネットで靴を販売しているのですが[注15]、創業者ニック・スイーマンが行ったのは、そもそも「靴をオンラインで買う顧客がいる」という仮説の検証でした。そのためには、必ずしも緻密な準備は必要ありません。彼がしたのは、近所の靴屋さんに頼んで在庫の靴の写真を撮ってウェブに上げ、注文があるとお店から買って送るということでした。これで十分ですし、逆にこの最も基本の仮説検証は決してはずしてはいけないステップです[注16]。

仮説検証の裏には、ちゃんと仮説がなくてはならないですし、その仮説を検証できる実験でなくてはなりません。エリック・リースが指摘するように、仮説が曖昧だと、完全な失敗というものもなくなるわけですが、その分学ぶものも曖昧で、方向転換（ピボット）が必要かどうかも分かりません。

特に重要な仮説として、価値仮説と成長仮説という2つが挙げられています。本当に顧客が欲しいというものをそれに見合った価格で提案できているか、そして（特に薄利多売型のビジネスはそうですが）その利益率を前提にしたときに、固定費はどれだけの量が売

[注15]
それ以外にも、社員の採用方法など面白い話がいっぱいありますが、それはおいておいて。

[注16]
第7章で取り上げたドリコム内藤社長の「自動販売機の実験」にも通じるところがあります。

れた（あるいはどれだけの顧客が獲得できた）ときに回収できるのか、最後に、それだけの量が売れる、つまり成長するメカニズムはどう考えたらいいのかということです。これは、まさに「ビジネスモデル」を考えることにほかなりません。その意味で、次の点はリーン・スタートアップの特徴をよく表していると思います。

> スタートアップは大企業の小型版ではない。……大きな違いは、既存企業がビジネスモデルの実行に重点を置くのに対して、スタートアップはビジネスモデルの探求に注力する。

ビジネススクールと経営者（候補）への示唆

この論文の指摘する「リーン・スタートアップ」の考えは、新しく事業を起こす起業家はもちろん、既存企業が新規事業へ参入するとき、さらに、既存企業が（売り上げの停滞や市場の成熟に直面し）これまでの戦略を見直し、新しい戦略やビジネスモデルの開発を考えるときにも同じように有益な指針を与えてくれると思います。実際、論文ではGEがリーン・スタートアップの考えを取り入れている例が示されています［注17］。

ただ、ふと振り返ってみると、「本質的価値は何か」「顧客に価値を提供できているか」「仮説と検証の実験の繰り返し」という、このリーン・スタートアップの本質的な要素は、いずれも「今初めて聞いた」というものではありません。皆さんが普段の職場で、あるいは生活でちょくちょく使っていたりするはずです。

例えば、今度こんな料理に挑戦したいというときに、いきなり10人前、しかもいきなり食材も豪華絢爛何十種類も買い込んでしまうということは普通はなく、まず簡単に手に入るもので少しだけつくる。まず家族で試して、よかったらお客様に……というのはそうでしょう。あるいは、上司にプロジェクトを提案するのに、3年間じっと考えていきなり100億の予算を請求する……ということはないでしょう。きっと小出しにして、この辺が受けそうだとか、この辺は直さなければいけないという感触を探っているはずです。

つまり、このリーン・スタートアップというのは、不確実性という大きな課題に対する極めて基本的な対応の仕方であるということができるでしょう。

しかし、「基本」であることと「やさしい」ことは違います。さらに言えば、応用編では間違えても仕方がないということになる場合でも、「基本」で間違えたらもうだめで

【注17】
例えばLeonard, D., & Clough, R. 2016. Move fast and break things: Jeff Immelt's plan to turn around GE is finally working. *Businessweek*. March 21-March 27: 54-59.
そう考えると、本論文が指摘するようにアメリカの一流ビジネススクールがこれまでの主流であった「事業計画のコンテスト」をやめ、「ビジネスモデルコンテスト」を採用するようになったのは当然の流れかもしれません。当然慶應ビジネススクールでも、クラスで取り入れています。

す。「できる人」というのは、他人に考えつかないようなすごい発明をしたり、とってもできないようなことをする人、である場合は少なく、実は「基本を決してはずさない人」である場合がほとんどです。

「予測」というのもそうですが、結局、誰か専門家に頼って「楽をしよう」としたときに、「基本」をはずしてしまう油断が経営者の頭のどこかに生まれるのではないかと思います。先の見えない将来に立ち向かう勇気こそが利益の源泉であるわけですし、そのガイドになるのは、ここで議論したような「基本」なのです。

だとすれば、経験の少ない人にも、大企業と戦えるビジネスモデルを見つけることができるかもしれませんし、若い人が経験豊富な上司をあっと言わせることができるかもしれません。「不確実な世の中」とは、脅威であるばかりでなく、チャンスでもあるのです。

第10章

そもそも「取締役」ってなんだろう?

コーポレートガバナンスの本質を考える

Withers, M.C., Hillman, A.J., & Cannella, A.A. 2012. A multidisciplinary review of the director selection literature. *Journal of Management*, 38: 243-277.

最近、「日本企業にも社外取締役が必要だ」「義務付けよう」「そこまでする必要はない」なんていう話をよく聞きます。ちなみに、日経テレコンで調べてみると、日本経済新聞朝刊に「社外取締役」という言葉が使われた記事が過去1カ月で38件、２０１５年１年では３８８件ありました。

少し前の「日曜に考える」という記事で「社外取締役、義務付け必要か」について経営共創基盤の冨山和彦ＣＥＯと新日鉄住金の佐久間総一郎副社長（当時常務）が意見を戦わせていました［注1］。冨山氏は「空気を読み合う村型統治の打破のために必要だ」と指摘し、一方で佐久間氏は「監査役制度が十分機能しており、個別企業の判断にゆだねるべきだ」という意見でした［注2］。

【注1】
２０１３年９月22日

こうした議論が繰り返される要因として、日本企業のガバナンスが弱く、社長の暴走に歯止めがきかなかったり、経営の透明性がいまひとつだったりという点が指摘されます。オリンパスや大王製紙がその「いい（悪い？）例」として挙げられます。実際、アメリカの上場企業では、例えば取締役10人のうち、内部者はCEOとCFOだけという企業がたくさんあり、そうした意味で日本企業は「世界標準」ではないと、識者や投資家は指摘するのです。ただ、一方で多くの社外取締役を入れて「世界標準」だったソニーのような会社が泥沼の赤字にあえいでいたりすることも事実です。ここではアカデミックな研究の視点を入れて、この「取締役」について考えてみたいと思います。

取締役、あるいはガバナンスに関しては経営学だけでなく、ファイナンス、会計学、経済学、あるいは社会学と幅広い研究がなされてきています（それが、ここで取り上げた論文のタイトルにmultidisciplinaryと入っている理由です）[注3]。そして、そうした膨大な研究の現段階での結論は「社外取締役の比率と企業の業績との間には、何らシステマティックな関係はみられない（つまり、論文によって正の相関だったり、負の相関だったり、相関がみられなかったりとバラバラ）」というものです。これについてはもう一度、あとで詳しく触れます。

[注2]
このお2人はいずれも私の親しい先輩で（冨山氏はコーポレイトディレクション＝CDI時代の、佐久間氏は大学スキー部の）、奇遇だと思ったものでした。

[注3]
Hillman、Cannella両教授とも、テキサスA&M大学時代からの親しい友人です。

コーポレートガバナンスとは

コーポレートガバナンス（企業統治）について、そもそも、という話にさかのぼると、いわゆる資本（株主）と経営（経営者）の分離という話になり、資本主義の発達の中で組織が大規模化し、かつ所有者が多数分散するところから始まります。その根底にあるのはエージェンシー理論（Agency theory）、つまり所有者から雇われている立場（エージェント）の経営者は（1）合理的でかつ（2）利己的、そして（3）（自分の富や将来が会社の存続にすべてかかっているため）リスク回避的であり、その結果プリンシプルと呼ばれる所有者と利害対立が起きるのだという考え方です［注4］。

その利害対立をなくし、エージェント（経営者）が自己の利益の最大化ではなく、プリンシプル（株主）の利益の最大化を図るようにするのがガバナンスの役割です。一般には「対立する可能性のあるステークホルダーの利害を調整し、企業価値の持続的向上を目指す仕組み」［注5］のすべてを指します。具体的には株主を代表した取締役会による戦略意思決定の監視、承認はもちろん、例えば経営者の報酬制度もそうですし、株式市場の圧力も広い意味でのガバナンスです。

［注4］
Jensen, M.C., & Meckling, W. 1976. Theory of firm: Managerial behavior, agency costs, and ownership structure. *Journal of Financial Economics*, 3: 305-360.

取締役の役割

企業統治の中核を担うのが取締役（board of directors）であることには間違いないのですが、取締役の役割は一般には3つあるといわれています[注6]。

一つは株主利益最大化のための経営者の監視などを中心とした「コントロール」。これはよく議論に上がる点です。2つ目は経営者に戦略やその実行面での助言を行う「サービス」、よく例として挙げられるのは、他社のCEOや元CEOは自分が企業買収（M&A）を経験していたりすることも多く、ターゲットの選定、買収価格や買収後の統合（PMI）でアドバイスをするといった点です。

3番目は、2番目と少し近いですが、経営のために必要な「資源へのアクセス窓口」としての役割です。平たく言えば「コネ」です。アメリカでは複数の企業の取締役を務めるケースも多くあり、そうした取締役が情報やノウハウの橋渡しになるという研究も随分あります（interlockingといわれます）。有力な元政治家や政府関係者、大口の取引先のCEOに取締役になってもらうケースもそうした意図あってのこととみていいでしょう。社会的な地位が低い会社は、プレステージの高い取締役を選定してその地位を上げようとする傾向があるという指摘もあります（dressing-up modelなどといわれます）。無名の企

[注5]
Hitt, M.A., Ireland, D.R., & Hoskisson, R.E. 2010. *Strategic Management: Competitiveness and Globalization* 9th Edition. Suoth-Western College Publication.

[注6]
Johnson, J.L., Daily, C.M.,& Ellstrand, A.E. 1996. Boards of directors: A review and research agenda. *Journal of Management*, 22: 409-438

業が有名スターを使うテレビCMみたいです。

それでは原点に戻って「経営者の利益と株主の利益」は、どのように相反するのでしょうか。もちろん、会社のお金を持ち逃げするとか、会社のお金で自分の家を建てるといった「犯罪行為」はここでは除きます。一般によく議論されるのは、例えば経営者の報酬は、企業の業績よりも企業の規模に比例するといわれており、経営者が自分の給料を上げたり、有名になったり、あるいはより大きいほうが倒産しにくい（つまり自分の職を守るために）ため、あまり戦略的に意味のない企業買収をしようとする場合です。

見逃されている「リステイク」の重要性

より本質的で、しかし日本であまり議論の俎上に載らないもう一つの論点とは、先ほどちらっと触れた「リスクに対する姿勢」です。株主は、様々な企業の株を購入することで、リスクを分散することができますが、基本的にはリスク志向（というか、ハイリスクハイリターン志向）です。そもそも、株式は、仮に企業が倒産したときに、債権者に支払い後の残存価値でしかない「リスクマネー」なのです。リスクを取るのがいやなら、銀行にでも預けておいたほうがよいわけです。

一方で、経営者はその企業にある意味人生をかけているわけで、リスクの分散ができません[注7]。従って、仮にリスクの高い戦略をとって、会社の業績が悪くなり、自分の報酬が減ったり、あるいはクビになったりするくらいなら、できるだけリスクの低い安全策を取ろうというドライブが働いても不思議はありません。業績がじり貧だとしても、会社がなくなってしまうよりははるかにましです。しかし、株主はそれでは困ります。経営者にリスクを取って、業績を上げて、株価を上げて、銀行預金以上のリターンをもたらしてほしいのです。ここに利害の相反が生まれます。

時々「無借金経営」と言って、自慢げにバランスシートにキャッシュを積み上げている会社がありますが、こうした視点からするとてもほめられたものではありません（最近では自社株買いも同様な指摘がされています）。「投資先が分かりません」と言っているようなものだからです。

従って、「経営者がリスクを取ることを奨励する」仕組みがガバナンスに組み込まれていなければなりません。単純に言えば「サラリーマン社長をオーナー社長のように行動させる」仕組みです。業績が上がらなければ解雇されるというのももちろんそうですが、それはかなり後ろ向きです。むしろ積極的にリスクテイクをさせるために、経営者の尻を叩いたり、リスクテイクを奨励する報酬制度を埋め込んだりするのです。時々「経営者には

[注7]
Eisenhardt, K.M. 1989. Agency theory: An assessment and review, *Academy of Management Review*, 14: 57-74.

胆力が必要」といった議論がありますが、胆力のある意思決定を導くのもガバナンスの役割なのです。

その1つが株式あるいは株式オプション的な報酬体系です。取締役会の中心議題も、当然「どのように安全に経営するか」ではなく、「どのようにして企業価値を高めるか＝どのようなリスクを取るべきか」になります。その意味で、取締役の役割は3つというより3・5つと言ったほうがよいかもしれません。

翻って、日本のコーポレートガバナンスはどうでしょうか？「リスクを管理する」という話は聞いたことがありますが「リスクテイクを奨励する」という話は、寡聞にして知りません(図)。チャンスをつかむことより、法令順守こそがガバナンスの役割だと思い込んでいないでしょうか。もしそうだとすれば、外部取締役に弁護士の先生が多い理由もよく分かりますが、リスクを冒さないことばかりが強調されるのではないかと危惧します。「サラリーマン社長がますますサラリーマンのように行動する」のでは何のためのガバナンスか分かりません。このあたりは2015年6月に発表された政府の成長戦略で「ガバナンスの強化」としてやっと少し触れられているようですが、どうでしょうか。実際アメリカを見習えと言っているようですが、私の知識では「弁護士」が社外取締役になっている一流企業はほぼ皆無です［注8］。

［注8］
一方で日本におけるガバナンス関係の書籍の多くは弁護士、会計士の先生によって著されているようにみえます。

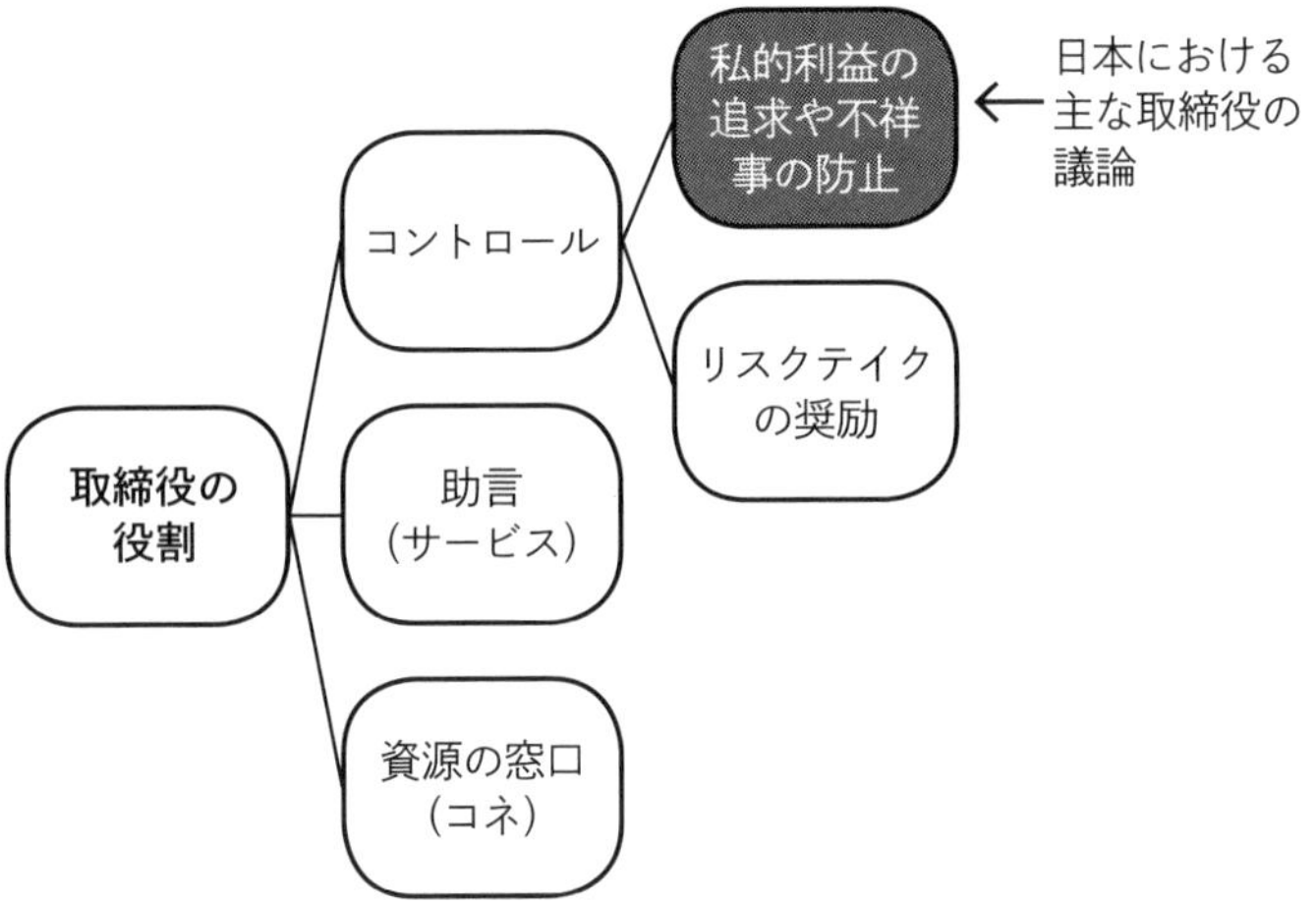

もしかしたら、そもそも「取締役」なんていう名前が悪いのかもしれません。ちなみに、専務取締役、常務取締役っていうのも、専務のほうが偉いということは分かりますが、なんなんでしょうか。すみません、独り言です。

取締役はどのように選ばれるのか？

さて、それでは論文の内容に入ります。え、ちょっと待って、どのように選ばれるかって、取締役っていうのは、当然経営を監視できる能力があったり、アドバイスできる知識や専門性、あるいはいろいろなコネを持っていたりする人が選ばれるんでしょう……という話はあるのですが、それだけではありません。

著者らは、このような動機での取締役の選定

取締役選定に関わる経済合理性に基づく要素

候補者の要素	会社の状況
・社内か社外か ・他社のCEO ・特別な知識、専門性、経験 ・特別なソーシャルキャピタル（つまりコネ） ・取締役としての評判 ・業績の良い会社の経営者あるいは取締役 ・他社の取締役 ・取締役会の方針と意見や経験が合致しているか ・性別および人種	・会社の業績 ・会社の経営環境 ・会社の戦略 ・会社のライフステージ（会社が比較的初期の立ち上げでは「助言」を得意とする取締役が役立つが、「監視」が得意な取締役は役に立たない）

を「経済合理性に基づく」選定と呼び、実はもう一つそれとは全く対照的な「社会的な動機」による選定も多く報告・研究されていることを示しています。第1章で「制度派理論」についてご紹介しましたが、それに近い話です。日本やアジアにおいても欧米においても、経営にとって合理性というのは必要条件ではあるかもしれませんが、必要十分条件では決してありません。

経済合理性に基づく選定の要素として過去の研究が明らかにしているのは上の表の点です。日本で議論されているよりはるかに広いカテゴリーという以外、あまり驚くようなことはないと思います。ただ、例えば「会社が比較的初期の立ち上げでは『助言』を得意とする取締役が役立つが、『監視』が得意な取締役は役に立たない」といった研究結果は、当たり前ですが記憶されていていいでしょう。少なくとも、現在の日本における議論は「すべての会社は」が主語になっていますから[注9]。

アメリカでの取締役の選定は必ずしも「合理的」ではない

一方で、「社会的な動機」に関しては、「経済合理的な動機」と対照的だと申し上げたように、「えー、まじ!?」という話も少なくありません(次ページ表)。特に、アメリカの上場企業の役員といえば合理性一本で決まっていそうな思い込みがあるのですが、実は結構ドロドロなのです[注10]。

取締役の選定も、様々な社会要因によってバイアスがかかったり、政治的な圧力があったり、あるいは「最適の人選」といっても時間もコストもかかるので、「知っている人の中からの人選」になったりするのです。実際、取締役のガバナンス上の効果を検証するとき「現在のCEOに選ばれたかどうか(だとすればそのCEOについては恩があったり、逆にあまり歯向かわないことを前提に選ばれていたりする可能性がある)」を考慮することが普通です。

アメリカのテレビ番組を見ていると、ハーバードのロースクール卒業生しかパートナー

[注9]
Kroll, M., Walters, B. & Le, S. 2007. The impact of board composition and top management team ownership structure on post-IPO performance in young entrepreneurial firms. *Academy of Management Journal*, 50: 1198-1216.

[注10]
具体的にそのあたりのところを深掘りしてみたい方は、ここ数年のヒューレットパッカード＝HP社の取締役やCEOの選任プロセスを調べることをおすすめします。

取締役選定に関わる社会的な要素

候補者の要素	会社の状況
・経営者あるいは既存取締役とのソーシャルキャピタル（つまりコネ） ・取締役としての評判（よい評判だけでなく、消極的だという評判も喜ばれる） ・特別な知識、専門性、経験（自分を取締役にふさわしいと印象付ける説得力、演技力）	・CEOの影響力（例:CEOの影響力の強い会社ではCEOと似たバックグラウンドの人が選ばれ、そうでない場合は外部取締役と似たバックグラウンドの人が選ばれる） ・「同じエリートサークル」かどうか（いわゆる学閥、派閥） ・会社による求める人材の違い（合理性vs社会的納得性）

になれない法律事務所が出てきて、判事まで「俺もそうだ、何年卒業？」と言いだすといった話がちょくちょく出てきます。半分は揶揄でしょうが、半分は本当です。「エリート」の世界は、その希少価値を守るために閉鎖的なことが多いのです。そして、そうした閉鎖性、あるいはバイアスは、必ずしも意識されていないことはご存じの通りです。自分としては合理的に判断しているつもりが、いつの間にか自分と同じようなバックグラウンドの取締役ばかりを選任していた……といった話です。知的レベルや学歴が高いことと、社会的な要素やバイアスに影響されないこととは別です。いや、むしろ知的レベルや学歴が高い人ほど強く影響されるといったほうがいいかもしれません。ブランド好きの人って、お金持ちに多いのと同じです。

そんなことを考えているとWall Street Journal［注11］で、Fortune 500に入るような大企業でCEOと

【注11】
2014年7月21日

ＣＦＯが同じ大学を出ているケースが結構あるという記事が出ていました。そのつもりで選んだわけではないのでしょうが、共通のバックグラウンドがあると盛り上がったり、心を許せたりするということでしょう。

取締役の選定に限らず、あるいはアメリカなのか日本なのかにかかわらず、人間の世界は「合理性」だけでは割りきれません。「正しいことを言っているのに、なぜ皆分かってくれないのか」なんて、30歳を過ぎてそんなことを悩んでいてはいけません。

しかし、だからといって何もできないわけではありません。「合理性だけでは割りきれない」「正しいことを言っているのに、皆分かってくれない」は、結論ではなく、出発点なのです。それを前提にどうしたらいいかということなのです。

それでは、以下は、こうした研究が、私たち、特に日本企業の経営に関わったり、取締役の選定を含めガバナンスに関してどうしようかと悩んでいたりする方々にどのような示唆があるかを考えていきたいと思います。

「解決策」としての取締役論議

ここまで申し上げたように、アメリカを中心に取締役（board of directors）に関する研究は、幅広い分野（経営学、ファイナンス、会計、経済学、社会学など）で大量にあります。経営陣（Officer とかTop Management Team＝ＴＭＴなどと呼ばれます）に関する研究もそうです。それには共通する大きな理由があります。アクセスできるパブリックデータの豊富さです。

日本でも、例えば有価証券報告書に社長、あるいは取締役の経歴などが簡単に載っていますが、アメリカの場合それが半端ではありません。有価証券報告書に当たるAnnual Reportにも相当載っていますが、一番はProxy Statementといわれる、株主総会用の資料です。これは、もしかしたらなじみのない方もいらっしゃるかもしれませんが、一度ぜひご覧になったらいいと思います。膨大ですので、全部を注意深く読む必要はありません。board of directorsのところだけでも十分です。

例としてＧＥの２０１５年のProxy Statementを取り上げてみましょう［注12］。年齢、経歴、いつから取締役になったかが事細かに記述されています。全体として人種や性別も、うまくばらけていますよね。一流会社として大変大事なポイントです。ちなみに、以前サムスンの取締役を調べたことがありましたが（今回は見つかりませんでした）、全員男性、しかも7割くらいはSeoul National Universityの卒業生でした。

さらに注目していただきたいのは「independent」という言葉です。実は、取締役を

【注12】
ご自身でウェブサイトからダウンロードしてください。
http://www.ge.com/investor-relations/investor-services/personal-investing/proxy-statements

「社外か、社内か」だけで分けるのは、あまりにも単純すぎるというのはアメリカでは実業界でも、アカデミアでも常識なのです。「社外取締役」の価値とは社内の出世競争とか、CEOの覚えめでたさという「社内要因」にとらわれずに客観的な意見を言うことができることです。しかし、「社外」だからといって、必ず「第三者＝independent」かといえば、そうではありません。例えば、その会社の大きな取引先だったり、あるいはその会社のコンサルティング業務などをして「利害」が絡んでいたりするかもしれないからです。

実際、もう随分昔になりますが、ディズニーの「中興の祖」、マイケル・アイズナーの時代にはそういうことがありました。ディズニーの取締役には、アイズナーの子供が通っている学校の校長先生だとか、アイズナーの家を設計した建築士だとか、いわゆる「お友達」がたくさんいたのです。しかし、飛ぶ鳥を落とす勢いでディズニーの業績を上げていたアイズナーは、前に示した通り（CEOの強い影響力で）自分の思い通りの取締役会をつくり上げていました。「社外」と「第三者」は必ずしも同じではないのです。

そして、極めつきは報酬額の開示です。まず、社外取締役の報酬、そしてその後はジェフ・イメルトから始まるトップ4人の報酬が、その中身および根拠とともに詳細に示されます[注13]。社用機を使ったとか、車が貸与されているかなんてところまで入っています。よく、アメリカ企業の経営者の報酬が高すぎるのではないかと議論になりますが、その前

【注13】
この根拠については例えば他社比較などあり、どの会社を比較先として選んだかなど研究者とすれば突っ込みどころ満載なのですがここでは飛ばします。

提として、そもそも報酬が開示されているというところにも目を向ける必要があるのではないでしょうか。

こうした豊富な情報開示、さらにそれを使った様々なデータベースが構築されており、それが実証研究（いわゆる1社あるいは数社をインタビューなどで掘り下げるケーススタディーと異なり、仮説を多くの企業の数値データを集め、統計的に処理をすることで検証する研究）が非常に重視されるアメリカの学会で大変喜ばれ、また多くの研究者を引きつける一つの理由です（もちろん、そもそも経営者や取締役は大切な意思決定をするからでもあります）。

しかし、この裏側には実は大きな限界もあるのです。経営に重要な役割を果たすから、様々な客観的データは開示されているのですが、逆にそれ以外の情報、具体的にここで取り上げた論文で指摘されているのは「本当はどのようなプロセスで取締役が選任されているのか」はブラックボックスなのです。そうした重要な立場にある取締役だからこそ、プロセスをインタビューしようにも、企業秘密だといわれたり、そもそも大企業のCEOや取締役の時間は簡単に（というか相当苦労しても）とれるものではありません。その意味で、膨大な実証研究のほとんどは、得られる客観的データを y＝ x の式に組み込んで、こういう結果が出ているからこういう因果関係だろうと、類推しているにすぎないところが多いのです。

「一般論ガバナンス」の限界

もう一つ、前に触れた大切な点に戻りましょう。それは、そもそもガバナンスの議論の根幹を揺るがすような話、多くの研究の現段階での結論は「社外取締役の比率と企業の業績の間には、何らシステマティックな関係はみられない」というものです。実は、ガバナンスの議論ではもう一つ大きなテーマがあります。それは、CEOが取締役会長（Chairperson）を兼任するかどうか（CEO duality）です[注14]。

CEOとCEOをコントロールしたり助言したりする取締役会の最高責任者を同じ人物が兼ねているというのは、野球で言うとピッチャーと審判を同じ人がやるのと同じだ、という批判はかねてからありました。20年前は、おそらくアメリカのFortune 500など、大企業の7割以上はCEOが会長を兼任していたと思います（逆に、兼任させないと、取締役会はCEOを信頼していないあかしだということで、株価が下がったりということもありました）。今はその比率は5割以下にはなっていると思います。いずれにせよ、「CEOが取締役会長を兼ねているかどうかと企業の業績の間には、何らシステマティックな関係

[注14]
そんなことを書いていたら、Wall Street JournalがHPの現CEOのメグ・ホイットマンが会長を兼任することに決まったことを報道していました。

はみられない」というのもまた事実です。これらの結果は、例えば企業規模だとか、業績を何で見るかという点を考慮しても変わりません。

本当にこうしたガバナンスは企業業績と関係ないのか？　どうしても納得いかないということで、この分野の大御所の、例えばDan DaltonやCatherin Daltonらは「ユニコーン症候群」という言葉を使っています。つまり、見つからないということは、いないということではないか？　いや見つけ方が悪いのではないか……となかなか結論がつかないのです。

ただ、もう一つ大事なことがあります。「実証研究で検証されていない」＝「科学的でない」と一般的に言うわけですが、実証研究とは全体の傾向があるかないかを問うているにすぎません。企業規模だとかあるいは業界だとかを考慮したとしても、ことCEOだとか、ガバナンスに関する限り、それは企業文化、歴史、戦略、さらには取締役が実際にどういうスキルを持っており、本当にその企業とフィットしたかという点までは踏み込めてはいないのです。

つまり、いくら豊富であっても、目に見える客観的なデータで、本当に何があるべきガバナンスの形態かを「一般化」しようとするのは無理だということを、これまでの研究は示しているということです。逆に言えば、経営者にしろ取締役にしろ、あるいは株主にしろ、一つひとつの企業が自分に合ったガバナンスとは何かを突き詰めていかなくてはならないということです。「こうすればよい」なんていう簡単なお手本などないのです。

まえがきでもふれたのですが、ハーバード大学のクリステンセン教授が指摘した「悪い経営理論」はここでもそのまま当てはまります。しつこいですが、もう一度引用します[注15]。

> 調子が悪くて医者に行ったとしよう。医者は症状を見もせず、「この薬を2錠ずつ毎日3回飲みなさい。来週もう一度連絡して」と言った。
> あなた：「ちょっと待ってください、何も診察してないじゃないですが。なぜこの薬が効くとわかるんですか?」
> 医者：「効くにきまってるじゃないか。君の前にあった患者には2人ともよく効いたんだから」

[注15]
Christensen, C.M., &Raynor, M.E. 2003. Why hard-nosed executives should care about management theory. *Harvard Business Review*, 81 (9): 66-74. 邦訳「よい経営理論、悪い経営理論」(ダイヤモンド・ハーバード・ビジネス・レビュー、2004年5月号)

日本のガバナンス議論の「問題」

翻って日本でよく聞くガバナンスの議論とは、まさに「どの会社もこうすればよい」的な、極めて一般的で安直な議論が横行していないでしょうか。もちろん、一般論は、一般論であるからこそ間違ってはいません。「経営者に対して客観的な意見の言える取締役は重要だ」という考えそのものに対して、それが間違いだという人はいないはずです。しかし、それが「だから社外取締役を義務化しよう」ということになると、大きな飛躍があると思うのです。

ここであの有名なウォーレン・バフェット氏が２００７年に株主に宛てた発言をご紹介しておきます。

> Instead, consultants and CEOs seeking board candidates will often say, "We're looking for a woman," or "a Hispanic," or "someone from abroad," or what have you. It sometimes sounds as if the mission is to stock Noah's ark. Over the years I've been queried many times about potential directors and have yet to hear anyone ask, "Does he think like an in-

telligent owner?"
— Warren Buffett, Berkshire Hathaway Letters to Shareholders 2007

取締役を探すコンサルタントやCEOがよく言うのは「女性はいないか」「ヒスパニック系は?」「外国人は?」といったことだ。まるでノアの方舟に乗せるメンバーを集めようとしているのではないかと思ってしまう。何年もこうした取締役候補の話を聞いているが、「優秀なオーナーのように考えることができるか」という(肝心な)質問をなぜ誰もしないのだろう。

すでにご説明したように、社外=客観的とは必ずしもならないことは、多くの研究結果が示しています。さらに言えば、取締役の仕事はコントロールだけではなく、助言やコネを含めた資源へのアクセス窓口でもあります。会社のライフステージ、業界、あるいは経営環境、さらにはその会社の文化や価値観によって、ふさわしい取締役は違うはずなのです。

そう考えてみると、かまびすしいガバナンスあるいは社外取締役に関する議論は、いつの間にか、それぞれの企業の「本当の問題」がどこにあるかを素通りしたまま、こうしたほうがいいという「問題解決策」の議論に終始していることが分かります。これは、第1章で「制度派理論」に関する論文をご紹介したときにも触れたのですが、世の中に様々な新しい「問題解決策」が蔓延するのは結局、本当に何が問題なのかという現実が分かっていないことの証拠ではないでしょうか?

だいぶ前のことになるのですが、確かリコーの当時取締役(!)副社長の遠藤紘一氏が「TTW」と称してこんなことを言っていらっしゃいました。

> 「what(現象)」を十分観察しないうちに「why(原因)」を急いで考えてしまうことが多い。…「whaT Then whY(「何が」のあとに「なぜ」が来る)」という標語をつくり、「何が起きているのかを正しく理解できていない状態では、いきなり、なぜを考えても、解決にならないことを戒めている。

今の日本企業のガバナンス論議にとって最も大切なのは、実は社外取締役をどうするかでもなんでもなく、「今、当社が抱える問題は何か」「どのようにしたら、中長期的に当社の競争力を強化できるか」「そのために組織としてどのような人的、技術的、文化的強みがあり、何がさらに必要とされているのか」という点について、現実を直視し、そしてその認識を共有することなのではないでしょうか？　取締役の話をする前に、もっとしなくてはいけない議論があるのではないでしょうか？「するべき議論」ではなく「しやすい議論」をしていないでしょうか？

それでは今後、日本企業は企業統治という問題についてどう対処したらいいか？　以下で、私の極めてバイアスのかかった意見を3つほど述べて締めくくりたいと思います。

1．情報開示

ＧＥのProxy Statementでご説明したように、ガバナンスに関する欧米企業の開示は半端ではありません。一方で、日本企業はどうかといえば、これはもうお寒い限りです。「お金」に対するカルチャーが違うので当然といえば当然ですが、例えば、日本の社長は報酬が低いといいながら、いろいろな「手当」があり、引退後も、会長はもちろん、名誉なんとかとか、顧問なんとかで個室に秘書に車までつくということは珍しくありません（逆に、何人もいる顧問に退任をしていただくと、すごく勇気のある社長だと新聞ダネになるくらいです）。要は、ルールがあってないかのようなものだし、融通無碍といえば聞こえはいいですが、いくらでも言い訳のできる体制になっているような気がしてなりません。

前にご登場願った佐久間氏にしかられそうですが、経済界が社外取締役の法制化に反対するのは、もしかしたらそれが引き金になってより情報の開示が進むのを怖がっているのでは……なんて思うことすらあります［注16］。

さらに、経営者や取締役に関する情報開示だけでなく、もっと戦略に関する情報の開示も進めるべきだと思います。それによって、顧客はもちろん、多くの目にさらされ、自社の戦略立案・実行体制をより鍛えることができると思うのです［注17］。

「いや、そんな戦略を発表したらまねされてしまう」という意見もありそうです。しかし、現実にはそれはほとんど幻想です。企業に必要なのは、単に戦略だけではなく、その戦略の源泉となる様々な資源であり、さらにそれを実行できる体制と人だからです（アメリカにいるとき、「なぜトヨタは工場見学をさせても大丈夫なのか？」とよく聞かれました）。「アイデアだけなら、誰かがすでに考えていると思ったほうがいい」という指摘は、第9章でご紹介した『リーン・スタートアップ』でも出てきました。

もちろん、アメリカ企業と同じことをしろというわけでは全くありません。申し上げたいのは、「社外秘」とか「関係者外秘」なんていうハンコをどの書類にも押しているうち

【注16】
コンテクストは異なりますが、第一生命保険の渡邉光一郎社長のように「3現主義とは情報の見える化につきる」とおっしゃる方もいて、全くその通りと思います。

【注17】
慶應ビジネススクールの同僚、磯辺剛彦教授が先日指摘されていましたが、地銀の中には「当社の戦略はリテールと法人に注力することだ」といっているところがあるそうです。地銀の事業領域とは、そもそもリテールと法人しかないわけで、その意味で「単に私たちは地銀と言っているにすぎない」のです。

に、何かすごいことをやっているという自己満足に浸っていないかということです。何が共有されており、何が共有されていないかも分からなくなり、共通した事実の上にたった議論ができなくなっているのではないかと指摘したいのです。

2. 社員をもっと「企業統治」に巻き込む

1とも関連しますが権力の源泉の一つに「情報」があることは有名です。その意味で、上の人、情報を握る立場の人々はできるだけ情報を手放したくないという思いがどうしてもあります。口では「会社の競争力に関わる」とかなんとか言いながら。だからこそ「情報公開」そのものがガバナンスなのです。

さらに言えば、そうした情報開示のもう一つの大切な効果は、一部の人たちが情報をコントロールしてこっそり決めるのではなく、より多くの社員と情報を共有し、そうした社員たちを巻き込めることです。経営陣は「何も分からない社員に情報を出すと、どうなるか分からない」と思っていたりするようですが、むしろ出さないで疑心暗鬼になったり、一部の「偉い人とコネのある社員」だけが重用されたりという副作用のほうが多いものです。

少し昔にヒットした「Who wants to be a millionare」というテレビ番組をご記憶でしょう

か。そこで回答者が使える3つのサポートのうち、会場に聞くというオプションがありました。多くの場合、会場の多数意見は正解ではなかったでしょうか。

また、27歳でマザーズ上場をし、その後倒産の危機にも直面しながら、それを乗り越えたドリコムの内藤社長は次のようにおっしゃっていました。

> リバイバルプランをつくって感じたのは、トリッキーなものは一つもないということ。みんながそうすべきだよねというものばかり。みんながいいと思うものをやっていけばだいたい会社はよくなるだろうと。集合知というか。みんなはよく会社を見ている。僕から見ているほうがいびつな絵になっていて、ありのままに見ている人たちの意見を入れるようになった。

結局、経営陣にとっても、あるいはもっと下の部門長にとっても、一番緊張感を持って取り組めるのは「見られている」という意識を持ったときだと思うのです[注18]。「取締役」がガバナンスの話題の中心になるにつれて、伝説の昭和39年、松下電器の「熱海会

【注18】
ご興味のある方は今から80年も前に行われた「ホーソン実験（Hawthorne experiments）」なんかも参照していただければと思います――もともとは照明の明るさと生産性の関連を調べる実験だったのですが、実は（実験のために）「見られている」ことで生産性が上がっていたという話です。

談」のような日本企業の持っていた社員（あるいは取引先）の経営参加とかガバナンスは忘れられかけているように思います。

その意味で、ガバナンスとは決してピラミッドの頂点だけの話ではないはずですし、そうであってはなりません。

3．アナリストの質問にビビらない

企業統治論の原点にあるのは、前にも触れたように、所有と経営の分離であり、その意味で最近の日本の傾向は昔のように「会社は誰のもの」なんていう議論はあまりされなくなってきており、「株主をもっと重視すること」でほぼコンセンサスがとれているように思います。

そうした中で、投資家、株主が経営にいろいろな注文（無理難題？）をつけて困っている経営陣も多いという話も聞きます。

投資家、アナリストの言っていることは正しいことが多いです。ソニーはなぜいまだにシナジー効果があるのか分からないソフトとハードの両部門を持っているのか？　なんていうのはその通りの気がします。

注意しなくてはならないのは、こうした意見は、あくまで「一般論」であることです。

すでに指摘したように、彼らは経営の内部を知りません（だからもっと情報開示が必要だということもいえるでしょう）。さらに言えば、彼らの意見は「一般論として正しい」、つまり普通だったらこうするべきだということにすぎず、本当に当該企業にあてはまるかどうか分からないのです。

企業戦略、企業経営の基本は他社との「**差別化**」のはずです。なぜ、他にも様々な企業があるのに、お客様は当社を選んでくださるのかという点を突き詰めることに他なりません。極端な話、世の中の経営者が投資家やアナリストの言うことをそのまま実行すれば、そもそも経営者なんていりませんし、おそらく業界の企業は皆同じような戦略、同じような体制になるでしょう。

そして、投資家の意見、アナリストの意見の本当のリスクは、経営者がそれらによって「ものを考えなくなる」ことです。例えば取締役の選任については、前に指摘したように「経済合理的な動機」と「社会的な動機」があります。前者が自社にとっての経済的メリット、あるいは競争のための差別性ということに主眼を置くのに対し、後者では「世の中で認められやすいか」「自分のところだけ違うことをやって目立ってないか」なんていうことが重視されます。つまり、例えば「当社も社外取締役を置いています」「女性の部長をつくりました」というのは、まさに「社会的な動機」にぴったりなのです。その心は、もしかしたら何の根拠もなく、数合わせだけにすぎないとしても。

世の中でまことしやかに言われていること、あるいはアナリストがやれと言っていることをやっただけで、満足していては決して組織は強くなりません。問題が何かも分からず、人気のある解決策をあてはめているだけかもしれないのです。

ただ、アナリストの質問に対して、いかにも防戦一方、苦しい言い訳をしているとしか見えない経営者の方もいらっしゃいます。本人も分かっているのでしょうが、社員は本当にがっかりしていると思います。

繰り返しになりますが、経営の（あるいは戦略の）原点は差別化です。一見もっともな一般論を、正面から受け止めて、それを堂々と論破できること、そうした経営者のいる企業こそが「ガバナンスが機能している」と言うことができるのではないでしょうか？

第11章

なぜ愛は急に失われるのか?

本来ポジティブなのにネガティブにひかれる人間の性

Cameron, K.S. 2008. Paradox in positive organizational change. *The Journal of Applied Behavioral Science*, 44: 7-24.

この章では、私が担当するクラス（Uncertainty and Managementという英語が主言語のクラスです）の最後、私自身の書いた「Sushi Zushi」というケースとともに取り上げたミシガン大学のキム・キャメロン教授の論文を通じて、ここ数年、地道ですが少しずつ注目されてきているPositive Organizational Scholarship（ＰＯＳ）をご紹介したいと思います。聞きなれないコンセプトですが、中身は読者の皆さんが普段よく「実感」されているはずです。

ＰＯＳを単純に言うと、社員・組織のポジティブな面の研究です（あとで少し触れますが「ポジティブ」というのは、極めて広い意味があり、本文ではそのまま「ポジティブ」で通します）[注1]。

「ポジティブはいいけど、なぜパラドックスなの」というのが、当然出てくる質問です。それに対しては、私が得意とする「超訳」でパラドックスの中身をまとめると次のようになります。

> 人間はもともとポジティブなことが好きだし、物事をポジティブにとらえる傾向がある。しかし、だからこそ、数少ないネガティブなことがいったん起こるとそれに引っ張られることが多い。

例えば、大変評判のいい企業が、ある一つの事件をきっかけに「ブラック企業」の烙印を押されるようになってしまったり、大好きだったはずのあの人のちょっとしたしぐさを見て一気に熱が冷めてしまったり……というようなことです。それはなぜなのか？　どんなメカニズムが私たちのそうした意思決定の背景にあるのか？　私たちは何か見落としていないのか？　失った愛は戻ってこないかもしれませんが、ＰＯＳは組織の変革や成長に関していくつか重要な示唆を提供してくれます。

【注1】
この分野の第一人者であるキャメロン教授のもともとの専門は企業変革でした（少なくとも私がテキサスA&M大学の博士課程にいるときはそうでした）。そこでは、なぜ企業変革は難しいのか、どのように人や組織を動かしていけばよいのかという議論をされていたわけですが、本文を読んでいただくと、なぜ彼が力点をＰＯＳに移したかが推察できるのではないかと思います。

なぜこの論文をUncertainty and Managementというクラスで取り上げたかは、私の私見とともに最後の部分で述べます。このクラスは、慶應ビジネススクール（KBS）の提携校からの交換留学生（コロンビア、ケロッグ、NUSなどなど）と、KBSのフルタイムMBAおよび土曜、夜間中心のEMBAの学生の大混成クラス（ハイブリッドと呼んでいます）です。

ちなみに、クラスを取ったKBS学生の多くは「彼女の英語を話すスピードが速すぎる」「内容は理解できているけれど、口をはさめない」といった「リアルな経験」を毎回していています。そうした学生に私が言うのは、自分の語学力の低さを嘆いているばかりでなく、次のステップへの道を見つけろということです。

そして、「次のステップ」とは必ずしも「英語力を上げる」ことではなく、「英語が下手でもめげずにコミュニケーションする」「『英語で言われていて、なんとなく違うのではないかと思うけれど、とりあえずイエスと言う』ことをやめる」「分からなければ、分からないと言って、恥ずかしいけれど何度でも聞き直す」といったことであると思います。実際、早口で皆から恐れられている（？）あるアメリカ人学生は「日本人の学生は、自分は英語が下手であまりしゃべれないとか言っているけど、ちゃんとしゃべってんじゃないの。自信持ちなさいよ」なんていうことを、飲み会の場で言っていました。

さて、話がそれましたが、本題に入ります。

ポジティブバイアス

本論文はThe Journal of Applied Behavioral Scienceという学術誌がキャメロン教授をエディターに迎え、ＰＯＳに関して特集を組んだ号の全体像の紹介的な位置づけの論文です。

キャメロン教授はまず「ポジティブ」の定義に触れています。大きく分けて3つ、「ずば抜けていい業績」「強み、能力、可能性といったプラスの側面の重視」「人間の本能に根差したよきものへのこだわり、倫理観」の意味があるとしたうえで、Heliotropism、つまり植物が太陽を向くように、ポジティブなエネルギーを求め、ネガティブを避けるというのが人間の本能であることを強調します。

この「人間がポジティブなエネルギーを求める」ことに関しては、組織の研究だけではなく（というよりは、組織の研究は本当に一分野にすぎません）、教育、医学、心理学など様々な分野で言及され、また科学的な証拠もあまたです。例えばということで、キャメロン教授が挙げている例からさらに絞って挙げると、次のようなものがあります。

- 人間は、ネガティブなコンセプトよりポジティブなコンセプトをより正確に学習し、また記憶度もよい
- ネガティブな言葉よりポジティブな言葉をより早く学ぶ
- リストをつくると、ポジティブな言葉がネガティブな言葉の前にくる
- ポジティブな思い出のほうが、中立あるいはネガティブな思い出よりも頻繁に思い出す
- 人は日常生活のいろいろな出来事のうち3分の2から4分の3はポジティブだと考えている
- 将来は現在や過去よりも圧倒的にポジティブだと考えている
- 自分は平均よりも長く生きると考えている
- 自分は離婚しないと思っている

他にもいろいろありますが、特に最後の4つは「positive bias」などと言われ、人間は「認識面でも、感情面でも、行動面でも、生理的にも、そして社会的にも」そもそも楽観

的に考える、ポジティブを好むようにできているのだという点はほぼ定説になっています。

ポジティブバイアスの背景にあるネガティブへの恐れ

人間の本能はポジティブな反面「死への恐怖」が根底にあるといわれます。それをさらに展開すると次のようなことです。

> ほとんどの人は、小さいころからネガティブなフィードバックを無視すると大変なことが起きることを学習している。一方で、ポジティブなフィードバックを無視しても大した問題にならないことが多い。結果として、人はポジティブへの希求を抑制し、ネガティブに対してより性急に、より強く反応する。

確かに、人間が生存ということを考えれば、身に降りかかるネガティブに気をつけなくてはならないことはもっともです。結果として、本来はポジティブで、出来事もバイアスがかかっているくらいポジティブに見るのが人間の本能だとしても、現実的には数少ないネガティブな出来事を恐れ、大きく影響されているのです。

結果として、現実には次のようなことが起こっています。

- ポジティブなニュースよりもネガティブなニュースのほうがよく売れる
- 人はポジティブな出来事よりもネガティブな出来事により注意を払う
- ポジティブな出来事のほうが長く、正確に記憶されるが、短期的にはネガティブな出来事のほうが大きな影響を与える
- 悪い評判は立ちやすく消えにくい。一方で、いい評判は得にくく、失いやすい
- 「よい」とみなされ続けるには、常に「よい」ことをし続けなくてはならないが、「悪い」とみなされるには、数回「悪い」ことをすればよい

段々気が滅入ってきましたが、これは確かにそうだと、多くの方が実感されるのではないでしょうか。そういえば、私もコンサルティング業界に入る前には新聞社に行くことを

考えていたのですが、当時の社長に「あんなに暗い話ばかりを載せている業界に入ってどうするんだ」と諭されたことを思い出します。

確かに組織内での施策の実行を考えても、一つのミスが全体の失敗につながることはよくありますが、一つのポジティブなことが成功を保証することはありません。さらにある企業の採用の実験を取り上げ、次のような具体的な例が示されています。

> 合格から不合格にするために3・8票の不合格意見が必要なのに対し、不合格から合格にするためには8・8票の合格意見が必要である。

ネガティブな出来事はポジティブな出来事の5倍のインパクトを持つという研究もあるほどです。こうしたポジティブを求める背後にあるのが、ネガティブへの恐れであり、結果としてポジティブを求めながら（あるいはポジティブを求めるからこそ）、数少ないネガティブに引っ張られてしまう「パラドックス」に私たちははまりがちなのです。

ポジティブの潜在力

こうしてみると、ポジティブの大切さはよく指摘されるところですが、現実にはそうしたポジティブの持つ潜在力を生かしきれていないことが多いことに気づかされるのではないでしょうか。実際、ビジネスの世界の記事や研究論文でも、ネガティブ対ポジティブは4対1というデータがあります。キャメロン教授の論文を出版しているThe Journal of Applied Behavioral Scienceに1990年から2007年に掲載された約500本の論文のうち、40％がネガティブ、ポジティブな話は4％（残りはニュートラル）とキャメロン教授は指摘します。

ポジティブの持つ潜在力とは、例えば医学、教育学、心理学の分野では次のような研究結果が報告されています。

- ポジティブであると創造力が向上する
- ポジティブであると人間関係、信頼がアップする
- ポジティブであると生産性や業績、顧客のロイヤリティが向上する

・ポジティブであると注意力が向上する。
・ポジティブであると病気に対する抵抗力が増し、また生存確率も高い
・ポジティブにコミュニケーションをとっているかどうかが、結婚の行方を非常に高い確度で予想する

私たちはポジティブを求める本能を持っており、またポジティブな考えや人間関係は大きなプラスの潜在力を持っているにもかかわらず、いつの間にかネガティブに左右されているのが現状です。言い換えれば、私たちは、ネガティブなことには自然に反応するのに対し、ポジティブはそうでないので、意識してポジティブな出来事に目を向けるようにしていかなくてはなりません。

Uncertainty and Managementとポジティブ

さて、冒頭申し上げたように、なぜUncertainty and Managementというクラスで、この論文を取り上げたのか？　おぼろげながらお分かりの方もいらっしゃるかもしれません。

ここではいろいろある中で3つに絞りたいと思います。

最初のポイントとしては、この「Uncertainty」の本質についてです。一時期はやり言葉にすらなった「想定外」は、ビジネスの世界ではもはや例外というより所与のものとして対処しなくてはならないのが現在の環境です。新規事業はもちろん、中国などの海外進出についても、国内の競争ですらUncertaintyは満載です。優良企業が一敗地にまみれたり、成功方程式があっという間に陳腐化したりということが頻繁に起こっています。独フォルクスワーゲン（VW）のおかげで少し露出が減りましたが、リコールで大問題になっているタカタの工場はサンアントニオにあって、個人的に知っている方も随分いるのですが、シェアダントツのあの会社がこんなになるなんて誰も想像できなかったと思います。

そうした中で、ただ、心配なのは「想定外＝悪、マイナス」という話にばかりなっていないかということです。これがまさにPOSとシンクロする部分なのですが、人だけでなく、その集合体である組織においてもポジティブよりもネガティブなニュース、出来事に過敏に反応します。常に最悪の事態を考え、できるだけリスクをつぶし、備えを万全にすることが求められることが多いでしょう。そして、それこそがUncertainty and Managementの本質だと思われていたりするわけです。

しかし、よく考えてみてください。Uncertaintyというのは、つまり将来が予測しきれ

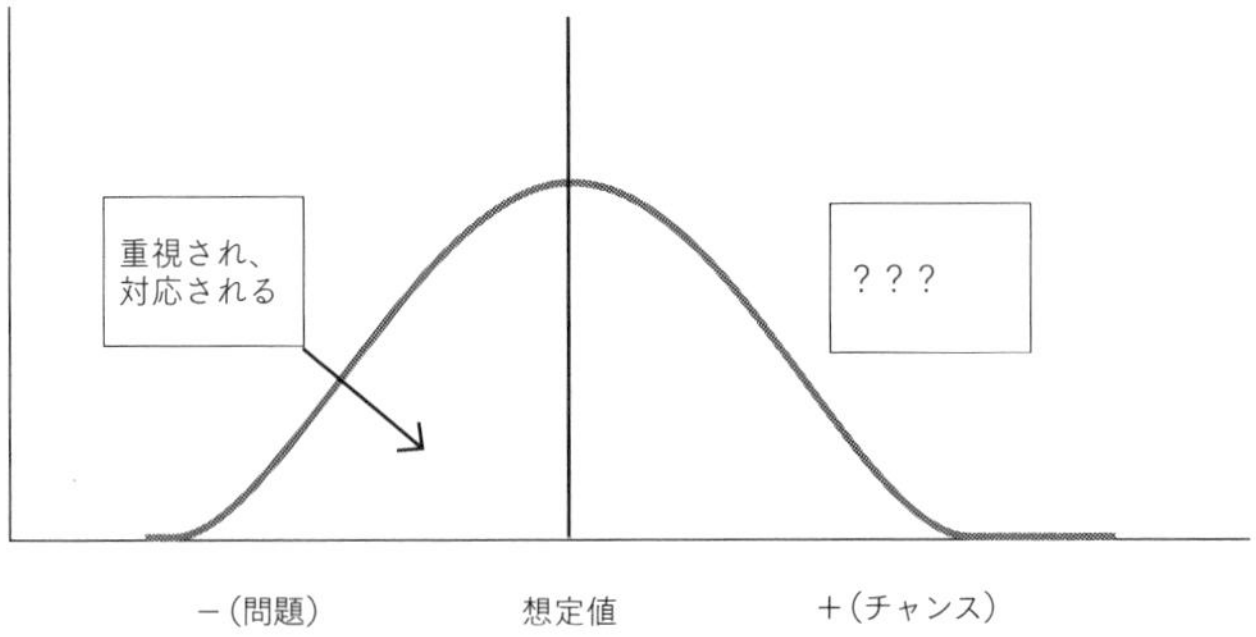

ないということであり、現実には悪いほうだけではなく、いい想定外だってあるのです。つまり図で示すような分布です[注2]。単純に言えば、悪いことと同じくらいよいこともあるはずなのですが、そのよい方、つまり「思ってもいなかったチャンス」を本当に生かせているのでしょうか？　多くの組織では、悪い想定外に対処するために、人材や資源をそちらばかりに振り向け、いい想定外に対する備えがおろそかになっていないでしょうか？　逆に、そうしたチャンスを生かせる会社は、土壇場で大逆転が起こせるかもしれません。ミクシィが復活した経緯はよく調べていませんが、そんなところに理由があったりするのではないでしょうか？

　それに関して2点目に考えたいのは、そうした「想定値」とか、あるいは「ポジティブ」「ネガティブ」を考え、評価するときの「基準」についてです。いい

[注2]
Frank KnightはRiskとUncertaintyを明確に分けていますが、ここでは議論を単純化するためにそうした点は無視しています。

意思決定をしようとか、業績を上げようとか、そういう話はよくされると思うのですが、意外にそうした「よい、悪い」を判断するときの「基準」については、ざっくり、場合によっては全く注意が払われていないということが少なくありません。

「基準なんて、そんなの当たり前で、誰でも分かっている」からであるのですが、実はそうでないことも多いのです。特に注意をしなくてはならないのは「デフォルト」、つまり「これまでの基準」「慣行」に関しては、誰も疑問を持たずに、あるいは考えずに、そのままいいと思い込んでいることが少なくないのです[注3]。

技術や市場の変化を見てUncertainty、想定外だなんて言っていますが、実は自分がCertainだと思い込んでいたものの中に、Uncertainどころか、全く間違ったこともあるのかもしれないのです。そして、そのためには、「なんとなく」ではなく、自分なりの確とした「基準」があるのかを自問自答する必要があるのです。

[注3]
これは別の章（例えば第7章）でも議論されています。

「社内」が意識されないというもう一つのパラドックス

最後に、1、2番目のポイントと関連して、Uncertaintyについて、特にネガティブな可能性について企業は大変心配しています。ですから、例えば今後の市場分析、あるいは今後の競合分析に対して、例えば経営企画部などはお金も使い、売り上げ予測ができるだけ外れないよう精緻華麗なものをつくっています。

しかし、私が研修などに行ってその企業の将来性を議論しようということになって、ほぼ間違いなく問題になるのは「当社の本当の強みとは何か」であったりします。「顧客は、なぜ他社ではなく、御社を選んでいるのですか」という、とっても当たり前の質問に対して答えられない部長さんが、いわゆる一流企業でもぞろぞろいるのです。「当社を信頼していただいて」なんておっしゃるのですが、「きっとそうだろう」という、想像であることが少なくありません。「日経ビジネス」でも、富士重工の吉永泰之社長が同じような指摘をされています〔注4〕。

さらに言えば、少し前に日立やイオンが「社員をグローバルで一元管理するためのデータベースを構築した」なんていう記事が新聞に出ていました。これものけぞる話です。「企業は人がすべて」なんて言っておいて、今まで一元管理すらしていなかったということなのですから。これも、多くの企業にあてはまらないでしょうか？

結局何が申し上げたいかというと、Uncertaintyという言葉を使うとき、「ネガティブ」なことばかりに注意がいきすぎているという点だけでなく、「社外」のことばかりにも注意がいきすぎており、「自社」「社内」に目の届いていない組織が随分多いということです。

【注4】
2014年11月10日号「経営教室」

あなたの会社の社員には、どういう人がいて、どういう強みを持っており、何がしたいと考えているのでしょうか？　なぜあなたの会社にいるのでしょうか？　何が「やりがい」なのですか？　そんな極めて単純な質問に対して、どれだけの経営者の方が自信をもって答えることができるのかと思うのです。

経営戦略で大切なのは、その精緻華麗さではなく、どれだけ共有できているかです。どれだけ立派なビジョンや戦略があっても、共有されていなければならないのと同じだからです。

愛が急に失われるのは、人間のネガティブに対する過剰反応にあることは申し上げた通りです。しかし、「実はあると思っていたけれど、当社にはもともとなかった」、ということにならないようにしなくてはなりません。そうした不確実性の持つ多面性のパラドックスに対し、本能的にではなく意識的に感度を上げて対応することが今後、より重要になると思います。え、そんなこと言っても難しいですって？　そうです、難しいから差がつくのです。

第12章

インドで考えた組織的コミュニケーション

国際化、IT化が迫る原点の再考

Zhao, Z. J., & Anand, J. 2013. Beyond boundary spanners: The 'collective bridge' as an efficient interunit structure for transferring collective knowledge. *Strategic Management Journal*, 34:1513-1530.

２０１５年６月末にバンガロールでのAssociation of International Business（通称ＡＩＢ）の年次学会に出席しました（初めてのインドでした）。ちなみに、このＡＩＢという組織は、広く経営学全般をカバーするAcademy of Management（通称ＡＯＭ）には規模では及びませんが、国際経営を専門とする研究者が集まる組織では量・質ともに世界ＮＯ．１です［注1］。

今回、インドでの学会ということで圧倒的にインド人の先生が目立ちました。インドの大学はもちろんですが、世界中の大学で活躍する高名な先生も随分来ていらっしゃいました。ソフトバンクに迎えられたニケシュ・アローラ氏もそうですが、インドという国の人材輩出力には改めて驚かされます。また、インドのハイテク企業（インド企業や多国籍企

【注1】
アメリカで戦略・M&Aを専門にしてきた私はまだこの分野では日が浅いのですが、慶應ビジネススクール（ＫＢＳ）の同僚の浅川和宏先生が日本人として4人目の

業のインド法人）のトップが参加したセッションも随分あり、この章でご紹介するペーパーはその中の一つのセッションがきっかけです。

セッションのタイトルはバーチャル・オーガニゼーション（Virtual Organizations）。サブタイトルはManaging Learning and Sharing Knowledge across Borders、つまりグローバル化が当たり前になってきた現在、企業は国境を超えてどのように知識、ノウハウを共有化すればよいのかという洋の東西を問わず基本的でかつ切実なテーマです。

このセッションにはオハイオ州立大学のアナン教授（インド人で、今回の論文の共著者）のほか、インテル、インド第2のＩＴ企業と言われるウィプロ（Wipro）からの出席者も、自社の取り組みについて発表がありました。

フェローに選ばれています。フェローってなんだっていう話ですが、基本的には国際経営分野での多大な貢献を評価されて選ばれる名誉のサークル（世界中で現在約90人）で、プロ野球にたとえると「名球会」みたいなものとお考えください。

ＩＴと組織的コミュニケーション

組織が大きくなり、国際化すればするほどバーチャル・オーガニゼーション化、つまりＩＴでつながることが増えてきます。今回のセッションに参加したインテルにしても、ウィプロにしても、当然ＩＴの活用には積極的に取り組んでいるのですが、その発表の肝は「ＩＴの活用をどうするか」では実はなく、「ＩＴの限界をどう補うか」でした。インテルのマネジャーの方のプレゼンテーションで面白いと思ったのは次の3点です。

・共通言語［注2］がないとITは機能しない
・コストはかかっても、フェース・ツー・フェースで会うことは非常に重要だ
・ITの「ボディランゲージ」に気をつけろ

特に3番目のところは、発表終了後にもう少し聞きに行ったのですが、そこで説明してくださったのは次のようなことでした。

・コミュニケーションというのは、言った、言わないのデジタルなものでは必ずしもない
・「こんなこと言ってるけど大丈夫だろうか？」といったはっきり言葉にできないレベルの懸念とかイシューとかをすくい取るようにしないと、あとで大変なことにな

［注2］
私の言葉で言えば価値観の共有化

る

・そのために、自分はフォーマルなＩＴでの情報交換以外に、インフォーマルなネットワークを社内に張り巡らして、たいしたことがないようなことも耳に入れるようにしている——それがボディランゲージに気をつけるということだ

中身がすごくても共有できなければ持ち腐れ

論文の簡単な解説をしておきます。戦略上特に重要なのは、他社にまねのできない知識、ノウハウを持つことだといわれます。往々にして、そうした知識・ノウハウは明文化できる単純知識（individual knowledge）ではなく、組織の中にある様々な単純知識をどのようにコーディネートし、共有し、組み合わせ、再配分したらよいかという総合的知識（collective knowledge）です。例えば、最終アウトプットの製品は、競合企業のものを買ってくれば分かります。どんな原材料を使っているかも分かるでしょう。しかし、どのように作れば品質もコストも満足できるレベルになるのかはなかなか分かりません。

ただ、ここで一つ問題があります。他社がまねしにくいのは、総合的知識が持つ複雑性

(complexity) のせいなのですが、複雑であるから社内でも、例えば海外の子会社や他の部門と共有しようと思ってもなかなか共有できません[注3]。MITの先生はこれを「粘っこい(sticky)」なんて言います。であるとすれば、本社のノウハウを海外子会社に移転したり、逆に海外子会社で蓄積した知識・ノウハウ(リバースイノベーションとか)を本社や他の子会社に移転・共有したりしようと思ってもなかなかうまくいかない、つまり「宝の持ち腐れ」「組織力不全」ということになりかねないのです。

実際、知識・ノウハウの共有というのは、社内であっても簡単ではありません。「ベストプラクティスの共有」に日本企業でも取り組まれているところは多いのですが、苦労されているという話もよく聞きます。「単に同じことをすればよい」のに「いや、この支店の状況は違う」と変にこだわるか、逆に「明らかに違う」のに、「何がどう違うのか分からないのでそのまま同じことをやったので通用しない」、さらに言えば「一度やってみたのに無駄だったから、二度とやらない」なんていうことが頻繁に起きているのです。そもそも「総合的知識」の意味合いがきちんと伝わっていないことが大きいのでしょうが、実際、自社の競争力の源泉になるような知識ほど複雑で、暗黙知の部分もあって共有が難しいのは間違いありません。それではどうするべきか?

本論文では、部門間(あるいは本社と子会社間)の知識共有に関して2つのメカニズム

[注3]
Resource-based viewの戦略論の根本的な論点の一つです。

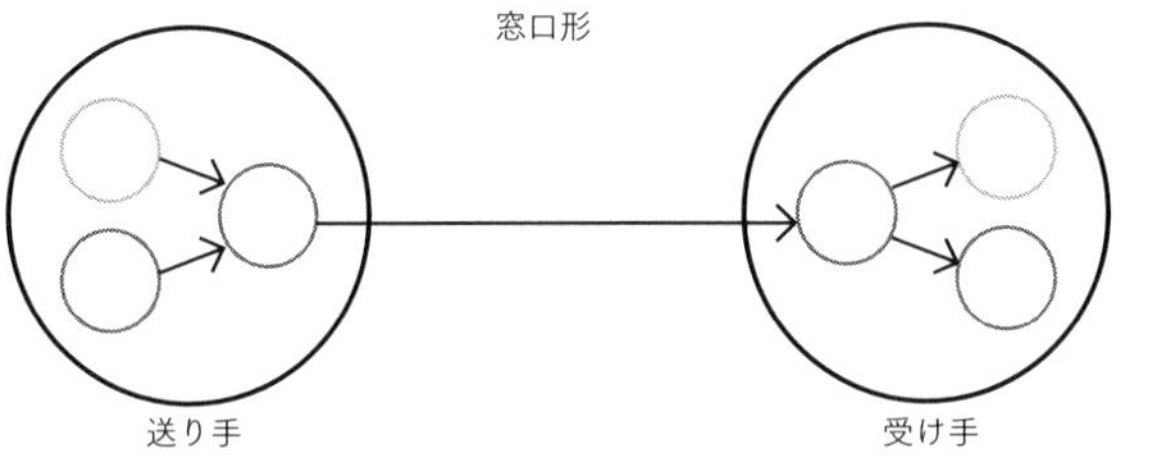

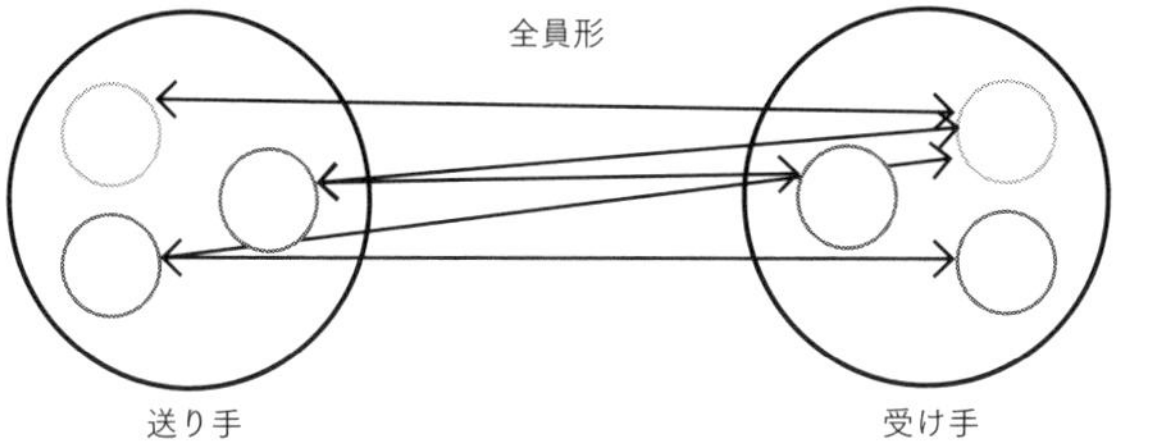

を対比して議論します。深入りすると大変なことになるので、極めて単純化して話します。一つは各部門の窓口（boundary spanner）同士がやり取りをする方法です。この最も単純形を考えると、部門内での様々な担当者とのやり取りは、窓口が一手に引き受けてまとめ、それを相手窓口に伝え、今度はその相手窓口からその部門の各担当に伝えられることになります。もう一つはそれぞれの部門の担当者が、相手部門の担当者、あるいは関連担当者と直接やり取りする全員形の方法です（collective bridge）。イメージでいえば、前ページの図の通りです。

この論文の結論はストレートです。

（1）単純知識の共有は窓口形が費用対

効果で言えば優れているが、（2）総合的知識・ノウハウの共有は全員形のほうが優れているというものです。その理由として（1）様々な分野のことが分かる窓口的人材を育てるのは非常に難しい（あるいは高価である）こと、（2）また、そうした優秀な人材であっても情報の洪水の中でヌケ・モレや誤解釈の可能性があること、（3）担当者同士直接のほうがスピードがあり、さらに重要なのは、（4）そうした直接のコンタクトを通じて担当者同士に信頼が生まれ、さらなる情報共有を可能とすることです。

特に（4）の信頼の醸成というのは非常に重要なポイントで、プロジェクトメンバーが「プロジェクト前」に知り合いだったかどうかで、プロジェクトにかかる時間が2割から3割違うという研究もあります。

実はこうした理論構築は、第一著者のザオ教授がミシガン大学の博士論文でフォルクスワーゲンのR&Dチームが中国の子会社でどのように知識・ノウハウを共有するのかを研究したところから始まっています。なるほど、と思うわけですが、私がこの発表を聞きながら考えたことがもう一つあります。

ビジョンは「単純知識」ではない

先ほどの窓口形を縦にひっくり返して少し変えてみます。ピラミッドで考えてみれば、送り手の窓口＝トップ、受け手の窓口＝部門長ということになります。トップと接する機会の多い部門長がトップの語るビジョンや経営理念、あるいは大きな方向性を、その下の課長に伝え、その下の課長が係長へ、社員へという流れになります。

これは一見、非常に効率のいい情報伝達です。部長は経営に関してマル秘の情報なども持っているかもしれませんが、現場の社員は必ずしも会社の情報すべてを知る必要はないからです。その意味で、組織論では「組織とは情報処理のための構造」という人もいるくらいです。

しかし、よく考えてみてください。組織のビジョンとか経営理念、価値観というのは「単純知識」なのでしょうか？

先日、日経ビジネスオンラインにアドバンテッジパートナーズの代表の笹沼泰助氏［注4］の「ミッションステートメントをつくったあとに全社員を集めて説明したら、社員が涙を流しながら聞いていたのでびっくりしました」という体験談が掲載されました。「泣いた社員」がいたことに対して、笹沼氏は次のように見ています。

【注4】
日経ビジネスオンライン2015年6月に、3回にわたって掲載されました。

ベンチャー企業に勤めていると、ものすごくヒロイックになる面があります。私自身も創始者だからそうでした。「オレはゼロから事業を興して今、戦っているところだ」と、自分がヒーローか何かのように感じるのです。そして、「すごく大変な状況にあるのだからみんなオレのことを理解すべきだ」とエゴイスティックにもなります。

家族との時間をややないがしろにしたり、友達から「飲みに行こうぜ」と誘われても心の中で「オレはおまえとは違う」「飲みに行くような時間はない」という気持ちになってしまったりしてしまう。私自身、そういう自分に気づいていましたし、たぶん社員も同じようなことを感じる場面があったのでしょう。

でも、それではいけない。感謝の気持ちを持ちながら日々を生きていくべきなのだと改めて思い至った。涙を流した社員は、ミッションステートメントに深く共感し、心を動かされたのだろうと思います。

泣いた社員は、例えば自分のために家族がつらい思いをしていることにふと気づいたのではないかと思います。あのときのさびしそうな顔、冷えた食事、破った約束……そんなことが頭の中を駆け巡ったとき、思わず涙したのではないでしょうか？〔注5〕

【注5】
私も、できたばかりのコンサルティング会社に入ってバカのように働き「ヒロイック＆エゴイスティック」丸出しだった時期がありますので、よく分かります。

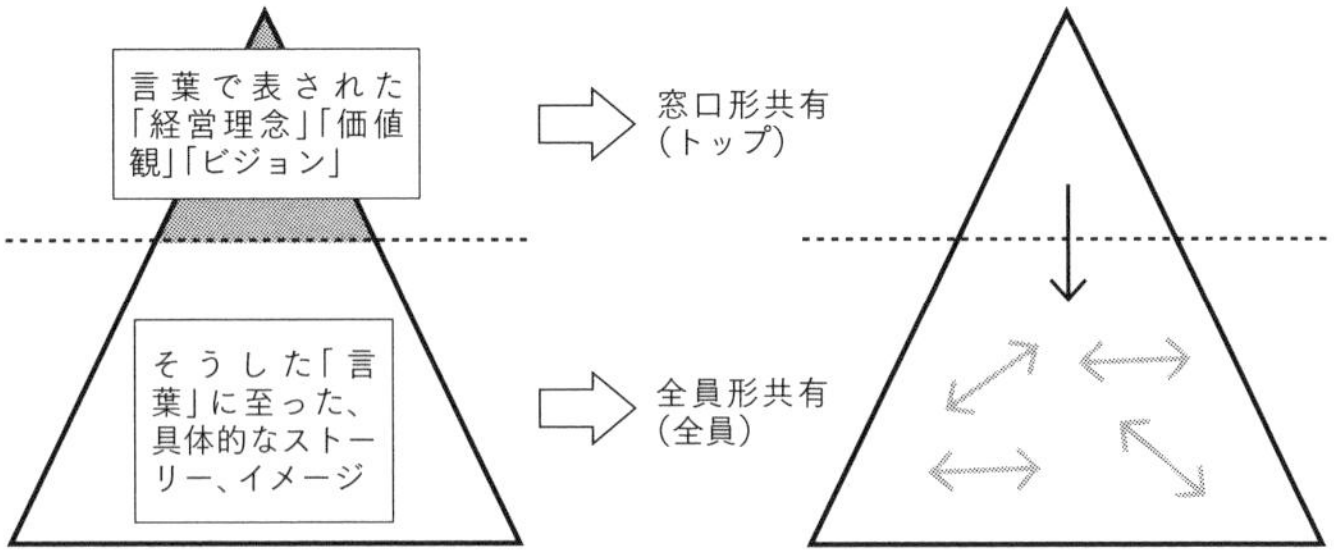

こうしてみてくると、結局「経営理念」「価値観」「ビジョン」というのは言葉で表されていても、その本質は言葉ではなく、言葉の背景にある気持ち、感情、情熱なのだと分かります。その意味で、大切なのは「経営理念」「ビジョン」を、「言葉」として理解する（単純知識）ことではなく、自ら様々な体験や顧客や社内外のステークホルダーとのやり取りを紡ぎ合わせて「立体的にイメージできるか」「実感できるか」（総合的知識）ということです。

逆に言えば「実感できるかどうか」はそうしたいろいろな背景や、イメージ、あるいは事例があって初めて可能です。社長が「顧客満足」なんていう言葉を何度ビデオで言っても、社員には単純知識としてしか伝わりません。ですから、理念とかビジョンを伝えるということは、「誰」かが伝えるのではなく、全員で「伝え合う」ことが必要なのではないかと思うのです。自分はこう思う、自分はこう感じた、こういうことがあった……そうした一人ひとりのリアルなストーリーを話し合うことで言葉に命が吹き込まれ、イメージが立体化されることが、本当の意味での理念やビジョンの「共有」ではないかと思うのです。

先ほど挙げた「窓口形」「全員形」という区分けでいけば、「全員形」でなくては、本当の意味での理念の共有というのはできないと思うのです。

組織的コミュニケーション再考

私は5年ほど前に『戦略と実行』[注6]という本を書いて、そこで組織的コミュニケーションの重要性を強調しました。「コミュニケーション」というと、「言った、言わない」あるいは「報・連・相」と同義にとられることが多いのですが、実はそんなに軽いものではなく、価値観、そして日々の仕事であれば目的が「共有」されなければ、「言葉」は理解されたとしても、本当の意味での「実行」にはつながらないことを訴えたかったのです。「何度言っても自分の本当の意図が伝わらない」といったコミュニケーションでお悩みの方は驚くほど多く、この本はそれなりの評価をいただきました。ベストセラーとはいきませんでしたが、玄人経営者の方の問題意識は強く、セブン&アイ・ホールディングスの鈴

[注6]
日経BP社 2011年

木敏文会長（当時）とも対談をさせていただくきっかけにもなりました。

インドで感じたのは、この「コミュニケーション」というのが、グローバル化の進展に伴いこれまで以上に重要になってきているし、またその成否が直接海外での成功にもつながるという切迫感でした。

当然ながら、多国籍企業で「全員形」のコミュニケーションをとることは国内企業以上に困難です。「価値観」という話をしましたが、そもそも国によって、仕事に対する価値観や、目指すものに対する「価値観」が全く異なるからです。そこのすり合わせをせずに、言葉だけを伝えて「共有したつもり」になることがいかに危険かを実体験された方も随分多いのではないでしょうか。相当分かっていたはずのトヨタ自動車でさえ、大規模なリコール事件があったくらいです［注7］。

「全員形」はコストもかかるし、大変ではないのかという点に関し、アナン教授にあとでメールで確認したときに言われたのですが、「全員形」のコミュニケーションの場合、必ずしも全員が「総合的知識の最終形」を分かっている必要はないし、「全員形がどのように動いているのかも知る必要もない」そうです（これは現在論文化の最中だそうです）。よく考えてみれば、組織の文化とか価値観というのはそういうものかもしれません。一つの最終形を誰もがすみからすみまできちんと把握して、それを伝えようとするのではなく、

［注7］
ただ、トヨタの名誉のためにいえば、数年前にある役員の方にインタビューをしたときに、トヨタの海外進出とは、「トヨタの生産方式」を輸出、現地化するのではなく、その背景にある価値観、考え方、いわゆる「トヨタウェイ」を輸出しているのだと強く感じました。だからこそトヨタは強いのだと思いますし、この教訓を生かし、さらに強くなるのではないかと期待しています。

多くのメンバーが様々なインターラクションの中で感じ、共有化されるもの、それが組織の文化、価値観の「実体」なのでしょう。もちろん、「スタートポイント」は必要であり、またそうした全員形のコミュニケーション環境をつくっていくのが、トップの仕事なのだろうと思います。

面白いことに、最終日の別のセッションでは香港中文大学で長く活躍されている牧野成史教授[注8]が「どうやって本社の情熱（passion）を子会社に伝えるか」についての始めたばかりの研究の一端を披歴されていました。International Business（ＩＢ）をウェブでよく使われる表現に置き換えて、

ＩＢ１・０　モノが国境を越える（Foreign Direct Investment=ＦＤＩ）
ＩＢ２・０　知識が国境を越える（Knowledge Transfer）
ＩＢ３・０　価値観や情熱が国境を越える

とプレゼンテーションをまとめ、これからの課題はＩＢ３・０であると強調されてい

【注8】
私の高校の先輩、ＫＢＳの卒業生、そしてＡＩＢフェローの一人。

ました。ああ、みんな同じような問題意識を持っているんだなあと、改めて感じました。

最後に初インドについて一言。いろいろみんなに脅されて、予防注射をしたり、下痢の薬を買ったりしてびくびくして行ったのですが、食事はホテルでほとんど食べていたこともあり、何の問題もありませんでした。ただ、道路は猛烈に混んでいて、あちこちで絶え間なくクラクションが鳴り、7時開始の恒例のパーティーも、1時間前にバスは出たのですが、着いたのは8時半でした。中国もそうでしたが「次はインド」と言われながら、おそらくもう何年か（十何年か）は今の状態が続くのではないでしょうか。そして、ふと気づくといつの間にか大市場、大国になっている、そのタイミング、その予兆をどう見極めるかが多くの企業の先行きを左右するのでしょう。

今回は怖いもの知らずの家内も一緒に行って、学会中は他の奥さま連中と現地のツアーに参加して買い物などをしていました。帰ってきて一言。

「インドは本当に上と下のギャップがすごいわね。天国と地獄のほうがまだ近いんじゃないの」

まとめにかえて

この本を読んで
「行進したい気持ち」になりましたか？

風の果て　上・下

藤沢周平著　文春文庫　1988年

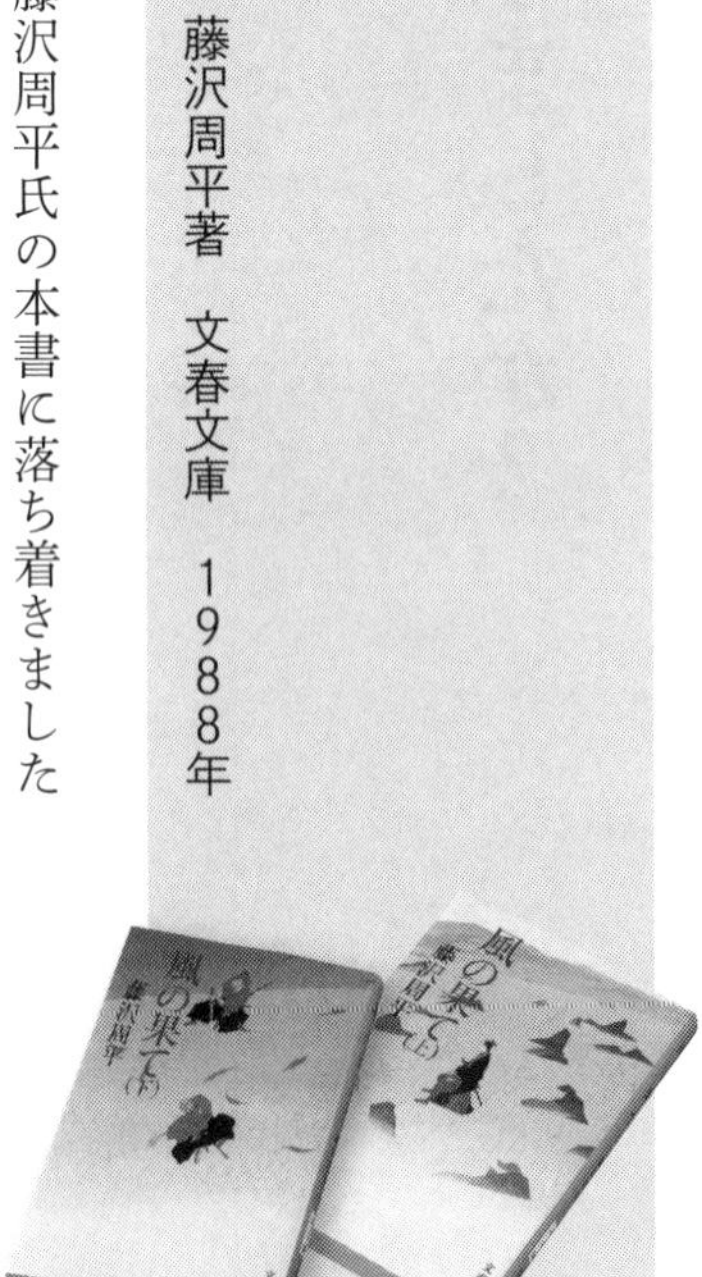

まとめとしてどの本を選ぼうかいろいろ考えて、藤沢周平氏の本書に落ち着きました(というか、どうしようかと考えていて、たまたまこの本を読み返し、これにしようと決めました)。

今はどうか知りませんが、一時期よく「一平二太郎」ということが言われました。3人とも他界されてしまいましたが、中年ビジネスマンに人気の作家が「藤沢周平、司馬遼太郎、池波正太郎」という意味です。実際、前職のコンサルティング会社の社長は、飲みに行くたびに「司馬遼太郎は全部読め」と言っていました。

私もご多分に漏れず『鬼平犯科帳』から始まり、お三方の本は随分読ませていただきました。特に、再びアメリカに渡った1996年からテニュアを取る2006年までは、昼間は英語の論文と格闘して、夜布団に入ってから「今日は1章だけ」「明日は休みだから

2章でも大丈夫」と、いじましいくらいに大切に読んでいた時期が長くありました。日本から取り寄せるのも限りがありますので、同じ本を何度も読んでいました。

そうした中で、特に繰り返し読んでいたのが藤沢周平氏のものです。これも亡くなられた翻訳家の常盤新平氏がどこかのあとがきで、「毎年年末に必ず読む」と書かれていましたが、私の場合も、例えば『用心棒日月抄』シリーズなど何十回も読んでいます。「何度も読んだのに」と思いながら、読み始めてみると引き込まれてしまう経験をされた方は私以外にも多いのではないのでしょうか。

単なる「忘却力」のなせるわざだという意見もあるかもしれませんし、「だからオヤジの頭は古くて、発想が広がらない」のかもしれませんが、一方で、2回3回ならともかく、なぜこんなに何回も読める本があるのでしょう？　「作家の筆力」はもちろんですが、本書の紹介の前にもう少し考えてみました。

「ふつう」だから飽きない

こんなことを改めて考えたのは、ある外食チェーンの役員さんから「マクドナルドとゼンショーの失敗についての考察を書いてほしい」という依頼があったこととも関係します。

外食のようにはやり廃《すた》りの激しい業界では「○○が飽きられた」「新しいものを出し続けないとだめ」といった評論があるのですが、よく考えてみると成功店にはその裏側には必ず「定番メニュー」が存在します。その役員さんは「吉野家やゼンショーは牛丼という単品であれだけよく売れているのに、なぜわざわざメニューを広げて、オペレーションを複雑にしているのか分からない」とおっしゃっていたほどです。

「奇想天外」という言葉があります。「驚くほどスゴイ」という客引きのフレーズだと思いますが、結局「飽きる」のは「奇想天外」だからです。最初は「驚く」わけですが、それがなくなれば（慣れれば）何の価値もないからです。逆に言えば、何度も食べられる定番メニューのように、何度も読める本とはある意味「ふつう」で、身近な話題を取り上げていたりすることは多くないでしょうか？　そして、読むたびに発見があったり、気づきがあったりするのです。誰にとっても「日常」はあり、いや人生の99％は「日常」だと思うのですが、日々の喧騒の中で流されたり、自己嫌悪に陥ったりして「自分の日常」を忘れてしまうことはよくあります。そんなときに、「ふつうの人が生きる喜びや悲しみ」に出合うと、自分の母港に帰ったようにほっとするのです。「ふつうの自分」でいいんだと気づき、少し勇気が出るのです。

「芸術とは、（見たり、読んだりする人に）『そうそう、それが言いたかったんだ』と思わせること」と言ったのはトルストイですが、大切なのは前章でも申し上げた通り「読者が気づく」ことです。人は、自分で答えを見つけたり、気づいたりするときに感動します。そして、自分の生き方を見直したり、あるいは新しい行動をしてみたりしようという気になるのです。これみよがしの「答え」を与えられても、そのときはスゴイ思うかもしれませんが、すぐに忘れられてしまいます。経営関係の書籍で長く読み続けられるものが少ないのは、そんなところと関係がある気がします。

家柄や育ちは侮れない

「せっかくのいい小説を無理やり経営にひもづけるのはいかがなものか?」。そんな批判も承知のうえで、いくつか私の「気づいた」点を「まとめ」という言葉を盾に勝手にまとめてみます。もちろん藤沢ワールドの真骨頂はその「物語」にあるので、不幸(?)にもまだお読みになっていない方はお読みいただくことをお勧めします。

本書は主人公・上村隼太(のちの桑山又左衛門)とその片貝道場時代の友人4人が軸になって展開します。当時隼太を含め4人がいわゆる部屋住み(位が高くない家の次男、3男で、他家に婿に行かない限り一生うだつが上がらない)の境遇なのに対し、杉山鹿之助

（のちの杉山忠兵衛）だけは、藩政にも関わってきた名門の嫡子という設定です。

まず第一印象として「家柄なんて」と思うわけです。例えば、最近の東大生の両親の年収が高いというニュースを聞いても、親にお金があると、子供にもいろいろ投資ができる。羽振りがよかったりするのは、本人の実力ではなく、親の恩恵だ。そんな話はよく聞きます。成績のほうは私とどっこいどっこいだったスキー部時代の同期が「奇跡的に」外交官試験に合格したのですが、合格者の集まりでは外交官2世とか政治家の息子とかがごろごろいて「実力で受かったのは俺だけかと思った」と冗談を言っていました。

ただ、これは20年以上前から感じていたことですが、「家柄のいいボンボン」が「優秀な努力家」に比べて、何もかもだめかといえば、そんなことはないのです。時々、ドキっとするような本質的な発言があったりします。

さらに言えば、「家柄のいいボンボン」のほうが何事においても余裕がある、少なくともそのように見えることも確かではないでしょうか。悪く言えば「おっとりしている」ということですが、常に焦っている、無駄を省くことばかり考えている人間に比べ（私は時々そう言われるわけですが）、人間の器が大きい気がします。

要は、家柄や育ちという「環境」がもたらす間接的な効用はバカにできないということです。例えば本書の杉山鹿之助は、藩政の中枢にいた父、あるいはその友人（取り巻き？）を通じて、政《まつりごと》に関する様々な情報が入ってきます。門前の小僧と同じに、無意識のうちにそうした視点、問題意識が育つとしても不思議はありません。また、「家柄のいいボンボン」であっても、いつかは自分がその家を継ぐのだと言われて育てば、「当主（ビジネス的に言えば経営者またはオーナー）」の視点から、いろいろなものを見ているわけです。「会社に入ったら、2つ上の役職の目で見なさい」なんて、言っているほうも言われているほうも分かった気になっているのと、相当な違いがあると思います。

最近のはやり言葉に「社員に考えさせろ」というのがありますが、「考えろ」なんてただ言ってたってだめに決まっています。一生懸命自分の分かる範囲で「これが2つ上の役割だ」なんて考えても、たかが知れているのです。肝心なのは、考える視点、さらに言えば問題意識を持つような「立場」「環境」に置くことではないかと思うのです。

お金の使い方、生かし方

「家柄の効用」としてもう一つ大切と思うのは、お金の使い方についてです。人生の幸福度は「お金をいくら持っているか」ではなく「お金をどううまく使ったか」で決まります。日本では（特に私が育ったような農家では）、一生懸命働く（結果としてお金を儲ける）

ことが奨励されていますが、こと「お金をどう使うか」ということになると、節約が大事だとか、浪費はだめだとかいう話になって「うまい使い方」を知らない、知ろうという問題意識もないケースが多いのではないでしょうか。最近は株価の上昇、低金利（マイナス？）とも相まって「投資」関係の本も増えていますが、これは結局「お金の儲け方」なので、「使い方」とは違います。

庶民は、こうした「節約」がともすれば「ケチ」どころか「ケチをこじらす」ことにつながり、お金って、目的なのか手段なのか分からなくなったりします。それに比べて、「家柄のいいボンボン」はお金の使い方、もっと言うと「お金の生かし方」を知っているような気がします。

ただ、実際はそうした家柄や「育ち」の持つアドバンテッジがありながら十分生かしていない人たち、逆に（コンプレックスもあり）「家柄のいいボンボン」をバカにしたり、全否定してかかる人たちも多いように思います。大切なのは、お金に限らず、「使いよう」です。

本書の後半の大きな中心は、出世をして執政入りした隼太（桑山又左衛門）と家柄通り執政に進んだ鹿之助（杉山忠兵衛）の藩政に関わる攻防です。名門杉山家は、これまで藩の中枢で仕切る一方、出入りの商人と結託して賄賂で懐を潤してきたのですが、それについて親友野瀬市之丞と隼太とのこんな会話があります。


「ひとに聞いた話によると、前の執政で人格高潔、ひとに指さされる一点のしみもない人物といえば、家老の金井権十郎ただひとりだったということだ」

「さもあらん」

「だが、ここが玄妙なところでな。それでは人格高潔な金井権十郎のところにひとがあつまったかというと、あつまらん。現職のときも、執政をしりぞいたあともだ」

「……」

「反対に、いま雪庵などと言っている鹿之助の父親は、在職中も賄賂だ何だと、とかくうわさがあったひとだ。しかし、賄賂があつまるということは、ひとの面倒もみるということだからな。またあつまった金は、さほどに惜しい金でもないから、気前よくまわりに散じる。だからひとがあつまった」

「……」

政治と金というのは、昔も今もいろいろなところで話題になります。もちろん賄賂がいいと言っているわけではありませんが、そうした「タブー」を通じて、人間の一面を言い当てているのではないかと思うのです。池波正太郎氏の『鬼平犯科帳』にしても『剣客商売』にしても、自分の部下に気前よく褒美を与えるリーダーの姿が何度も出てきます。

日本では「めざしの土光」に代表されるように、能力や人格が優れていることに加え、清廉でお金に卑しくないことがリーダーの条件であるとされてきました。ただ、塩野七生氏が指摘されるように、よいリーダーの基準とは「清廉潔白かどうか」ではなく「仕事ができるかどうか」であるとすれば[注1]、「人を動かす」「組織を動かす」とはどういうことかと関連して「お金の使い方」もよく考えてみることは必要でしょう。

その意味で、リーダーにとって「私心がない」ということと「お金」を儲けたり、使ったりということは必ずしも相反することではないと思います。しかし「不適切会計」は様々な「私心」の賜物と言ってよく、土光氏の嘆きはいかほどのものでしょうか。

「現場主義」と本当に言えるか？

現場の大切さ、あるいは現場の強さはトヨタ自動車に代表される日本企業の強みと言っ

【注1】
例えば『男たちへ』（文春文庫1993年）

ていいでしょう。ただ、「現場が大事だ」と言うと分かった気になるのですが、コンセプトとしては分かっていても、それは具体的にどういうことかというとうまく説明できなかったりすることはないでしょうか？

現場に行き、現場を知ることが大切なのはもちろんです。ただ、経営をつかさどるトップマネジメントはそうそう現場に行く時間もないかもしれませんし、たまに役員が現場に出向くとなると、周到な準備がされ「お土産を持って、喜んで帰っていただき」、現場はうまく問題追及を逃れ、役員は現場がよく分かったという満足感でいっぱい、「めでたし、めでたし」ということにもなりかねません。

本書の主人公隼太の義父桑山孫助は、藩の農政を第一線で仕切る「現場主義」の人でした。まだ娘婿になる前の隼太に対して、孫助は次のように説きます。

> 「農政というものは生き物での。郡代、郡奉行、代官、すべて無能では勤まらぬ。また、ここだけの者もだめだ」
> 　孫助は、自分の頭を指さした。
> 「脛毛が摺りへるほど村村を回り、田畑を見て回ることを厭わぬ者でないと、作物の

出来、不出来も見わけられねば、百姓の本音を聞き取ることも出来ぬ。まして頭も働かず、口先だけの者においてをやだ」
「はあ」
「有能はなかなか認められぬが、無能は一年であらわれる」

こんな話を聞くと、「現場主義」という言葉だけがはやり言葉のように軽く扱われる風潮があるのではないかと危惧してしまいます。そして、本当の「現場主義」を体現している「有能」な人々に、光が当たっているのかどうかという点にも。

その後、義父のあとを次いで代官に進んだ隼太に、思いがけない危機が訪れます。担当の一つである白田郷で不穏な動きがあり、夜間「ざっと見たところ二千人」の百姓たちが集まり、手代の高野彦作が拉致されたというのです。

これに対する隼太の動きは迅速でした。周囲が反対するのもかまわず隼太は殺気立った百姓たちの集まった神社に乗り込み、説得を試みます。「百姓たちは長年のきつい年貢に疲れ果て、火のつきやすい枯れ葉のようになっておる」にもかかわらず、「説得すれば何とかなるかも知れないと思うのは、やはり十年以上も郷方廻りを勤め、代官として任地を預かるに至ったその間に、城の中にいる連中よりはいささか百姓というものを肌で知ったという自信から来る直感のようなものだった」という隼太の言葉は、「現場主義」の本質をついていると思います。

百姓たちの前に立ち、隼太は次のように言うのです。

「今夜の集まりは、この秋の検見に対する不満を藩に訴えて出ようという相談事だと聞いたが、白田郷の検見は、不肖この桑山隼太が行った。そこで、そなたらにたずねたい」

「……」

「わしの検見に、不公平、見のがし、依怙の沙汰、何でもよろしい。要するに裁定に不満ありと思うものは今ここで申しのべよ」

「……」

「遠慮はいらんぞ」

隼太はうつむいている百姓たちを見回した。

「私情をはさまず公平に、また、そなたらの苦労を無にせぬよう心を配ったつもりだ。と申しても代官も人の子、神ではない以上は間違いもある。検見に不満ありというものがあれば申せ」

「……」

「ほほう、一人もおらんとな」


同じようなことはそうそう起きないとは思いますが、もしこんな状況に置かれたら、こういう態度で現場と向き合うことができるか？　私も自問せずにはいられません。

「先ほどのお金の話と矛盾するのではないか」というご指摘もありそうです。私もそんな気がします。ただ、人間はそんなに簡単なものではありません。池波正太郎氏の藤枝梅安にいわせれば「人を殺した金で、人を助ける」ような矛盾を持っているのが人間です。

その意味で、「清廉潔白だからいい」「清濁併せのめばいい」という、簡単な答えが出るものではなく、例えば「どの清と、どの濁を併せのむのか」という、どこかに自分の「基準」がなければなりません。その「基準」をめぐる迷走こそが、その人の人生ということなのかなと思います。「基準」は人の数だけあります。「正論」が通らないのは、相手がおかしいからではなく、相手もまた自分なりの「正論」を持っているからなのです。

もう一度「酔っ払いのジレンマ」

「自分は人よりも食欲が旺盛かどうか」というのは、比較的分かりやすいと思います。レストランに行けば、「一人前」というのは大体決まっているので、それが少ないと感じるか多いと感じるかがベンチマークになります。

ところが、世の中にはそうした分かりやすい「ベンチマーク」「基準」があることはむしろまれです。さらに言えば、そうした「基準」があっても、「他人の言うことは気にするな」「我が道を行け」という話だってあるわけです。

ただ、判断や行動に関して、自分がどのような「価値基準」を持っているか、あるいは自分の言動がそれからどれくらい離れているかを自覚しておくことは大切なことだと思います。しかしこれは簡単なことではありません。例えば、日本経済新聞の朝刊でも「酔っ払いのジレンマ」としてご紹介したように［注2］、酔っ払ったあとは、自分がどれだけ酔っているのか客観的には分かりません。すでにアルコールの回った脳が「俺は全然酔っていない」と思っているからです。

［注2］
ノーベル経済学賞を受賞したダニエル・カーネマン教授の『ファスト&スロー』（上下巻　ハヤカワ・ノンフィクション文庫　2014年）の紹介を2014年4月14日から4回行ったうちの一つです。

本書の始まりは、「根性がまがっている」と評しながらも親友として認め合っていた野瀬市之丞からの隼太（桑山又左衛門）への果たし状です。藩の首席家老に、しかも親友かというので「ばかものが」というのが、隼太の第一声です。しかし、最後は次のような自省に変わります。

> 又左衛門は、地位を利用して金をあつめようとは思わなかった。また権力をふりかざして、ひとを圧迫しようと考えたこともなかった。……あとに残るのは、藩政の中枢にいてひとにあがめられるというぐらいのことだった。だが残るそれだけのことが、白状すれば言いようもなく快いことだったのである。
>
> （中略）
>
> その地位に至りついたものでなければわからない、権勢欲としか呼びようがないその不思議に満たされた気持ちは、又左衛門のような、門閥もさほどの野心もない人間をも、しっかりとつかまえて放さなかったのである。
>
> 市之丞に見抜かれたのは、そういうことだろうと又左衛門は思った。

「敵を知り、己を知れば、百戦危うからず」なんて言うわけです。だから敵、競合の分析・研究をよくしないといけません。なかなか情報が入らなくて困ったりします。しかし、実は「敵を知る」ことは「己を知る」ことに比べればはるかに容易です。何しろ「敵」は客観的に見えるわけですから。逆に「己」は分かっていそうですが、なかなか分かりません。行動経済学でノーベル賞を受賞したカーネマン教授でさえ「私が進歩したのは、いかにもエラーが起こりそうな状況を認識する力だけ」で、自信過剰になったり、バイアスのかかった意思決定をしたりする確率はそれほど変わっていないと明言されているくらいです。

「いい気」になっていないか？

少し回りくどくなりましたが、まとめとしてどうしても言いたい（というか、改めて自分に言い聞かせなくてはならない）のは、「いい気になっていないか？」ということです。大学の先生というと、多かれ少なかれ「見上げられる」的な機会が増えます。恥を承知で申し上げれば、最近では「清水先生」ではなく「清水さん」なんて言われると、ちょっと違和感を感じてしまうこともあるのです。立場は違うと思いますが、読者の皆さんはいかがでしょう？

そうした状況を打開するのは自助努力ではなかなか難しいと感じます。「俺はいい気になんかなってない」と、いい気になった脳が言っていたりするわけですから。だからこそ、他流試合で海外で教えたり、国際学会でけちょんけちょんに言われたりする機会を無理につくっているのですが、そうしたエネルギーがなくなってしまわないようにするにはどうしたらいいか、これは個人的な課題です。親友に果たし状を突きつけられるまで分からない……というのはちょっと避けたいところです。

そんなことを考えていたら、林修先生の本［注3］に次のような言葉が出てきました。これは、会社の業績悪化に苦しんでいた林先生のお父さんが社員に配布したものだったそうです。

> かのギリシア・ローマの昔、キケロが演説を終わった時、民衆は「何と雄弁だろう！」と感服した。しかし、デモステネスの演説が終わると今度は、口々に叫んだ「さあ行進しよう！」と。

【注3】
『いつやるか？ 今でしょ！』（宝島社ＳＵＧＯＩ文庫 ２０１４年）

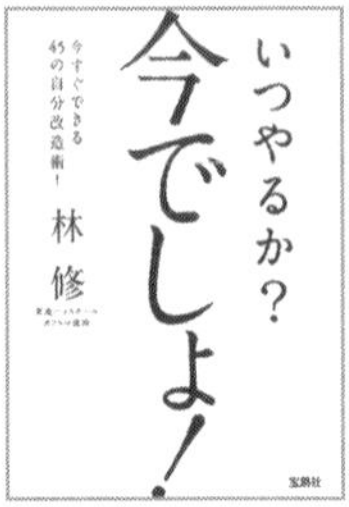

林先生もそうだったと書かれていましたが、私も「はっ」と思いました。自分の授業や書いたものを通じて生徒や読者が「行進」する気になっているだろうか？　少なくとも、「気づき」、「行進してみようか」と思う勇気を与えられているだろうかと。

そう考えると、「いい気になっていないか？」なんて自分で妙に悩んでいるよりも、自分の生徒や研修に参加してくださる人たちの「顔」「発言」「行動」をよく見ていたほうがいいのかもしれません。彼ら、彼女らの「エネルギーレベル」が上がっているか、下がっているか。「先生」と呼ばれる人間の究極の評価はそこにあるのでしょう。そして、「リーダー」と言われる人たちの評価もまたそうだと思うのです。

最後に、藤沢作品には、女性（しかも男に都合のよい女性）が「花を添えている」という指摘を読んだことがあります。個人的にはその通りと思いますし、もしかしたらそこが一番大切なところかもしれないのですが、判断は読者の皆さんにお任せしたいと思います。

清水勝彦（しみず・かつひこ）

慶應義塾大学大学院経営管理研究科教授
東京大学法学部卒業。ダートマス大学エイモス・タックスクール経営学修士（MBA）、テキサスＡ＆Ｍ大学経営学博士（Ph.D.）。戦略系コンサルティング会社のコーポレイトディレクションで10年間の戦略コンサルティング経験のあと、研究者に。専門分野は、経営戦略立案・実行とそれに伴う意思決定、M&A、戦略評価と組織学習。テキサス大学サンアントニオ校准教授（2000～2010年、テニュア取得）を経て、2010年4月から現職。Academy of Management Journal, Strategic Management Journal, Organization Scienceなどトップレベルの国際学会誌に論文を発表するだけでなく、4誌の編集委員（editorial board member）を務める。主な著書に『戦略の原点』、『戦略と実行 組織的コミュニケーションとは何か』、『実行と責任 日本と日本企業が立ち直るために』（すべて日経BP社）、『組織を脅かすあやしい「常識」』（講談社）、訳書に『事実に基づいた経営 なぜ「当たり前」ができないのか？』、監訳に『ワイドレンズ』（ともに東洋経済新報社）。

経営学者の読み方
あなたの会社が理不尽な理由

2016年5月24日　第1版第1刷発行

著　者　清水勝彦
発行者　高柳正盛
発　行　日経ＢＰ社
発　売　日経ＢＰマーケティング
〒108-8646　東京都港区白金1-17-3　NBF プラチナタワー
http://business.nikkeibp.co.jp/
装丁　水戸部功
制作　アーティザンカンパニー株式会社
印刷・製本　中央精版印刷株式会社

ISBN978-4-8222-7946-2